DICTIONNAIRE

DE

MUSIQUE.

TOME SECOND.

DICTIONNAIRE

DE

MUSIQUE,

Par J. J. ROUSSEAU.

Ut psallendi materiem discerent.
Martian. Cap.

TOME SECOND.

GENEVE.

M. DCC. LXXXI.

DICTIONNAIRE

DE

MUSIQUE.

N.

NATUREL, *adj.* Ce mot en Mufique a plufieurs fens. 1°. Mufique *Naturelle* eft celle que forme la voix humaine par oppofition à la Mufique artificielle qui s'exécute avec des Inftrumens. 2°. On dit qu'un Chant eft *Naturel*, quand il eft aifé, doux, gracieux, facile : qu'une Harmonie eft *Naturelle*, quand elle a peu de renverfemens, de Diffonances; qu'elle eft produite par les Cordes effentielles & *Naturelles* du Mode. 3°. *Naturel* fe dit encore de tout Chant qui n'eft ni forcé ni baroque, qui ne va ni trop haut ni trop bas, ni trop vîte ni trop lentement. 4°. Enfin la fignification la plus commune de ce mot, & la feule dont l'Abbé Broffard n'a point parlé, s'applique aux Tons ou Modes dont les Sons fe tirent de la Gamme ordinaire fans aucune altération : de forte qu'un Mode *Naturel* eft celui où l'on n'emploie ni Dièfe ni Bémol. Dans le fens exact il n'y auroit qu'un feul Ton *Naturel*, qui feroit celui d'*ut* ou de *C* Tierce majeure;

mais on étend le nom de *Naturels* à tous les Tons dont les Cordes essentielles ne portant ni Dièses ni Bémols, permettent qu'on n'arme la Clef ni de l'un ni de l'autre : tels sont les Modes majeurs de *G* & de *F*, les Modes mineurs d'*A* & de *D. &c.* (Voyez CLEFS TRANSPOSÉES, MODES, TRANSPOSITIONS.)

Les Italiens notent toujours leur Récitatif au *Naturel*, les changemens de Tons y étant si fréquens & les Modulations si serrées que, de quelque maniere qu'on armât la Clef pour un Mode, on n'épargneroit ni Dièses ni Bémols pour les autres, & l'on se jetteroit, pour la suite de la Modulation, dans des confusions de signes très-embarrassantes, lorsque les Notes altérées à la Clef par un signe se trouveroient altérées par le signe contraire accidentellement. (Voyez RÉCITATIF.)

Solfier au *Naturel*, c'est solfier par les noms *naturels* des Sons de la Gamme ordinaire, sans égard au Ton où l'on est. (Voyez SOLFIER.)

NETE, *s. f.* C'étoit, dans la Musique Grecque, la quatrieme Corde ou la plus aiguë de chacun des trois Tétracordes qui suivoient les deux premiers du grave à l'aigu.

Quand le troisieme Tétracorde étoit conjoint avec le second, c'étoit le Tétracorde Synnéménon, & sa *Nete* s'appelloit *Nete-Synnéménon.*

Ce troisieme Tétracorde portoit le nom de Diézeugménon quand il étoit disjoint ou séparé du second par l'Intervalle d'un *Ton,*

& fa *Nete* s'appelloit *Nete-Diézeugménon*.

Enfin le quatrieme Tétracorde portant toujours le nom d'Hyperboléon, fa *Nete* s'appelloit aussi toujours *Netë-Hyperboléon*.

A l'égard des deux premiers Tétracordes, comme ils étoient toujours conjoints, ils n'avoient point de *Nete* ni l'un ni l'autre : la quatrieme Corde du premier étant toujours la premiere du fecond , s'appelloit Hypate-Méfon ; & la quatrieme Corde du fecond formant le milieu du fyftême, s'appelloit Mèfe.

Nete, dit Boëce, *quafi neate, id eft, inferior ;* car les Anciens dans leurs Diagrammes mettoient en haut les Sons graves, & en bas les Sons aigus.

NÉTOIDES. Sons aigus. (Voyez Lepsis.)

NEUME, *f. f.* Terme de Plain-Chant. La *Neume* eft une efpece de courte récapitulation du Chant d'un Mode, laquelle fe fait à la fin d'une Antienne par une fimple variété de Sons & fans y joindre aucunes paroles. Les Catholiques autorifent ce fingulier ufage fur un paffage de Saint Auguftin, qui dir, que ne pouvant trouver des paroles dignes de plaire à Dieu, l'on fait bien de lui adreffer des Chants confus de jubilation. ,, Car à qui ,, convient une telle jubilation fans paroles, ,, fi ce n'eft à l'Etre ineffable ? & comment ,, célébrer cet Etre ineffable, lorfqu'on ne ,, peut ni fe taire, ni rien trouver dans fes ,, tranfports qui les exprime, fi ce n'eft des ,, Sons inarticulés ,, ?

NEUVIEME, *f. f.* Octave de la Seconde.

Cet Intervalle porte le nom de *Neuvieme*, parce qu'il faut former neuf Sons conſécutifs pour arriver Diatoniquement d'un de ſes deux termes à l'autre. La *Neuvieme* eſt majeure ou mineure, comme la Seconde dont elle eſt la Réplique. (Voyez Seconde.)

Il y a un Accord par ſuppoſition qui s'appelle Accord de *Neuvieme*, pour le diſtinguer de l'Accord de Seconde, qui ſe prépare, s'accompagne & ſe ſauve différemment. L'Accord de *Neuvieme* eſt forme par un Son mis à la Baſſe, une Tierce au-deſſous de l'Accord de Septieme; ce qui fait que la Septieme elle-même fait *Neuvieme* ſur ce nouveau Son. La *Neuvieme* s'accompagne, par conſéquent, de Tierce, de Quinte, & quelquefois de Septieme. La quatrieme Note du Ton eſt généralement celle ſur laquelle cet Accord convient le mieux; mais on la peut placer partout dans des entrelacemens Harmoniques. La Baſſe doit toujours arriver en montant à la Note qui porte *Neuvieme;* la Partie qui fait la *Neuvieme* doit ſyncoper, & ſauve cette *Neuvieme* comme une Septieme en deſcendant Diatoniquement d'un Degré ſur l'Octave, ſi la Baſſe reſte en place, ou ſur la Tierce, ſi la Baſſe deſcend de Tierce. (Voyez Accord, Supposition, Syncope.)

En Mode mineur l'Accord ſenſible ſur la Médiante perd le nom d'Accord de *Neuvieme* & prend celui de Quinte ſuperflue. (Voyez Quinte Superflue.)

NIGLARIEN, *adj.* Nom d'un Nome ou Chant d'une Mélodie efféminée & molle, comme Ariftophane le reproche à Philoxène fon Auteur.

NOELS. Sortes d'Airs deftinés à certains Cantiques que le peuple chante aux Fêtes de Noël. Les Airs des *Noëls* doivent avoir un caractere champêtre & paftoral convenable à la fimplicité des paroles, & à celle des Bergers qu'on fuppofe les avoir chantés en allant rendre hommage à l'Enfant Jéfus dans la Crêche.

NŒUDS. On appelle *Nœuds* les points fixes dans lefquels une Corde Sonore mife en vibration fe divife en aliquotes vibrantes, qui rendent un autre Son que celui de la Corde entiere. Par exemple, fi de deux Cordes dont l'une fera triple de l'autre, on fait fonner la plus petite, la grande répondra, non par le Son qu'elle a comme Corde entiere, mais par l'uniffon de la plus petite; parce qu'alors cette grande Corde, au lieu de vibrer dans fa totalité, fe divife, & ne vibre que par chacun de fes tiers. Les points immobiles qui font les divifions & qui tiennent en quelque forte lieu de Chevalets font ce que M. Sauveur a nommé les *Nœuds*, & il a nommé *Ventres* les points milieux de chaque aliquote où la vibration eft la plus grande & où la Corde s'écarte le plus de la ligne de repos.

Si, au lieu de faire fonner une autre Corde plus petite, on divife la grande au point de fes aliquotes par un obftacle léger qui la gêne fans l'affujettir, le même cas arrivera encore en faifant fonner une des deux parties; car alors les deux réſonneront à l'uniſſon de la petite, & l'on verra les mêmes *Nœuds* & les mêmes *Ventres* que ci-devant.

Si la petite partie n'eſt pas aliquote immédiate de la grande, mais qu'elles aient ſeulement une aliquote commune ; alors elles ſe diviſeront toutes deux ſelon cette aliquote commune, & l'on verra des *Nœuds* & des *Ventres*, même dans la petite partie.

Si les deux parties ſont incommenſurables, c'eſt-à-dire, qu'elles n'aient aucune aliquote commune ; alors il n'y aura aucune réſonnance, ou il n'y aura que celle de la petite partie, à moins qu'on ne frappe aſſez fort pour forcer l'obſtacle, & faire réſonner la Corde entiere.

M. Sauveur trouva le moyen de montrer ces *Ventres* & ces *Nœuds* à l'Académie, d'une maniere très-ſenſible, en mettant ſur la Corde des papiers de deux couleurs, l'une aux diviſions des *Nœuds*, & l'autre au milieu des *Ventres* ; car alors au Son de l'aliquote on voyoit toujours tomber les papiers des *Ventres* & ceux des *Nœuds* reſter en place. (Voyez *Pl.* M. *Fig.* 6.)

NOIRE, ſ. f. Note de Muſique qui ſe fait ainſi ⌐ ou ainſi ⌐ , & qui vaut deux Croches ⌐ ou la ⌐ moitié d'une Blanche. Dans nos anciennes Muſiques on ſe ſervoit de pluſieurs ſortes de *Noires* ; *Noire* à queue, *Noire* quarrée, *Noire* en loſange. Ces deux dernieres eſpeces ſont demeurées dans le Plain-Chant ; mais dans la Muſique on ne ſe ſert plus que de la *Noire* à queue. (Voyez VALEUR DES NOTES.)

NOME, *f. m.* Tout Chant déterminé par des regles qu'il n'étoit pas permis d'enfreindre, portoit chez les Grecs s le nom de *Nome.*

Les *Nomes* empruntoient leur dénomination ; 1°. ou de certains peuples ; *Nome* Eolien, *Nome* Lydien : 2°. ou de la nature du Rhythme ; *Nome* Orthien , *Nome* Dactylique , *Nome* Trochaïque : 3°. ou de leurs inventeurs ; *Nome* Hiéracien , *Nome* Polymneſtan : 4°. ou de leurs ſujets ; *Nome* Pythien , *Nome* Comique : 5°. ou enfin de leur Mode ; *Nome* Hypatoïde ou grave, *Nome* Nétoïde ou aigu , &c.

Il y avoit des *Nomes* Bipartites qui ſe chantoient ſur deux Modes ; il y avoit même un *Nome* appellé Tripartite , duquel Sacadas ou Clonas fut l'inventeur , & qui ſe chantoit ſur trois Modes ; ſavoir, le Dorien, le Phrygien, & le Lydien. (Voyez CHANSON , MODE.)

NOMION. Sorte de Chanſon d'amour chez les Grecs. (Voyez CHANSON.)

NOMIQUE , *adj.* Le Mode *Nomique* ou le genre de ſtyle Muſical qui portoit ce nom, étoit conſacré , chez les Grecs, à Apollon Dieu des Vers & des Chanſons, & l'on tâchoit d'en rendre les Chants brillans & dignes du Dieu auquel ils étoient conſacrés. (Voyez MODE , MÉLOPÉE , STYLE.)

NOMS des Notes. (Voyez SOLFIER.)

NOTES , *f. f.* Signes ou caracteres dont on ſe ſert pour Noter , c'eſt-à-dire , pour écrire la Muſique.

Les Grecs fe fervoient des lettres de leur Alphabet pour noter leur Mufique. Or comme ils avoient vingt-quatre lettres, & que leur plus grand fyftême, qui dans un même Mode n'étant que de deux Octaves, n'excédoit pas le nombre de feize Sons, il fembleroit que l'Alphabet devoit être plus que fuffifant pour les exprimer, puifque leur Mufique n'étant autre chofe que leur Poéfie notée, le Rhythme étoit fuffifamment déterminé par le Mètre, fans qu'il fût befoin pour cela de valeurs abfolues & de fignes propres à la Mufique; car, bien que par furabondance ils euffent auffi des caractères pour marquer les divers pieds, il eft certain que la Mufique vocale n'en avoit aucun befoin, & la Mufique inftrumentale n'étant qu'une Mufique vocale jouée par des Inftrumens, n'en avoit pas befoin non plus, lorfque les paroles étoient écrites ou que le Symphonifte les favoit par cœur.

Mais il faut remarquer, en premier lieu, que les deux mêmes Sons étant tantôt à l'extrémité & tantôt au milieu du troifieme Tétracorde felon le lieu où fe faifoit la Disjonction, (voyez ce mot), on donnoit à chacun de ces Sons des noms & des fignes qui marquoient ces diverfes fituations; fecondement, que ces feize Sons n'étoient pas tous les mêmes dans les trois Genres, qu'il y en avoit de communs aux trois & de propres à chacun, & qu'il falloit, par conféquent, des *Notes* pour exprimer ces différences; troifiémement, que la Mufique ſe notoit pour les Inſtrumens autrement que pour les Voix, comme nous avons encore aujourd'hui pour certains Inſtrumens à cordes une tablature qui ne reſſemble en rien à celle de la Muſique ordinaire ; enfin, que les Anciens ayant juſqu'à quinze Modes différens ſelon le dénombrement d'Alypius, (Voyez MODE.) il fallut approprier des caraɛteres à chaque Mode, comme on le voit dans les Tables du même Auteur. Toutes ces modifications exigeoient des multitudes de ſignes auxquels les vingt-quatre lettres étoient bien éloignées de ſuffire. De-là la néceſſité d'employer les mêmes lettres pour pluſieurs ſortes de *Notes* ; ce qui les obligea de donner à ces lettres différentes ſituations, de les accoupler, de les mutiler, de les alonger en divers ſens. Par exemple, la lettre *Pi* écrite de toutes ces manieres Π, ΙΙ, Ħ, Γ, Ꞁ, exprimoit cinq différentes *Notes*. En combinant toutes les modifications qu'exigeoient ces diverſes circonſtances, on trouve juſqu'à 1620 différentes *Notes* : nombre prodigieux, qui devoit rendre l'étude de la Muſique de la plus grande difficulté. Auſſi l'étoit-elle ſelon Platon, qui veut que les jeunes gens ſe contentent de donner deux ou trois ans à la Muſique, ſeulement pour en apprendre les rudimens. Cependant les Grecs n'avoient pas un ſi grand nombre de caraɛteres, mais la même *Note* avoit quelquefois différentes ſignifications ſelon les occaſions: ainſi le même caraɛtere qui marque la Proſlambanomene du Mode Lydien, marque la

Parhypate-Méfon du Mode Hypo-Iaftien, l'Hypate-Méfon de l'Hypo-Phrygien, le Lychanos-Hypaton de l'Hypo-Lydien, la Parrypate-Hypaton de l'Iaftien, & l'Hypate-Hypaton du Phrygien. Quelquefois auffi la *Note* change, quoique le Son refte le même; comme, par exemple, la Proflambanomene de l'Hypo-Phrygien, laquelle a un même figne dans les Modes Hyper-Phrygien, Hyper-Dorien, Phrygien, Dorien, Hypo-Phrygien, & Hypo-Dorien, & un autre même Signe dans les Modes Lydien & Hypo-Lydien.

On trouvera (*Pl.* H. *Fig.* 1.) la Table des *Notes* du Genre Diatonique dans le Mode Lydien, qui étoit le plus ufité; ces *Notes* ayant été préférées à celles des autres Modes par Bacchius, fuffifent pour entendre tous les exemples qu'il donne dans fon ouvrage; & la Mufique des Grecs n'étant plus en ufage, cette Table fuffit auffi pour défabufer le Public, qui croit leur maniere de noter tellement perdue que cette Mufique nous feroit maintenant impoffible à déchiffrer. Nous la pourrions déchiffrer tout auffi exactement que les Grecs mêmes auroient pu faire : mais la phrafer, l'accentuer, l'entendre, la juger; voilà ce qui n'eft plus poffible à perfonne & qui ne le deviendra jamais. En toute Mufique, ainfi qu'en toute Langue, déchiffrer & lire font deux chofes très-différentes. Les Latins, qui, à l'imitation des Grecs, noterent auffi la Mufique avec les lettres de leur Alphabet, retrancherent beaucoup de cette quantité de *Notes* ; le Genre Enharmonique ayant tout-à-fait cessé d'être pratiqué, & plusieurs Modes n'étant plus en usage. Il paroît que Boëce établit l'usage de quinze lettres seulement, & Grégoire Evêque de Rome, considérant que les rapports des Sons sont les mêmes dans chaque Octave, réduisit encore ces quinze *Notes* aux sept premieres lettres de l'Alphabet, que l'on répétoit en divers formes d'une Octave à l'autre.

Enfin dans l'onzieme siecle un Bénédictin d'Arezzo, nommé Gui, substitua à ces lettres des points posés sur différentes lignes paralleles, à chacune desquelles une lettre servoit de Clef. Dans la suite on grossit ces points, on s'avisa d'en poser aussi dans les espaces compris entre ces lignes, & l'on multiplia, selon le besoin, ces lignes & ces espaces. (Voyez Portée.) A l'égard des noms donnés aux *Notes*, voyez Solfier.

Les *Notes* n'eurent, durant un certain tems, d'autre usage que de marquer les Degrés & les différences de l'Intonation. Elles étoient toutes, quant à la durée, d'égale valeur, & ne recevoient à cet égard d'autres différences que celles des syllables longues & breves sur lesquelles on les chantoit : c'est à-peu-près dans cet état qu'est demeuré le Plain-Chant des Catholiques jusqu'à ce jour ; & la Musique des Pseaumes, chez les Protestans, est plus imparfaite encore ; puisqu'on n'y distingue pas même dans l'usage, les Longues des Breves ou les Rondes

des Blanches , quoiqu'on ait confervé ces deux figures.

Cette indiftinction de figure dura , felon l'opinion commune , jufqu'en 1338 , que Jean de Muris Docteur & Chanoine de Pa- ris donna , à ce qu'on prétend , différentes figures aux *Notes* , pour marquer les rapports de durée qu'elles devoient avoir entr'elles : il inventa auffi certains fignes de Mefure ap- pellés Modes ou Prolations , pour détermi- ner , dans le cours d'un Chant , fi le rap- port des Longues aux Breves feroit double ou triple , &c. Plufieurs de ces figures ne fubfiftent plus ; on leur en a fubftitué d'autres en différens tems. (Voyez MESURE , TEMS , VALEUR DES NOTES.) Voyez auffi , au mot *Mufique* , ce que j'ai dit de cette opinion.

Pour lire la Mufique écrite par nos *Notes*, & la rendre exactement , il y a huit chofes à confidérer : favoir ; 1. La Clef & fa pofition. 2. Les Dièfes ou Bémols qui peuvent l'ac- compagner. 3. Le lieu ou la pofition de chaque *Note*. 4. Son Intervalle , c'eft-à-dire, fon rapport à celle qui précede , ou à la Tonique , ou à quelque *Note* fixe dont on ait le Ton. 5. Sa figure , qui détermine fa valeur. 6. Le Tems où elle fe trouve & la place qu'elle y occupe. 7. Le Dièfe , Bémol ou Béquarre accidentel qui peut la précé- der. 8. L'efpece de la Mefure & le carac- tere du Mouvement. Et tout cela , fans compter ni la parole ou la fyllabe à laquelle appartient chaque *Note*, ni l'Accent ou l'ex- preffion convenable au fentiment ou à la

penfée

penſée. Une ſeule de ces huit obſervations omiſe peut faire détonner ou chanter hors de Meſure.

La Muſique a eu le ſort des Arts qui ne ſe perfectionnent que lentement. Les inventeurs des *Notes* n'ont ſongé qu'à l'état où elle ſe trouvoit de leur tems, ſans ſonger à celui où elle pouvoit parvenir, & dans la ſuite leurs ſignes ſe ſont trouvés d'autant plus défectueux que l'Art s'eſt plus perfectionné. A meſure qu'on avançoit, on établiſſoit de nouvelles regles pour remédier aux inconvéniens préſens; en multipliant les ſignes, on a multiplié les difficultés, & à force d'additions & de chevilles, on a tiré d'un principe aſſez ſimple un ſyſtême fort embrouillé & fort mal aſſorti.

On peut en réduire les défauts à trois principaux. Le premier eſt dans la multitude des ſignes & de leurs combinaiſons, qui ſurchargent tellement l'eſprit & la mémoire des commençans, que l'oreille eſt formée, & les organes ont acquis l'habitude & la facilité néceſſaires, long-tems avant qu'on ſoit en état de chanter à Livre ouvert; d'où il ſuit que la difficulté eſt toute dans l'attention aux regles & nullement dans l'exécution du Chant. Le ſecond eſt le peu d'évidence dans l'eſpece des Intervalles, majeurs, mineurs, diminués, ſuperflus, tous indiſtinctement confondus dans les mêmes poſitions : défaut d'une telle influence, que non-ſeulement il eſt la principale cauſe de la lenteur du progrès des Ecoliers ; mais

Dict. de Muſique. Tome II.   B

encore qu'il n'eſt aucun Muſicien formé,
qui n'en ſoit incommodé dans l'exécution.
Le troiſieme eſt l'extrême diffuſion des caracteres & le trop grand volume qu'ils occupent; ce qui, joint à ces Lignes, à ces
Portées ſi incommodes à tracer, devient
une ſource d'embarras de plus d'une eſpece.
Si le premier avantage des ſignes d'inſtitution eſt d'être clairs, le ſecond eſt d'être
concis; quel jugement doit-on porter d'un
ordre de ſignes à qui l'un & l'autre manquent ?

Les Muſiciens, il eſt vrai, ne voient point
tout cela. L'uſage habitue à tout. La Muſique pour eux n'eſt pas la ſcience des Sons;
c'eſt celle des Noires, des Blanches, des
Croches, &c. Dès que ces figures ceſſeroient
de frapper leurs yeux, ils ne croiroient plus
voir de la Muſique. D'ailleurs, ce qu'ils
ont appris difficilement, pourquoi le ren-
droient-ils facile aux autres ? Ce n'eſt donc
pas le Muſicien qu'il faut conſulter ici; mais
l'homme qui ſait la Muſique & qui a réflé-
chi ſur cet Art.

Il n'y a pas deux avis dans cette derniere
Claſſe ſur les défauts de notre *Note*; mais
ces défauts ſont plus aiſés à connoître qu'à
corriger. Pluſieurs ont tenté juſqu'à préſent
cette correction ſans ſuccès. Le Public, ſans
diſcuter beaucoup l'avantage des ſignes qu'on
lui propoſe, s'en tient à ceux qu'il trouve
établis, & préférera toujours une mauvaiſe
maniere de ſavoir à une meilleure d'apprendre.

Ainsi de ce qu'un nouveau syſtême eſt rebuté, cela ne prouve autre choſe, ſinon que l'Auteur eſt venu trop tard ; & l'on peut toujours diſcuter & comparer les deux ſyſtêmes, ſans égard en ce point au jugement du Public.

Toutes les manieres de *Noter* qui n'ont pas eu pour premiere loi l'évidence des Intervalles, ne me paroiſſent pas valoir la peine d'être relevées. Je ne m'arrêterai donc point à celle de M. Sauveur qu'on peut voir dans les Mémoires de l'Académie des Sciences, année 1721, ni à celle de M. Demaux donnée quelques années après. Dans ces deux ſyſtêmes, les Intervalles étant exprimés par des ſignes tout-à-fait arbitraires, & ſans aucun vrai rapport à la choſe repréſentée, échappent aux yeux les plus attentifs & ne peuvent ſe placer que dans la mémoire ; car que font des têtes différemment figurées, & des queues différemment dirigées aux Intervalles qu'elles doivent exprimer ? De tels ſignes n'ont rien en eux qui doive les faire préférer à d'autres ; la netteté de la figure & le peu de place qu'elle occupe ſont des avantages qu'on peut trouver dans un ſyſtême tout différent ; le haſard a pu donner les premiers ſignes, mais il faut un choix plus propre à la choſe dans ceux qu'on leur veut ſubſtituer. Ceux qu'on a propoſés en 1743 dans un petit ouvrage intitulé, *Diſſertation ſur la Muſique moderne*, ayant cet avantage, leur ſimplicité m'invite à en expoſer le ſyſtême abrégé dans cet article.   B 2

Les caracteres de la Musique ont un double objet ; savoir, de repréfenter les Sons, 1°. felon leurs divers Intervalles du grave à l'aigu ; ce qui conftitue le Chant & l'Harmonie. 2°. Et felon leurs durées relatives du vîte au lent ; ce qui détermine le Tems & la Mefure.

Pour le premier point, de quelque maniere que l'on retourne & combine la Mufique écrite & réguliere, on n'y trouvera jamais que des combinaifons des fept *Notes* de la Gamme, portées à diverfes Octaves ou tranfpofées fur différens Degrés felon le Ton & le Mode qu'on aura choifi. L'Auteur exprime ces fept Sons par les fept premiers chiffres ; de forte que le chiffre 1 forme la *Note ut*, le 2 la *Note re*, le 3 la *Note mi*, &c. & il les traverfe d'une ligne horifontale comme on voit dans la *Planche* I. *Fig.* 1.

Il écrit au-deffus de la Ligne les *Notes* qui, continuant de monter, fe trouveroient dans l'Octave fupérieure : ainfi l'*ut* qui fuivroit immédiatement le *fi* en montant d'un femi-Ton doit être au-deffus de la Ligne de cette maniere ‾+¹ ; & de même, les *Notes* qui appartiennent à l'Octave aiguë dont cet *ut* eft le commencement, doivent toutes être au-deffus de la même Ligne. Si l'on entroit dans une troifieme Octave à l'aigu, il ne faudroit qu'en traverfer les *Notes* par une feconde ligne accidentelle au-deffus de la premiere. Voulez-vous, au contraire, defcendre dans les Octaves inférieures à

telle de la ligne principale : écrivez immédiatement au-deſſous de cette ligne les *Notes*
de l'Octave qui la ſuit en deſcendant : ſi
vous deſcendez encore d'une Octave, ajoutez une ligne au-deſſous, comme vous en
avez mis une au-deſſus pour monter, &c.
Au moyen de trois lignes ſeulement vous
pouvez parcourir l'étendue de cinq Octaves ;
ce qu'on ne ſauroit faire dans la Muſique
ordinaire à moins de 18 lignes.

On peut même ſe paſſer de tirer aucune
ligne. On place toutes les *Notes* horiſonta-
lement ſur le même rang. Si l'on trouve
une *Note* qui paſſe, en montant, le *ſi* de
l'Octave où l'on eſt ; c'eſt-à-dire, qui entre
dans l'Octave ſupérieure, on met un point
ſur cette *Note*. Ce point ſuffit pour toutes
les *Notes* ſuivantes qui demeurent ſans interruption dans l'Octave où l'on eſt entré.
Que ſi l'on redeſcend d'une Octave à l'autre,
c'eſt l'affaire d'un autre point ſous la *Note*
par laquelle on y rentre, &c. On voit dans
l'exemple ſuivant le progrès de deux Octaves tant en montant qu'en deſcendant, notées de cette maniere.

1234567123456717654321765 4321.

La premiere maniere de *Noter* avec des
lignes convient pour les Muſiques fort tra-
vaillées & fort difficiles pour les grandes Partitions, &c. La ſeconde avec des points eſt
propre aux Muſiques plus ſimples & aux
petits Airs : mais rien n'empêche qu'on ne

puiſſe à ſa volonté l'employer à la place de
l'autre , & l'Auteur s'en eſt ſervi pour tranſcrire la fameuſe Ariette l'*Objet qui regne dans
mon ame* , qu'on trouve *Notée* en Partition
par les Chiffres de cet Auteur à la fin de
ſon ouvrage.

Par cette méthode tous les Intervalles
deviennent d'une évidence dont rien n'approche ; les Octaves portent toujours le même chiffre , les Intervalles ſimples ſe reconnoiſſent toujours dans leurs doubles ou com-
poſés : on reconnoît d'abord dans la dixieme
$\frac{3}{+}$ ou $1\frac{3}{}$ que c'eſt l'Octave de la Tierce majeure : les Intervalles majeurs ne peuvent ja-
mais ſe confondre avec les mineurs ; 24 ſera
éternellement une Tierce mineure , 46 éternellement une Tierce majeure ; la poſition
ne fait rien à cela.

Après avoir ainſi réduit toute l'étendue du
Clavier ſous un beaucoup moindre volume
avec des ſignes beaucoup plus clairs , on
paſſe aux tranſpoſitions.

Il n'y a que deux Modes dans notre Muſique. Qu'eſt-ce que chanter ou jouer en *re*
majeur ? C'eſt tranſporter l'Echelle ou la
Gamme d'*ut* un Ton plus haut , & la placer
ſur *re* comme Tonique ou Fondamentale.

Tous les rapports qui appartenoient à l'*ut*
paſſent au *re* par cette tranſpoſition. C'eſt
pour exprimer ce ſyſtême de rapports hauſſé
ou baiſſé ; qu'il a tant fallu d'altérations de
Dièſes ou de Bémols à la Clef. L'Auteur
du nouveau ſyſtême ſupprime tout d'un
coup tous ces embarras ; le ſeul mot *re* mis

en tête & à la marge, avertit que la piece
eſt en *re* majeur, & comme alors le *re* prend
tous les rapports qu'avoit l'*ut*, il en prend
auſſi le ſigne & le nom ; il ſe marque avec
le chiffre 1, & toute ſon Octave ſuit par les
chiffres 2, 3, 4, &c. comme ci-devant.
Le *re* de la marge lui ſert de Clef ; c'eſt
la touche *re* ou D du Clavier naturel : mais
ce même *re* devenu Tonique ſous le nom
d'*ut* devient auſſi la Fondamentale du Mode.

Mais cette Fondamentale, qui eſt Tonique dans les Tons majeurs, n'eſt que Médiante dans les Tons mineurs ; la Tonique,
qui prend le nom de *la*, ſe trouvant alors
une Tierce mineure au-deſſous de cette
Fondamentale. Cette diſtinction ſe fait par
une petite ligne horiſontale qu'on tire ſous
la Clef. *Re* ſans cette ligne déſigne le Mode
majeur de *re* ; mais *Re* ſous ligné déſigne le
Mode mineur de *ſi* dont ce *Re* eſt Médiante.
Au reſte, cette diſtinction, qui ne ſert qu'à
déterminer nettement le Ton par la Clef,
n'eſt pas plus néceſſaire dans le nouveau ſyſtême que dans la *Note* ordinaire où elle n'a
pas lieu. Ainſi quand on n'y auroit aucun
égard, on n'en ſolfieroit pas moins exactement.

Au lieu des noms mêmes des *Notes* on
pourroit ſe ſervir pour Clefs des lettres de
la Gamme qui leur répondent ; C pour *ut*,
D pour *re*, &c, (Voyez GAMME.)

Les Muſiciens affectent beaucoup de mépris pour la méthode des Tranſpoſitions,
ſans doute, parce qu'elle rend l'Art trop

facile. L'Auteur fait voir que ce mépris eſt
mal-fondé ; que c'eſt leur méthode qu'il faut
mépriſer , puiſqu'elle eſt pénible en pure
perte ; & que les Tranſpoſitions , dont il
montre les avantages , font , même ſans qu'ils
y ſongent , la véritable regle que ſuivent
tous les grands Muſiciens & les bons Compoſiteurs. (Voyez TRANSPOSITION.)

Le Ton , le Mode & tous leurs rapports
bien déterminés , il ne ſuffit pas de faire
connoître toutes les *Notes* de chaque Octave ,
ni le paſſage d'une Octave à l'autre par des
ſignes précis & clairs ; il faut encore indiquer le lieu du Clavier qu'occupent ces Octaves. Si j'ai d'abord un *ſol* à entonner , il
faut ſavoir lequel ; car il y en a cinq dans
le Clavier , les uns hauts , les autres moyens ,
les autres bas , ſelon les différentes Octaves.
Ces Octaves ont chacune leur lettre , & l'une
de ces lettres miſe ſur la ligne qui ſert de
Portée marque à quelle Octave appartient
cette ligne , & conſéquemment les Octaves
qui ſont au-deſſus & au-deſſous. Il faut voir
la figure qui eſt à la fin du Livre & l'explication qu'en donne l'Auteur , pour ſe mettre
en cette partie au fait de ſon ſyſtême , qui
eſt des plus ſimples.

Il reſte pour l'expreſſion de tous les Sons
poſſibles dans notre ſyſtême muſical , à rendre les altérations accidentelles amenées par
la Modulation ; ce qui ſe fait bien aiſément.
Le Dièſe ſe forme en traverſant la *Note* d'un
trait montant de gauche à droite de cette
maniere ; *fa* Dièſe ♯ : *ut* Dièſe ♯. On marque

le Bémol par un semblable trait descendant;
si Bémol ✷ 7, *mi* Bémol 3. A l'égard du
Béquarre, l'Auteur le supprime, comme un
signe inutile dans son systême.

Cette partie ainsi remplie, il faut venir
au Tems ou à la Mesure. D'abord l'Auteur
fait main-basse sur cette foule de différentes
Mesures dont on a si mal-à-propos chargé
la Musique. Il n'en connoît que deux, comme les Anciens; savoir, Mesure à deux
Tems, & Mesure à trois Tems. Les Tems
de chacune de ces Mesures peuvent, à leur
tour, être divisés en deux parties égales ou
en trois. De ces deux regles combinées il
tire des expressions exactes pour tous les
Mouvemens possibles.

On rapporte dans la Musique ordinaire
les diverses valeurs des *Notes* à celle d'une
Note particuliere, qui est la Ronde; ce qui
fait que la valeur de cette Ronde variant
continuellement, les *Notes* qu'on lui compare n'ont point de valeur fixe. L'Auteur
s'y prend autrement: il ne détermine les valeurs des *Notes* que sur la sorte de Mesure
dans laquelle elles sont employées & sur le
Tems qu'elles y occupent; ce qui le dispense
d'avoir, pour ces valeurs, aucun signe particulier autre que la place qu'elles tiennent.
Une *Note* seule entre deux barres remplit
toute une Mesure. Dans la Mesure à deux

---

* Ces deux chiffres 7 & 3 doivent être croisés en sens
contraire; c'est-à-dire que la ligne qui les croise doit, du
haut à gauche, passer à la droite en descendant. Il faudroit deux poinçons exprès pour cela.

Tems, deux *Notes* rempliſſant la Meſure, forment chacune un Tems. Trois *Notes* font la même choſe dans la Meſure à trois Tems. S'il y a quatre *Notes* dans une Meſure à deux Tems, ou ſix dans une Meſure à trois, c'eſt que chaque Tems eſt diviſé en deux parties égales ; on paſſe donc deux *Notes* pour un Tems : on en paſſe trois quand il y a ſix *Notes* dans l'une & neuf dans l'autre. En un mot, quand il n'y a nul ſigne d'iné-galité, les *Notes* ſont égales, leur nombre ſe diſtribue dans une Meſure ſelon le nombre des Tems & l'eſpece de la Meſure : pour rendre cette diſtribution plus aiſée, on ſé-pare, ſi l'on veut, les Tems par des virgules ; de ſorte qu'en liſant la Muſique, on voit clairement la valeur des *Notes*, ſans qu'il faille pour cela leur donner aucune figure particuliere. (Voyez *Pl. F. Fig.* 2.)

Les diviſions inégales ſe marquent avec la même facilité. Ces inégalités ne ſont ja-mais que des ſubdiviſions qu'on ramene à l'égalité par un trait dont on couvre deux ou pluſieurs *Notes*. Par exemple, ſi un Tems contient une Croche & deux doubles-Cro-ches, un trait en ligne droite au-deſſus ou au-deſſous des deux doubles-Croches mon-trera qu'elles ne font enſemble qu'une quan-tité égale à la précédente, & par conſé-quent qu'une Croche. Ainſi le Tems entier ſe retrouve diviſé en deux parties égales ; ſavoir, la *Note* ſeule & le trait qui en com-prend deux. Il y a encore des ſubdiviſions d'inégalité qui peuvent exiger deux traits ;

comme fi une Croche pointée étoit fuivie
de deux triples-Croches, alors il faudroit
premiérement un trait fur les deux *Notes*
qui repréfentent les triples-Croches, ce qui
les rendroit enfemble égales au Point ; puis
un fecond trait qui, couvrant le trait précédent & le Point, rendroit tout ce qu'il
couvre égal à la Croche. Mais quelque vî-
teffe que puiffent avoir les *Notes*, ces traits
ne font jamais néceffaires que quand les valeurs font inégales, & quelque inégalité
qu'il puiffe y avoir, on n'aura jamais befoin
de plus de deux traits, fur-tout en fépa-
rant les Tems par des virgules, comme on
verra dans l'exemple ci-après.

L'Auteur du nouveau fyftême emploie
auffi le Point, mais autrement que dans la
Mufique ordinaire ; dans celle ci, le Point
vaut la moitié de la *Note* qui le précede ;
dans la fienne, le Point, qui marque auffi
le prolongement de la *Note* précédente, n'a
point d'autre valeur que celle de la place
qu'il occupe : fi le Point remplit un Tems,
il vaut un Tems ; s'il remplit une Mefure,
il vaut une Mefure ; s'il eft dans un Tems
avec une autre *Note*, il vaut la moitié de
ce Tems. En un mot, le Point fe compte
pour une *Note*, fe mefure comme les *Notes*,
& pour marquer des Tenues ou des Syncopes on peut employer plufieurs Points de
fuite de valeurs égales ou inégales, felon
celles des Tems ou des Mefures que ces
Points ont à remplir.

Tous les filences n'ont befoin que d'un

feul caractere ; c'eft le Zéro. Le Zéro s'emploie comme les *Notes* , & comme le Point ; le Point fe marque après un Zéro pour prolonger un filence , comme après une *Note* pour prolonger un Son. Voyez un exemple de tout cela , (*Pl.* F. *Fig.* 3.)

Tel eft le précis de ce nouveau fyftême. Nous ne fuivrons point l'Auteur dans le détail de fes regles ni dans la comparaifon qu'il fait des caracteres en ufage avec les fiens : on s'attend bien qu'il met tout l'avantage de fon côté ; mais ce préjugé ne détournera point tout Lecteur impartial d'examiner les raifons de cet Auteur dans fon livre même : comme cet Auteur eft celui de ce Dictionnaire , il n'en peut dire davantage dans cet article fans s'écarter de la fonction qu'il doit faire ici. Voyez (*Planche* F. *Fig.* 4.) un Air noté par ces nouveaux caracteres : mais il fera difficile de tout déchiffrer bien exactement fans recourir au livre même , parce qu'un article de ce Dictionnaire ne doit pas être un livre, & que dans l'explication des caracteres d'un Art auffi compliqué , il eft impoffible de tout dire en peu de mots.

NOTE SENSIBLE , eft celle qui eft une Tierce majeure au-deffus de la Dominante , ou un femi-Ton au-deffous de la Tonique. Le *fi* eft *Note fenfible* dans le Ton d'*ut*, le *fol* Dièfe dans le Ton de *la*.

On l'appelle *Note fenfible* , parce qu'elle fait fentir le Ton & la Tonique , fur laquelle , après l'Accord dominant , la *Note fenfible*

prenant le chemin le plus court, eſt obligée
de monter: ce qui fait que quelques-uns
traitent cette *Note ſenſible* de Diſſonance
majeure, faute de voir que la Diſſonance,
étant un rapport, ne peut être conſtituée
que par deux *Notes*.

Je ne dis pas que la *Note ſenſible* eſt la
ſeptieme *Note* du Ton; parce qu'en Mode
mineur cette ſeptieme *Note* n'eſt *Note ſenſible*
qu'en montant; car en deſcendant elle eſt à
un Ton de la Tonique & à une Tierce
mineure de la Dominante. (*Voyez* MODE,
TONIQUE, DOMINANTE.)

NOTES DE GOUT. Il y en a de deux
eſpeces; les unes qui appartiennent à la
Mélodie, mais non pas à l'Harmonie; en
ſorte que, quoiqu'elles entrent dans la Meſure, elles n'entrent pas dans l'Accord : celles-
là ſe notent en plein. Les autres *Notes de
goût*, n'entrant ni dans l'Harmonie ni dans
la Mélodie, ſe marquent ſeulement avec de
petites *Notes* qui ne ſe comptent pas dans
la Meſure, & dont la durée très-rapide
ſe prend ſur la *Note* qui précede ou ſur
celle qui ſuit. Voyez dans la *Pl.* F. *Fig.* 5.
un exemple des *Notes de goût* des deux
eſpeces.

NOTER, *v. a.* C'eſt écrire de la Muſique avec les caracteres deſtinés à cet uſage,
& appellés *Notes.* (*Voyez* NOTES.)

Il y a dans la maniere de *Noter* la Muſique une élégance de copie, qui conſiſte
moins dans la beauté de la Note, que dans
une certaine exactitude à placer convena-

blement tous les ſignes , & qui rend la Muſique ainſi *notée* bien plus facile à exécuter ; c'eſt ce qui a été expliqué au mot Copiste.

NOURRIR les Sons , c'eſt non-ſeulement leur donner du tymbre ſur l'Inſtrument , mais auſſi les ſoutenir exactement durant toute leur valeur , au lieu de les laiſſer éteindre avant que cette valeur ſoit écoulée , comme on fait ſouvent. Il y a des Muſiques qui veulent des Sons *Nourris* , d'autres les veulent détachés , & marqués ſeulement du bout de l'Archet.

NUNNIE , ſ. f. C'étoit , chez les Grecs , la Chanſon particuliere aux Nourrices. (Voyez Chanson.)

O.

O. Cette lettre capitale formée en cercle ou double CƆ eſt, dans nos Muſiques anciennes, le ſigne de ce qu'on appelloit Tems parfait ; c'eſt-à-dire de la Meſure triple ou à trois Tems, à la différence du Tems imparfait ou de la Meſure double, qu'on marquoit par un C ſimple, ou un O tronqué à droite ou à gauche, C ou Ɔ.

Le Tems parfait ſe marquoit quelquefois par un O ſimple, quelquefois par un O pointé en dedans de cette maniere ⊙, ou par un O barré, Φ. (Voyez TEMS.)

OBLIGÉ, *adj.* On appelle *Partie Obligée*, celle qui récite quelquefois, celle qu'on ne ſauroit retrancher ſans gâter l'Harmonie ou le Chant ; ce qui la diſtingue des Parties de Rempliſſage, qui ne ſont ajoutées que pour une plus grande perfection d'Harmonie, mais par le retranchement deſquelles la Piece n'eſt point mutilée. Ceux qui ſont aux Parties de Rempliſſage peuvent s'arrêter quand ils veulent, & la Muſique n'en va pas moins ; mais celui qui eſt chargé d'une *Partie Obligée* ne peut la quitter un moment ſans faire manquer l'exécution.

Broſſard dit qu'*Obligé* ſe prend auſſi pour contraint ou aſſujetti. Je ne ſache pas que ce mot ait aujourd'hui un pareil ſens en Muſique. (Voyez CONTRAINT.)

OCTACORDE , *f. m.* Inftrument ou fyftême de Mufique compofé de huit Sons ou de fept Degrés. L'*Octacorde* ou la Lyre de Pythagore comprenoit les huit Sons ex=primés par ces lettres *E. F. G. a.* ♯ *c. d. e.* : c'eft-à-dire , deux Tétracordes disjoints.

OCTAVE , *f. f.* La premiere des Con-fonnances dans l'ordre de leur génération. L'*Octave* eft la plus parfaite des Confonnan-ces ; elle eft , après l'Uniffon , celui de tous les Accords dont le rapport eft le plus fim-ple : l'Uniffon eft en raifon d'égalité ; c'eft-à-dire , comme 1 eft à 1 : l'*Octave* eft en raifon double , c'eft-à-dire comme 1 eft à 2 ; les Harmoniques des deux Sons dans l'un & dans l'autre s'accordent tous fans exception , ce qui n'a lieu dans aucun autre Intervalle. Enfin ces deux Accords ont tant de conformité qu'ils fe confondent fouvent dans la Mélodie , & que dans l'Harmonie même on les prend prefque indifféremment l'un pour l'autre.

Cet Intervalle s'appelle *Octave* , parce que pour marcher diatoniquement d'un de ces termes à l'autre , il faut paffer par fept De-grés , & faire entendre huit Sons différens.

Voici les propriétés qui diftinguent fi finguliérement l'*Octave* de tous les autres Intervalles.

I. L'*Octave* renferme entre fes bornes tous les Sons primitifs & originaux ; ainfi après avoir établi un fyftême ou une fuite de Sons dans l'étendue d'une *Octave* , si l'on veut prolonger cette suite, il faut nécessairement reprendre le même ordre dans une seconde *Octave* par une série semblable, & de même pour une troisieme & pour une quatrieme *Octave*, où l'on ne trouvera jamais aucun Son qui ne soit la Réplique de quelqu'un des premiers. Une telle série est appellée Echelle de Musique dans sa premiere *Octave*, & Réplique dans toutes les autres. (Voyez ECHELLE, RÉPLIQUE.) C'est en vertu de cette propriété de l'*Octave* qu'elle a été appellée *Diapason* par les Grecs. (Voyez DIAPASON.)

II. L'*Octave* embrasse encore toutes les Consonnances & toutes leurs différences, c'est-à-dire tous les Intervalles simples tant Consonnans que Dissonans, & par conséquent toute l'Harmonie. Etablissons toutes les Consonnances sur un même Son fondamental ; nous aurons la Table suivante,

$$\frac{120 \quad 100 \quad 96 \quad 90 \quad 80 \quad 75 \quad 72 \quad 60}{120 \quad 120 \quad 120 \quad 120 \quad 120 \quad 120 \quad 120 \quad 120}$$

Qui revient à celle-ci :

$$1. \quad \frac{5}{6} \cdot \frac{4}{5} \cdot \frac{3}{4} \cdot \frac{2}{3} \cdot \frac{5}{8} \cdot \frac{3}{5} \cdot \frac{1}{2}$$

où l'on trouve toutes les Consonnances dans cet ordre : la Tierce mineure, la Tierce majeure, la Quarte , la Quinte , la Sixte mineure , la Sixte majeure , & enfin l'*Oc-tave*. Par cette Table on voit que les Confonnances fimples font toutes contenues entre l'Octave & l'Uniffon. Elles peuvent même être entendues toutes à la fois dans l'étendue d'une *Octave* fans mélange de Diffonances. Frappez à la fois ces quatre Sons *ut mi fol ut*, en montant du premier *ut* à fon *Octave*; ils formeront entr'eux toutes les Confonnances , excepté la Sixte majeure, qui eft compofée , & ne formeront nul autre Intervalle. Prenez deux de ces mêmes Sons comme il vous plaira , l'Intervalle en fera toujours confonnant. C'eft de cette union de toutes les Confonnances que l'Accord qui les produit s'appelle *Accord parfait*.

L'*Octave* donnant toutes les Confonnances donne par conféquent auffi toutes leurs différences, & par elles tous les Intervalles fimples de notre fyftême mufical, lefquels ne font que ces différences mêmes. La différence de la Tierce majeure à la Tierce mineure donne le femi-Ton mineur; la différence de la Tierce majeure à la Quarte donne le femi-Ton majeur; la différence de la Quarte à la Quinte donne le Ton majeur; & la différence de la Quinte à la Sixte majeure donne le Ton mineur. Or le femi-Ton mineur, le femi-Ton majeur, le Ton-mineur, & le Ton majeur font les feuls élémens de tous les Intervalles de notre Mufique.

III. Tout Son confonnant avec un des termes de l'*Octave* confonne auffi avec l'autre; par conféquent tout Son qui diffone avec l'un diffone avec l'autre.

IV. Enfin l'*Octave* a encore cette propriété, la plus finguliere de toutes, de pouvoir être ajoutée à elle-même, triplée & multipliée à volonté, fans changer de nature, & fans que le produit ceffe d'être une Confonnance.

Cette multiplication de l'*Octave*, de même que fa divifion, eft cependant bornée à notre égard par la capacité de l'organe auditif; & un Intervalle de huit *Octaves* excede déjà cette capacité. (Voyez ETEN-DUE.) Les *Octaves* mêmes perdent quelque chofe de leur Harmonie en fe multipliant; &, paffé une certaine mefure, tous les Intervalles deviennent pour l'oreille moins faciles à faifir: une double *Octave* commence déjà d'être moins agréable qu'une *Octave* fimple; une triple qu'une double; enfin à la cinquieme *Octave* l'extrême diftance des Sons ôte prefque à la Confonnance tout fon agrément.

C'eft de l'*Octave* qu'on tire la génération ordonnée de tous les Intervalles par des divifions & fubdivifions Harmoniques. Divifez harmoniquement l'*Octave* 3. 6. par le nombre 4. vous aurez d'un coté la Quarte 3. 4. & de l'autre la Quinte 4. 6.

Divifez de même la Quinte 10. 15. harmoniquement par le nombre 12., vous aurez la Tierce mineure 10. 12.

& la Tierce majeure 12. 15. Enfin divifez la Tierce majeure 72. 90. encore harmoniquement par le nombre 80, vous aurez le ton mineur 72. 80. ou 9. 10. & le ton majeur 80. 90. ou 8. 9. &c.

Il faut remarquer que ces divifions Harmoniques donnent toujours deux Intervalles inégaux, dont le moindre eft au grave & le grand à l'aigu. Que fi l'on fait les mêmes divifions felon la proportion Arithmétique, on aura le moindre Intervalle à l'aigu & le plus grand au grave. Ainfi l'*Octave* 2. 4. partagée arithmétiquement, donnera d'abord la Quinte 2. 3. au grave, puis la Quarte 3. 4. à l'aigu. La Quinte 4. 6. donnera premiérement la Tierce majeure 4. 5. puis la Tierce mineure 5. 6. & ainfi des autres. On auroit les mêmes rapports en fens contraire, fi, au lieu de les prendre, comme je fais ici, par les vibrations, on les prenoit par les longueurs des Cordes. Ces connoiffances, au refte, font peu utiles en elles-mêmes, mais elles font néceffaires pour entendre les vieux Auteurs.

Le fyftême complet & rigoureux de l'*Octave* eft compofé de trois *Tons* majeurs, deux *Tons* mineurs; & deux femi-*Tons* majeurs. Le fyftême tempéré eft de cinq *Tons* égaux & deux femi-Tons formant entr'eux autant de Degrés Diatoniques fur les fept Tons de la Gamme jufqu'à l'Octave du premier. Mais comme chaque *Ton* peut fe partager en deux femi-Tons, la même Octave fe divife auffi chromatiquement en douze Intervalles d'un semi-Ton chacun , dont les sept précédens gardent leur nom , & les cinq autres prennent chacun le nom du Son Diatonique le plus voisin , au-dessous par Dièse & au-dessus par Bémol. (Voyez ÉCHELLE.)

Je ne parle point ici des *Octaves* diminuées ou superflues , parce que cet Intervalle ne s'altere gueres dans la Mélodie , & jamais dans l'Harmonie.

Il est défendu , en composition , de faire deux *Octaves* de suite , entre différentes Parties , sur-tout par Mouvement semblable : mais cela est permis , & même élégant , fait à dessein & à propos dans toute la suite d'un Air ou d'une Période : c'est ainsi que dans plusieurs *Concerto* toutes les Parties reprennent par Intervalles le Rippiéno à l'*Octave* ou à l'Unisson.

Sur la Regle de l'*Octave* , voyez REGLE.

OCTAVIER , *v. n.* Quand on force le vent dans un Instrument à vent , le Son monte aussi-tôt à l'Octave ; c'est ce qu'on appelle *Octavier.* En renforçant ainsi l'inspiration , l'air renfermé dans le tuyau & contraint par l'air extérieur , est obligé , pour céder à la vîtesse des oscillations , de se partager en deux colonnes égales , ayant chacune la moitié de la longueur du tuyau ; & c'est ainsi que chacune de ces moitiés sonne l'Octave du tout. Une Corde de Violoncelle *Octavie* par un principe semblable , quand le coup d'Archet est trop brusque ou trop voisin du Chevalet. C'est un défaut dans l'Orgue quand un tuyau *Octavie* ; cela vient de ce qu'il prend trop de vent.

ODE, *f. f.* Mot Grec qui signifie *Chant* ou *Chanson.*

ODÉUM, *f. m.* C'étoit, chez les Anciens, un lieu destiné à la répétition de la Musique qui devoit être chantée sur le Théâtre ; comme est, à l'Opéra de Paris, le petit Théâtre du Magasin. (Voyez MAGASIN.)

On donnoit quelquefois le nom d'*Odéum* à des bâtimens qui n'avoient point de rapport au Théâtre. On lit dans Vitruve que Périclès fit bâtir à Athenes un *Odéum* où l'on disputoit des prix de Musique, & dans Pausanias qu'Herode l'Athénien fit construire un magnifique *Odéum* pour le tombeau de sa femme.

Les Écrivains Ecclésiastiques désignent aussi quelquefois le Chœur d'une Eglise par le mot *Odéum.*

ŒUVRE. Ce mot est masculin pour désigner un des Ouvrages de Musique d'un Auteur. On dit le troisieme *Œuvre* de Corelli, le cinquieme *Œuvre* de Vivaldi, &c. mais ces titres ne sont plus gueres en usage. A mesure que la Musique se perfectionne, elle perd ces noms pompeux par lesquels nos Anciens s'imaginoient la glorifier.

ONZIEME, *f. f.* Réplique ou Octave de la Quarte. Cet Intervalle s'appelle *Onzieme,* parce qu'il faut former *Onze* Sons Diatoniques pour passer de l'un de ces termes à l'autre.

M. Rameau a voulu donner le nom d'*Onzieme* à l'Accord qu'on appelle ordinairement

Quarte ; mais comme cette dénomination n'eſt pas ſuivie, & que M. Rameau lui-même a continué de chiffrer le même Accord d'un 4 & non pas d'un 11, il faut ſe conformer à l'uſage. (Voyez Accord, Quarte, Supposition.)

OPÉRA , ſ. m. Spectacle dramatique & lyrique où l'on s'efforce de réunir tous les charmes des beaux Arts, dans la repréſentation d'une action paſſionnée, pour exciter, à l'aide des ſenſations agréables, l'intérêt & l'illuſion.

Les parties conſtitutives d'un *Opéra* ſont, le Poëme, la Muſique, & la Décoration. Par la Poéſie on parle à l'eſprit, par la Muſique à l'oreille, par la Peinture aux yeux ; & le tout doit ſe réunir pour émouvoir le cœur & y porter à la fois la même impreſſion par divers organes. De ces trois parties, mon ſujet ne me permet de conſidérer la premiere & la derniere que par le rapport qu'elles peuvent avoir avec la ſeconde ; ainſi je paſſe immédiatement à celle-ci.

L'Art de combiner agréablement les Sons peut être enviſagé ſous deux aſpects très-différens. Conſidérée comme une inſtitution de la Nature, la Muſique borne ſon effet à la ſenſation & au plaiſir phyſique qui réſulte de la Mélodie, de l'Harmonie, & du Rhythme : telle eſt ordinairement la Muſique d'Egliſe ; tels ſont les Airs à danſer, & ceux des Chanſons. Mais comme partie eſſentielle de la Scene lyrique, dont l'objet principal eſt l'imitation, la Muſique devient

un des beaux Arts capable de peindre tous
les Tableaux, d'exciter tous les sentimens,
de lutter avec la Poéfie, de lui donner une
force nouvelle, de l'embellir de nouveaux
charmes, & d'en triompher en la couronnant.

Les Sons de la voix parlante n'étant ni soutenus ni Harmoniques font inappréciables,
& ne peuvent, par conféquent, s'allier
agréablement avec ceux de la voix chantante
& des Inftrumens, au moins dans nos Langues, trop éloignées du caractere muſical;
car on ne fauroit entendre les paffages des
Grecs fur leur maniere de réciter, qu'en
fuppofant leur Langue tellement accentuée
que les inflexions du difcours dans la déclamation foutenue, formaffent entr'elles des
Intervalles muſicaux & appréciables : ainſi
l'on peut dire que leurs Pieces de Théâtres
étoient des efpeces d'*Opéra*; & c'eft pour
cela même qu'il ne pouvoit y avoir d'*Opéra*
proprement dit parmi eux.

Par la difficulté d'unir le Chant au difcours dans nos Langues, il eft aifé de fentir
que l'intervention de la Mufique comme
partie effentielle doit donner au Poëme lyrique un caractere différent de celui de la
Tragédie & de la Comédie, & en faire une
troifieme efpece de Drame, qui a fes regles
particulieres : mais fes différences ne peuvent
fe déterminer fans une parfaite connoiffance
de la partie ajoutée, des moyens de l'unir à
la parole, & de fes relations naturelles avec
le cœur humain : détails qui appartiennent
moins à l'Artifte qu'au Philofophe, & qu'il

faut laisser à une plume faite pour éclairer tous les Arts, pour montrer à ceux qui les professent les principes de leurs regles, & aux hommes de goût les sources de leurs plaisirs.

En me bornant donc sur ce sujet à quelques observations plus historiques que raisonnées, je remarquerai d'abord que les Grecs n'avoient pas au Théâtre un genre lyrique ainsi que nous, & que ce qu'ils appelloient de ce nom ne ressembloit point au nôtre : comme ils avoient beaucoup d'accent dans leur Langue & peu de fracas dans leurs Concerts, toute leur Poésie étoit Musicale & toute leur Musique déclamatoire : de sorte que leur Chant n'étoit presque qu'un discours soutenu, & qu'ils chantoient réellement leurs vers, comme ils l'annoncent à la tête de leur Poëme ; ce qui par imitation a donné aux Latins, puis à nous, le ridicule usage de dire, *je chante*, quand on ne chante point. Quant à ce qu'ils appelloient genre lyrique en particulier, c'étoit une Poésie héroïque dont le style étoit pompeux & figuré, laquelle s'accompagnoit de la Lyre ou Cythare préférablement à tout autre Instrument. Il est certain que les Tragédies Grecques se récitoient d'une maniere très-semblable au Chant, qu'elles s'accompagnoient d'Instrumens & qu'il y entroit des Chœurs.

Mais si l'on veut pour cela que ce fussent des *Opéra* semblables aux nôtres, il faut donc imaginer des *Opéra* sans Airs : car il me paroît prouvé que la Muſique Grecque, ſans en excepter même l'Inſtrumentale, n'é- toit qu'un véritable Récitatif. Il eſt vrai que ce Récitatif, qui réuniſſoit le charme des Sons Muſicaux à toute l'Harmonie de la Poéſie & à toute la force de la déclamation, devroit avoir beaucoup plus d'énergie que le Récitatif moderne, qui ne peut gueres ménager un de ces avantages qu'aux dépens des autres. Dans nos Langues vivantes, qui ſe reſſentent, pour la plupart, de la rudeſſe du climat dont elles ſont originaires, l'ap- plication de la Muſique à la parole eſt beau- coup moins naturelle. Une proſodie incer- taine s'accorde mal avec la régularité de la Meſure; des ſyllabes muettes & ſourdes, des articulations dures, des Sons peu écla- tans & moins variés, ſe prêtent difficile- ment à la Mélodie; & une Poéſie cadencée uniquement par le nombre des ſyllabes prend une Harmonie peu ſenſible dans le Rhythme muſical, & s'oppoſe ſans ceſſe à la diverſité des valeurs & des mouvemens.

Voilà les difficultés qu'il fallut vaincre ou éluder dans l'invention du Poëme lyrique. On tâcha donc, par un choix de mots, de tours & de vers, de ſe faire une Langue propre; & cette Langue, qu'on appella ly- rique, fut riche ou pauvre, à proportion de la douceur ou de la rudeſſe de celle dont elle étoit tirée.

Ayant, en quelque ſorte, préparé la pa- role pour la Muſique, il fut enſuite queſ- tion d'appliquer la Muſique à la parole,

& de la lui rendre tellement propre fur la
Scene lyrique, que le tout pût être pris
pour un feul & même idiôme ; ce qui produifit la néceffité de chanter toujours, pour
paroître toujours parler ; néceffité qui croît
en raifon de ce qu'une Langue eft peu muficale ; car moins la Langue a de douceur
& d'accent, plus le paffage alternatif de la
parole au Chant & du Chant à la parole,
y devient dur & choquant pour l'oreille.
De-là le befoin de fubftituer au difcours
en récit un difcours en Chant, qui pût l'i-
miter de fi près qu'il n'y eût que la jufteffe des Accords qui le diftinguât de la
parole. (Voyez RÉCITATIF.)

Cette maniere d'unir au Théâtre la Mufique à la Poéfie, qui, chez les Grecs,
fuffifoit pour l'intérêt & l'illufion, parce
qu'elle étoit naturelle, par la raifon contraire, ne pouvoit fuffire chez nous pour
la même fin. En écoutant un langage
hypothétique & contraint, nous avons peine
à concevoir ce qu'on veut nous dire ; avec
beaucoup de bruit on nous donne peu d'é-
motion : de-là naît la néceffité d'amener le
plaifir phyfique au fecours du moral, &
de fuppléer par l'attrait de l'Harmonie à
l'énergie de l'expreffion. Ainfi moins on
fait toucher le cœur, plus il faut favoir
flatter l'oreille, & nous fommes forcés de
chercher dans la fenfation le plaifir que le
fentiment nous refufe. Voilà l'origine des
Airs, des Chœurs, de la Symphonie, &
de cette Mélodie enchantereffe dont la Mu-

fique moderne s'embellit fouvent aux de pens de la Poéfie, mais que l'homme de goût rebute au Théâtre, quand on le flatte fans l'émouvoir.

A la naiffance de l'*Opéra*, fes inventeurs voulant éluder ce qu'avoit de peu naturel l'union de la Mufique au difcours dans l'imitation de la vie humaine, s'aviferent de tranfporter la Scene aux Cieux & dans les Enfers, & faute de favoir faire parler les hommes, ils aimerent mieux faire chanter les Dieux & les Diables, que les Héros & les Bergers. Bientôt la magie & le merveilleux devinrent les fondemens du Théâtre lyrique; & content de s'enrichir d'un nouveau genre on ne fongea pas même à rechercher fi c'étoit bien celui-là qu'on avoit dû choifir. Pour foutenir une fi forte illufion, il fallut épuifer tout ce que l'art humain pouvoit imaginer de plus féduifant chez un Peuple où le goût du plaifir & celui des beaux Arts régnoient à l'envi. Cette Nation célebre à laquelle il ne refte de fon ancienne grandeur que celle des idées dans les beaux Arts, prodigua fon goût, fes lumieres pour donner à ce nouveau Spectacle tout l'éclat dont il avoit befoin. On vit s'élever par toute l'Italie des Théâtres égaux en étendue aux Palais des Rois, & en élégance aux monumens de l'antiquité dont elle étoit remplie. On inventa, pour les orner, l'Art de la Perfpective & de la Décoration. Les Artiftes dans chaque genre y firent à l'envi briller leurs talens. Les machines les plus ingénieuses, les vols les plus hardis, les tempêtes, la foudre, l'éclair, & tous les prestiges de la baguette furent employés à fasciner les yeux, tandis que des multitudes d'Inftrumens & de voix étonnoient les oreilles.

Avec tout cela l'action reftoit toujours froide, & toutes les fituations manquoient d'intérêt. Comme il n'y avoit point d'intrigue qu'on ne dénouât facilement à l'aide de quelque Dieu, le Spectateur, qui connoiffoit tout le pouvoir du Poëte, fe repofoit tranquillement fur lui du foin de tirer fes Héros des plus grands dangers. Ainfi l'appareil étoit immenfe & produifoit peu d'effet, parce que l'imitation étoit toujours imparfaite & groffiere, que l'action prife hors de la Nature étoit fans intérêt pour nous, & que les fens fe prêtent mal à l'illufion quand le cœur ne s'en mêle pas ; de forte qu'à tout compter il eût été difficile d'ennuyer une affemblée à plus grands frais.

Ce Spectacle, tout imparfait qu'il étoit, fit long-tems l'admiration des contemporains, qui n'en connoiffoient point de meilleur. Ils fe félicitoient même de la découverte d'un fi beau genre : voilà, difoient-ils, un nouveau principe joint à ceux d'Ariftote ; voilà l'admiration ajoutée à la terreur & à la pitié. Ils ne voyoient pas que cette richeffe apparente n'étoit au fond qu'un figne de ftérilité, comme les fleurs qui couvrent les champs avant la moiffon. C'étoit faute de favoir toucher qu'ils vouloient

furprendre, & cette admiration prétendue
n'étoit en effet qu'un étonnement puérile
dont ils auroient dû rougir. Un faux air
de magnificence, de féerie & d'enchantement, leur en impofoit au point qu'ils ne
parloient qu'avec enthoufiafme & refpect
d'un Théâtre qui ne méritoit que des huées;
ils avoient, de la meilleure foi du monde,
autant de vénération pour la Scene même
que pour les chimériques objets qu'on tâchoit d'y repréfenter : comme s'il y avoit
plus de mérite à faire parler platement le
Roi des Dieux que le dernier des mortels,
& que les Valets de Moliere ne fuffent pas
préférables aux Héros de Pradon.

Quoique les Auteurs de ces premiers
Opéra n'euffent gueres d'autre but que d'éblouir les yeux & d'étourdir les oreilles,
il étoit difficile que le Muficien ne fût jamais tenté de chercher à tirer de fon Art
l'expreffion des fentimens répandus dans le
Poëme. Les Chanfons des Nymphes, les
Hymnes des Prêtres, les cris des Guerriers,
les hurlemens infernaux ne rempliffoient pas
tellement ces Drames groffiers, qu'il ne s'y
trouvât quelqu'un de ces inftans d'intérêt
& de fituation où le Spectateur ne demande
qu'à s'attendrir. Bientôt on commença de
fentir qu'indépendamment de la déclamation muficale, que fouvent la Langue comportoit mal, le choix du Mouvement, de
l'Harmonie & des Chants n'étoit pas indifférent aux chofes qu'on avoit à dire, &
que, par conféquent, l'effet de la feule

Muſique borné juſqu'alors au ſens, pouvoit aller juſqu'au cœur. La Mélodie, qui ne s'étoit d'abord ſéparée de la Poéſie que par néceſſité, tira parti de cette indépendance pour ſe donner des beautés abſolues & purement muſicales : l'Harmonie découverte ou perfectionnée lui ouvrit de nouvelles routes pour plaire & pour émouvoir ; & la Meſure, affranchie de la gêne du Rhythme poétique, acquit auſſi une ſorte de cadence à part, qu'elle ne tenoit que d'elle ſeule.

La Muſique, étant ainſi devenue un troiſieme Art d'imitation, eut bientôt ſon langage, ſon expreſſion, ſes tableaux, tout-à-fait indépendans de la Poéſie. La Symphonie même apprit à parler ſans le ſecours des paroles, & ſouvent il ne ſortoit pas des ſentimens moins vifs de l'Orcheſtre que de la bouche des Acteurs. C'eſt alors que, commençant à ſe dégoûter de tout le clinquant de la féerie, du puérile fracas des machines, & de la fantaſque image des choſes qu'on n'a jamais vues, on chercha dans l'imitation de la Nature des tableaux plus intéreſſans & plus vrais. Juſques - là l'*Opéra* avoit été conſtitué comme il pouvoit l'être ; car quel meilleur uſage pouvoit-on faire au Théâtre d'une Muſique qui ne ſavoit rien peindre, que de l'employer à la repréſentation des choſes qui ne pouvoient exiſter, & ſur leſquelles perſonne n'étoit en état de comparer l'image à l'objet ? Il eſt impoſſible de ſavoir ſi l'on eſt affecté

par la peinture du merveilleux comme on
le feroit par fa préfence ; au lieu que tout
homme peut juger par lui-même fi l'Artifte
a bien fu faire parler aux paffions leur langage, & fi les objets de la Nature font
bien imités. Auffi dès que la Mufique eut
appris à peindre & à parler, les charmes
du fentiment firent-ils bientôt négliger ceux
de la baguette, le Théâtre fut purgé du
jargon de la Mythologie, l'intérêt fut fubftitué au merveilleux, les machines des
Poëtes & des Charpentiers furent détruites,
& le Drame lyrique prit une forme plus
noble & moins gigantefque. Tout ce qui pouvoit émouvoir le cœur y fut employé avec
fuccès, on n'eut plus befoin d'en impofer
par des êtres de raifon, ou plutôt de folie,
& les Dieux furent chaffés de la Scene
quand on y fut repréfenter des hommes.
Cette forme plus fage & plus réguliere fe
trouva encore la plus propre à l'illufion ;
l'on fentit que le chef-d'œuvre de la Mufique étoit de fe faire oublier elle-même,
qu'en jettant le défordre & le trouble dans
l'ame du Spectateur elle l'empêchoit de diftinguer les Chants tendres & pathétiques
d'une Héroïne gémiffante, des vrais accens
de la douleur ; & qu'Achille en fureur pouvoit nous glacer d'effroi avec le même langage qui nous eût choqués dans fa bouche
en tout autre tems.

Ces obfervations donnerent lieu à une feconde réforme non moins importante que
la premiere. On fentit qu'il ne falloit à
l'Opéra

l'*Opéra* rien de froid & de raifonné, rien que le Spectateur pût écouter affez tranquillement pour réfléchir fur l'abfurdité de ce qu'il entendoit ; & c'eft en cela, furtout, que confifte la différence effentielle du Drame lyrique à la fimple Tragédie. Toutes les délibérations politiques, tous les projets de confpiration, les expofitions, les récits, les maximes fentencieufes ; en un mot, tout ce qui ne parle qu'à la raifon fut banni du langage du cœur, avec les jeux d'efprit, les Madrigaux & tout ce qui n'eft que des penfées. Le ton même de la fimple galanterie, qui cadre mal avec les grandes paffions, fut à peine admis dans le rempliffage des fituations tragiques, dont il gâte prefque toujours l'effet : car jamais on ne fent mieux que l'Acteur chante, que lorfqu'il dit une Chanfon.

L'énergie de tous les fentimens, la violence de toutes les paffions font donc l'objet principal du Drame lyrique ; & l'illufion, qui en fait le charme, eft toujours détruite auffi-tôt que l'Auteur & l'Acteur laiffent un moment le Spectateur à lui-même. Tels font les principes fur lefquels l'*Opéra* moderne eft établi. Apoftolo-Zéno, le Corneille de l'Italie, fon tendre éleve, qui en eft le Racine, ont ouvert & perfectionné cette nouvelle carriere. Ils ont ofé mettre les Héros de l'Hiftoire fur un Théâtre qui fembloit ne convenir qu'aux fantomes de la Fable. Cyrus, Céfar, Caton même, ont paru fur la Scene avec fuccès, & les Spectateurs les plus révoltés d'entendre chanter de tels hommes, ont bientôt oublié qu'ils chantoient, subjugués & ravis par l'éclat d'une Musique aussi pleine de noblesse & de dignité que d'enthousiasme & de feu. L'on suppose aisément que des sentimens si différens des nôtres doivent s'exprimer aussi sur un autre ton.

Ces nouveaux Poëmes que le génie avoit créés, & que lui seul pouvoit soutenir, écarterent sans effort les mauvais Musiciens qui n'avoient que la mécanique de leur Art, &, privés du feu de l'invention & du don de l'imitation, faisoient des *Opéra* comme ils auroient fait des sabots. A peine les cris des Bacchantes, les conjurations des Sorciers & tous les Chants qui n'étoient qu'un vain bruit, furent-ils bannis du Théâtre; à peine eut-on tenté de substituer à ce barbare fracas les accens de la colere, de la douleur, des menaces, de la tendresse, des pleurs, des gémissemens, & tous les mouvemens d'une ame agitée, que, forcés de donner des sentimens aux Héros & un langage au cœur humain, les Vinci, les Léo, les Pergolèse, dédaignant la servile imitation de leurs pré-décesseurs, & s'ouvrant une nouvelle carriere, la franchirent sur l'aîle du Génie, & se trouverent au but presque dès les premiers pas. Mais on ne peut marcher long-tems dans la route du bon goût sans monter ou descendre, & la perfection est un point où il est difficile de se maintenir. Après avoir essayé & senti ses forces, la

Mufique, en état de marcher feule, commence à dédaigner la Poéfie qu'elle doit
accompagner, & croit en valoir mieux en
tirant d'elle-même les beautés qu'elle partageoit avec fa compagne. Elle fe propofe
encore, il eft vrai, de rendre les idées &
les fentimens du Poëte; mais elle prend,
en quelque forte, un autre langage, &,
quoique l'objet foit le même, le Poëte &
le Muficien, trop féparés dans leur travail,
en offrent à la fois deux images reffemblan-
tes, mais diftinctes, qui fe nuifent mutuellement. L'efprit, forcé de fe partager, choifit
& fe fixe à une image plutôt qu'à l'autre.
Alors le Muficien, s'il a plus d'art que le
Poëte, l'efface & le fait oublier : l'Acteur
voyant que le Spectateur facrifie les paroles
à la Mufique, facrifie à fon tour le gefte
& l'action théâtrale au chant & au brillant
de la voix; ce qui fait tout-à-fait oublier
la Piece, & change le Spectacle en un véritable Concert. Que fi l'avantage, au contraire, fe trouve du côté du Poëte, la Mufique, à fon tour, deviendra prefque in-
différente, & le Spectateur, trompé par le
bruit, pourra prendre le change au point
d'attribuer à un mauvais Muficien le mérite d'un excellent Poëte, & de croire admirer des chef-d'œuvres d'Harmonie, en
admirant des Poëmes bien compofés.

Tels font les défauts que la perfection ab-
folue de la Mufique & fon défaut d'application à la Langue peuvent introduire dans les
Opéra à proportion du concours de ces deux

caufes. Sur quoi l'on doit remarquer que
les Langues les plus propres à fléchir fous
les loix de la Mefure & de la Mélodie font
celles où la duplicité dont je viens de parler
eft le moins apparente, parce que la Mufique fe prêtant feulement aux idées de la
Poéfie, celle-ci fe prête à fon tour aux inflexions de la Mélodie ; & que, quand la
Mufique ceffe d'obferver le Rhythme, l'accent & l'Harmonie du vers, le vers fe plie
& s'affervit à la cadence de la Mefure & à
l'accent muical. Mais lorfque la Langue n'a
ni douceur ni flexibilité, l'âpreté de la Poéfie
l'empêche de s'affervir au Chant, la douceur même de la Mélodie l'empêche de fe
prêter à la bonne récitation des vers, & l'on
fent dans l'union forcée de ces deux Arts une
contrainte perpétuelle qui choque l'oreille &
détruit à la fois l'attrait de la Mélodie & l'effet de la Déclamation. Ce défaut eft fans re-
mede, & vouloir à toute force appliquer la
Mufique à une Langue qui n'eft pas muficale, c'eft lui donner plus de rudeffe qu'elle
n'en auroit fans cela.

Par ce que j'ai dit jufqu'ici, l'on a pu voir
qu'il y a plus de rapport entre l'appareil des
yeux ou la décoration, & la Mufique ou
l'appareil des oreilles, qu'il n'en paroît entre
deux fens qui femblent n'avoir rien de commun ; & qu'à certains égards l'*Opéra* conf-
titué comme il eft, n'eft pas un tout auffi
monftrueux qu'il paroît l'être. Nous avons
vu que, voulant offrir aux regards l'intérêt
& les mouvemens qui manquoient à la Mu-

fique, on avoit imaginé les groffiers pref-
tiges des machines & des vols, & que jufqu'à ce qu'on fût nous émouvoir, on s'é-
toit contenté de nous furprendre. Il eft
donc très-naturel que la Mufique, devenue
paffionnée & pathétique, ait renvoyé fur
les Théâtres des Foires ces mauvais fupplé-
mens dont elle n'avoit plus befoin fur le fien.
Alors l'*Opéra*, purgé de tout ce merveilleux
qui l'aviliffoit, devint un Spectacle également touchant & majeftueux, digne de
plaire aux gens de goût & d'intéreffer les
cœurs fenfibles.

Il eft certain qu'on auroit pu retrancher
de la pompe du Spectacle autant qu'on ajou-
toit à l'intérêt de l'action ; car plus on s'occupe des perfonnages, moins on eft occupé
des objets qui les entourent : mais il faut,
cependant, que le lieu de la Scene foit convenable aux Acteurs qu'on y fait parler ;
& l'imitation de la Nature, fouvent plus
difficile & toujours plus agréable que celle des
êtres imaginaires, n'en devient que plus intéreffante en devenant plus vraifemblable.
Un beau Palais, des Jardins délicieux, de
favantes ruines plaifent encore plus à l'œil
que la fantafque image du Tartare, de
l'Olympe, du Char du Soleil ; image d'autant plus inférieure à celle que chacun fe
trace en lui-même, que dans les objets chimériques, il n'en coûte rien à l'efprit d'aller
au-delà du poffible, & de fe faire des mo-
deles au-deffus de toute imitation. De-là
vient que le merveilleux, quoique déplacé

dans la Tragédie, ne l'eſt pas dans le Poëme
épique, où l'imagination toujours induſ-
trieuſe & dépenſiere ſe charge de l'exécution, & en tire un tout autre parti que ne
peut faire ſur nos Théâtres le talent du
meilleur Machiniſte, & la magnificence du
plus puiſſant Roi.

Quoique la Muſique priſe pour un Art
d'imitation ait encore plus de rapport à la
Poéſie qu'à la Peinture; celle-ci, de la maniere qu'on l'emploie au Théâtre, n'eſt pas
auſſi ſujette que la Poéſie à faire avec la
Muſique une double repréſentation du
même objet; parce que l'une rend les ſentimens des hommes, & l'autre ſeulement
l'image du lieu où ils ſe trouvent; image qui
renforce l'illuſion & tranſporte le Spectateur par-tout où l'Acteur eſt ſuppoſé être.
Mais ce tranſport d'un lieu à un autre doit
avoir des regles & des bornes: il n'eſt permis
de ſe prévaloir, à cet égard, de l'agilité de
l'imagination qu'en conſultant la loi de la
vraiſemblance, &, quoique le Spectateur
ne cherche qu'à ſe prêter à des fictions dont
il tire tout ſon plaiſir, il ne faut pas abuſer
de ſa crédulité au point de lui en faire honte.
En un mot, on doit ſonger qu'on parle à
des cœurs ſenſibles ſans oublier qu'on parle
à des gens raiſonnables. Ce n'eſt pas que je
vouluſſe tranſporter à l'*Opéra* cette rigou-
reuſe unité de lieu qu'on exige dans la Tragédie, & à laquelle on ne peut gueres s'aſ-
ſervir qu'aux dépens de l'action; de ſorte
qu'on n'eſt exact à quelque égard que pour

être abſurde à mille autres. Ce ſeroit d'ailleurs s'ôter l'avantage des changemens de
Scenes , leſquelles ſe font valoir mutuellement : ce ſeroit s'expoſer par une vicieuſe
uniformité à des oppoſitions mal conçues
entre la Scene qui reſte toujours & les ſituations qui changent ; ce ſeroit gâter , l'un
par l'autre , l'effet de la Muſique & celui
de la décoration , comme de faire entendre des Symphonies voluptueuſes parmi des
rochers , ou des airs gais dans les Palais des
Rois.

C'eſt donc avec raiſon qu'on a laiſſé ſubſiſter d'Acte en Acte les changemens de
Scene , & pour qu'ils ſoient réguliers & ad-
miſſibles , il ſuffit qu'on ait pu naturellement ſe rendre du lieu d'où l'on ſort au
lieu où l'on paſſe , dans l'Intervalle de tems
qui s'écoule ou que l'action ſuppoſe entre
les deux Actes ; de ſorte que , comme l'u-
nité de tems doit ſe renfermer à-peu-près
dans l'eſpace d'une journée de chemin. A
l'égard des changemens de Scene pratiqués
quelquefois dans un même Acte , ils me
paroiſſent également contraires à l'illuſion &
à la raiſon , & devoir être abſolument proſ-
crits du Théâtre.

Voilà comment le concours de l'Acouſ-
tique & de la Perſpective peut perfectionner
l'illuſion , flatter les ſens par des impreſſions
diverſes , mais analogues , & porter à l'ame
un même intérêt avec un double plaiſir.
Ainſi ce ſeroit une grande erreur de penſer
que l'ordonnance du Théâtre n'a rien de

commun avec celle de la Musique, si ce
n'est la convenance générale qu'elles tirent
du Poëme. C'est à l'imagination des deux
Artistes à déterminer entr'eux ce que celle
du Poëte a laissé à leur disposition, & à s'accorder si bien en cela que le Spectateur sente
toujours l'accord parfait de ce qu'il voit &
de ce qu'il entend. Mais il faut avouer que
la tâche du Musicien est la plus grande.
L'imitation de la peinture est toujours froide,
parce qu'elle manque de cette succession
d'idées & d'impressions qui échauffe l'ame
par degrés, & que tout est dit au premier
coup d'œil. La puissance imitative de cet
Art, avec beaucoup d'objets apparens, se
borne en effet à de très-foibles représentations. C'est un des grands avantages du
Musicien de pouvoir peindre les choses
qu'on ne sauroit entendre, tandis qu'il est
impossible au Peintre de peindre celles qu'on
ne sauroit voir ; & le plus grand prodige
d'un Art qui n'a d'activité que par ses mouvemens, est d'en pouvoir former jusqu'à
l'image du repos. Le sommeil, le calme de
la nuit, la solitude & le silence même entrent dans le nombre des tableaux de la
Musique. Quelquefois le bruit produit l'effet
du silence, & le silence l'effet du bruit ;
comme quand un homme s'endort à une
lecture égale & monotone, & s'éveille à
l'instant qu'on se tait ; & il en est de même
pour d'autres effets. Mais l'Art a des substi-
tutions plus fertiles & bien plus fines que
celles-ci ; il sait exciter par un sens des émo-

tions semblables à celles qu'on peut exciter par un autre ; & , comme le rapport ne peut être sensible que l'impression ne soit forte, la peinture, dénuée de cette force, rend difficilement à la Musique les imitations que celle-ci tire d'elle. Que toute la Nature soit endormie, celui qui la contemple ne dort pas, & l'art du Musicien consiste à substituer à l'image insensible de l'objet, celle des mouvemens que sa présence excite dans l'esprit du Spectateur : il ne représente pas directement la chose ; mais il réveille dans notre ame le même sentiment qu'on éprouve en la voyant.

Ainsi, bien que le Peintre n'ait rien à tirer de la Partition du Musicien, l'habile Musicien ne sortira point sans fruit de l'attelier du Peintre. Non-seulement il agitera la mer à son gré, excitera les flammes d'un incendie, fera couler les ruisseaux, tomber la pluie & grossir les torrens ; mais il augmentera l'horreur d'un désert affreux, rembrunira les murs d'une prison souterraine, calmera l'orage, rendra l'air tranquille, le Ciel serein, & répandra, de l'Orchestre, une fraîcheur nouvelle sur les boccages.

Nous venons de voir comment l'union des trois Arts qui constituent la Scene lyrique, forme entr'eux un tout très-bien lié. On a tenté d'y en introduire un quatrieme, dont il me reste à parler.

Tous les mouvemens du corps, ordonnés selon certaines loix pour affecter les regards par quelque action, prennent en général le

nom de geftes. Le gefte fe divife en deux efpeces, dont l'une fert d'accompagnement à
la parole & l'autre de fupplément. Le premier, naturel à tout homme qui parle, fe
modifie différemment, felon les hommes,
les Langues & les caracteres. Le fecond eft
l'Art de parler aux yeux fans le fecours de
l'écriture, par des mouvemens du corps de-
venus fignes de convention. Comme ce gefte
eft plus pénible, moins naturel pour nous
que l'ufage de la parole, & qu'elle le rend
inutile, il l'exclud, & même en fuppofe la
privation; c'eft ce qu'on appelle Art des
Pantomimes. A cet Art ajoutez un choix d'attitudes agréables & de mouvemens cadencés,
vous aurez ce que nous appelions la Danfe,
qui ne mérite gueres le nom d'Art quand
elle ne dit rien à l'efprit.

Ceci pofé, il s'agit de favoir fi, la Danfe
étant un langage, & par conféquent pouvant
être un Art d'imitation, peut entrer avec les
trois autres dans la marche de l'Action lyrique,
ou bien fi elle peut interrompre & fufpendre
cette action fans gâter l'effet & l'unité de la
Piece.

Or, je ne vois pas que ce dernier cas puiffe
même faire une queftion. Car chacun fent
que tout l'intérêt d'une action fuivie dépend
de l'impreffion continue & redoublée que fa
repréfentation fait fur nous; que tous les objets qui fufpendent ou partagent l'attention
font autant de contre-charmes qui détruifent
celui de l'intérêt; qu'en coupant le Spectacle
par d'autres Spectacles qui lui font étrangers,

on divise le sujet principal en parties indé-
pendantes qui n'ont rien de commun entr'elles que le rapport général de la matiere
qui les compose ; & qu'enfin plus les Spectacles inférés seroient agréables , plus la mu-
tilation du tout seroit difforme. De sorte
qu'en supposant un *Opéra* coupé par quelques
Divertissemens qu'on pût imaginer , s'ils lais-
soient oublier le sujet principal , le Spectateur, à la fin de chaque Fête , se trouveroit
aussi peu ému qu'au commencement de la
Piece ; & pour l'émouvoir de nouveau &
ranimer l'intérêt , ce seroit toujours à recommencer. Voilà pourquoi les Italiens ont
enfin banni des Entr'actes de leurs *Opéra* ces
Intermedes comiques qu'ils y avoient inférés ; genre de Spectacle agréable , piquant
& bien pris dans la Nature , mais si déplacé
dans le milieu d'une action tragique , que
les deux Pieces se nuisoient mutuellement ,
& que l'une des deux ne pouvoit jamais in-
téresser qu'aux dépens de l'autre.

Reste donc à voir si , la Danse ne pouvant entrer dans la composition du genre
lyrique comme ornement étranger , on ne
l'y pourroit pas faire entrer comme partie
constitutive , & faire concourir à l'action un
Art qui ne doit pas la suspendre. Mais comment admettre à la fois deux langages qui
s'excluent mutuellement , & joindre l'Art
Pantomime à la parole qui le rend superflu ?
Le langage du geste étant la ressource des
muets ou des gens qui ne peuvent s'entendre , devient ridicule entre ceux qui parlent.

On ne répond point à des mots par des gambades, ni au geste par des discours ; autrement je ne vois point pourquoi celui qui entend le langage de l'autre ne lui répond pas sur le même ton. Supprimez donc la parole si vous voulez employer la Danse : si-tôt que vous introduisez la Pantomime dans l'*Opéra*, vous en devez bannir la Poésie, parce que de toutes les unités la plus nécessaire est celle du langage, & qu'il est absurde & ridicule de dire à la fois la même chose à la même personne, & de bouche & par écrit.

Les deux raisons que je viens d'alléguer se réunissent dans toute leur force pour bannir du Drame lyrique les Fêtes & les Divertissemens qui non-seulement en suspendent l'action, mais, ou ne disent rien, ou substituent brusquement au langage adopté un autre langage opposé, dont le contraste détruit la vraisemblance, affoiblit l'intérêt, & soit dans la même action poursuivie, soit dans un épisode inséré, blesse également la raison. Ce seroit bien pis, si ces Fêtes n'offroient au Spectateur que des fautes sans liaison, & des Danses sans objet ; tissu gothique & barbare dans un genre d'ouvrage où tout doit être peinture & imitation.

Il faut avouer, cependant, que la Danse est si avantageusement placée au Théâtre, que ce seroit le priver d'un de ses plus grands agrémens que de l'en retrancher tout-à-fait. Aussi, quoiqu'on ne doive point avilir une action tragique par des sauts & des entre-

chats, c'eſt terminer très-agréablement le
Spectacle, que de donner un Ballet après
l'*Opéra*, comme une petite Piece après la
Tragédie. Dans ce nouveau Spectacle, qui
ne tient point au précédent, on peut auſſi
faire choix d'une autre Langue; c'eſt une
autre Nation qui paroît ſur la Scene. L'Art
Pantomime ou la Danſe devenant alors la Langue de convention, la parole en doit être
bannie à ſon tour, & la Muſique reſtant
le moyen de liaiſon, s'applique à la Danſe
dans la petite Piece, comme elle s'appliquoit
dans la grande à la Poéſie. Mais avant d'employer cette Langue nouvelle, il faut la créer.
Commencer par donner des Ballets en action,
ſans avoir préalablement établi la convention
des geſtes, c'eſt parler une Langue à gens
qui n'en ont pas le Dictionnaire, & qui,
par conſéquent, ne l'entendront point.

OPÉRA, ſ. m. Eſt auſſi un mot conſacré
pour diſtinguer les différens ouvrages d'un
même Auteur, ſelon l'ordre dans lequel
ils ont été imprimés ou gravés, & qu'il marque ordinairement lui-même ſur les titres
par des chiffres. (Voyez ŒUVRE.) Ces deux
mots ſont principalement en uſage pour les
compoſitions de ſymphonie.

ORATOIRE. De l'Italien *Oratorio*. Eſpece de Drame en Latin ou en Langue vul-
gaire, diviſé par Scenes, à l'imitation des
Pieces de Théâtre, mais qui roule toujours
ſur des ſujets ſacrés & qu'on met en Muſique pour être exécuté dans quelque Egliſe
durant le Carême ou en d'autres tems. Cet

ufage , affez commun en Italie , n'eft point admis en France. La Mufique Françoife eft fi peu propre au genre Dramatique, que c'eft bien affez qu'elle y montre fon infuffifance au Théâtre , fans l'y montrer encore à l'Eglife.

ORCHESTRE , *f. m.* On prononce *Orqueftre*. C'étoit , chez les Grecs , la partie inférieure du Théâtre ; elle étoit faite en demi - cercle & garnie de fieges tout autour. On l'appelloit *Orcheftre* , parce que c'étoit là que s'exécutoient les Danfes.

Chez eux l'*Orcheftre* faifoit une partie du Théâtre ; à Rome il en étoit féparé & rempli de fieges deftinés pour les Sénateurs , les Magiftrats , les Veftales , & les autres perfonnes de diftinction. A Paris l'*Orcheftre* des Comédies Françoife & Italienne , & ce qu'on appelle ailleurs le *Parquet* , eft deftiné en partie à un ufage femblable.

Aujourd'hui ce mot s'applique plus particuliérement à la Mufique , & s'entend , tantôt du lieu où fe tiennent ceux qui jouent des Inftrumens , comme l'*Orcheftre* de l'Opéra , tantôt du lieu où fe tiennent tous les Muficiens en général , comme l'*Orcheftre* du Concert Spirituel au Château des Tuileries, & tantôt de la collection de tous les Symphoniftes : c'eft dans ce dernier fens que l'on dit de l'exécution de Mufique que l'*Orcheftre* étoit bon ou mauvais , pour dire que les Inftrumens étoient bien ou mal joués.

Dans les Mufiques nombreufes en Symphoniftes , telles que celle d'un Opéra , c'eft

un soin qui n'est pas à négliger que la bonne
distribution de l'*Orchestre*. On doit en grande
partie à ce soin l'effet étonnant de la Symphonie dans les Opéra d'Italie. On porte
la premiere attention sur la fabrique même
de l'*Orchestre*, c'est-à-dire, de l'enceinte qui
le contient. On lui donne les proportions
convenables pour que les Symphonistes y
soient le plus rassemblés & le mieux dis-
tribués qu'il est possible. On a soin d'en
faire la caisse d'un bois léger & résonnant
comme le sapin, de l'établir sur un vide
avec des arcs - boutans, d'en écarter les Spectateurs par un rateau placé dans le parterre
à un pied ou deux de distance. De sorte
que le corps même de l'*Orchestre* portant,
pour ainsi dire, en l'air, & ne touchant
presque à rien, vibre & résonne sans obstacle, & forme comme un grand Instrument
qui répond à tous les autres & en augmente
l'effet.

A l'égard de la distribution intérieure,
on a soin : 1°. que le nombre de chaque
espece d'Instrument se proportionne à l'effet
qu'ils doivent produire tous ensemble ; que,
par exemple, les Basses n'étouffent pas les
Dessus & n'en soient pas étouffées ; que les
Hautbois ne dominent pas sur les Violons,
ni les seconds sur les premiers : 2°. que les
Instrumens de chaque espece, excepté les
Basses, soient rassemblés entr'eux, pour qu'ils
s'accordent mieux & marchent ensemble
avec plus d'exactitude : 3°. que les Basses
soient dispersées autour des deux Clavecins

& par tout l'*Orcheſtre*, parce que c'eſt la Baſſe qui doit régler & ſoutenir toutes les autres Parties, & que tous les Muſiciens doivent l'entendre également : 4°. que tous les Symphoniſtes aient l'œil ſur le Maître à ſon Clavecin, & le Maître ſur chacun d'eux ; que de même chaque Violon ſoit vu de ſon premier & le voye ; c'eſt pourquoi cet Inſtrument étant & devant être le plus nombreux, doit être diſtribué ſur deux lignes qui ſe regardent ; ſavoir, les premiers aſſis en face du Théâtre, le dos tourné vers les Spectateurs, & les ſeconds vis-à-vis d'eux le dos tourné vers le Théâtre, &c.

Le premier *Orcheſtre* de l'Europe pour le nombre & l'intelligence des Symphoniſtes eſt celui de Naples : mais celui qui eſt le mieux diſtribué & forme l'enſemble le plus parfait eſt l'*Orcheſtre* de l'Opéra du Roi de Pologne à Dreſde, dirigé par l'illuſtre Haſſe. (*Ceci s'écrivoit en 1754.*) Voyez *Pl. G. Fig.* 1.) La repréſentation de cet *Orcheſtre*, où, ſans s'attacher aux meſures, qu'on n'a pas priſes ſur les lieux, on pourra mieux juger à l'œil de la diſtribution totale, qu'on ne pourroit faire ſur une longue deſcription.

On a remarqué que, de tous les *Orcheſtres* de l'Europe, celui de l'Opéra de Paris, quoiqu'un des plus nombreux, étoit celui qui faiſoit le moins d'effet. Les raiſons en ſont faciles à comprendre. Premiérement la mauvaiſe conſtruction de l'*Orcheſtre*, enfoncé dans la terre, & clos d'une enceinte de bois lourd, maſſif, & chargé de fer, étouffe

toute

toute résonnance : 2°. le mauvais choix des Symphonistes, dont le plus grand nombre reçu par faveur fait à peine la Musique, & n'a nulle intelligence de l'ensemble : 3°. leur assommante habitude de racler, s'accorder, préluder continuellement à grand bruit, sans jamais pouvoir être d'accord : 4°. le génie François, qui est en général de négliger & dédaigner tout ce qui devient devoir journalier : 5°. les mauvais Instrumens des Symphonistes, lesquels restant sur le lieu sont toujours des Instrumens de rebut, destinés à mugir durant les représentations, & à pourrir dans les Intervalles : 6°. le mauvais emplacement du Maître qui, sur le devant du Théâtre & tout occupé des Acteurs, ne peut veiller suffisamment sur son *Orchestre* & l'a derriere lui, au lieu de l'avoir sous ses yeux : 7°. le bruit insupportable de son bâton qui couvre & amortit tout l'effet de la Symphonie. 8° la mauvaise Harmonie de leurs compositions, qui, n'étant jamais pure & choisie, ne fait entendre, au lieu de choses d'effet, qu'un remplissage sourd & confus : 9°. pas assez de Contrebasses & trop de Violoncelles, dont les Sons, traînés à leur maniere, étouffent la Mélodie & assomment le Spectateur : 10°. enfin le défaut de Mesure, & le caractere indéterminé de la Musique Françoise, où c'est toujours l'Acteur qui régle l'*Orchestre*, au lieu que l'*Orchestre* doit régler l'Acteur, & où les Dessus menent la Basse, au lieu que la Basse doit mener les Dessus.

Dict. de Musique. Tome II.   E

OREILLE , *f. f.* Ce mot s'emploie figu-
rément en terme de Mufique. Avoir de l'*O-*
reille , c'eft avoir l'ouïe fenfible, fine &
jufte ; en forte que, foit pour l'intonation,
foit pour la Mefure, on foit choqué du
moindre défaut , & qu'auffi l'on foit frappé
des beautés de l'Art, quand on les entend.
On a l'*Oreille* fauffe lorfqu'on chante conftamment faux, lorfqu'on ne diftingue point
les Intonations fauffes des Intonations juftes,
ou lorfqu'on n'eft point fenfible à la précifion de la Mefure, qu'on la bat inégale ou
à contre-tems. Ainfi le mot *Oreille* fe prend
tcujours pour la fineffe de la fenfation ou
pour le jugement du fens. Dans cette acception le mot *Oreille* ne fe prend jamais qu'au
fingulier & avec l'article partitif. *Avoir de*
l'Oreille ; il a peu d'Oreille.

ORGANIQUE , *adj. pris fubft. au fémin.*
C'étoit, chez les Grecs, cette partie de la Mufique qui s'exécutoit fur les Inftrumens, &
cette partie avoit fes caracteres, fes Notes
particulieres, comme on le voit dans les
Tables de Bacchius & d'Alypius. (Voyez
Musique, Notes.)

ORGANISER le Chant, *v. a.* C'étoit,
dans le commencement de l'invention du
Contre-point, inférer quelques Tierces dans
une fuite de Plain-Chant à l'uniffon : de
forte, par exemple, qu'une partie du Chœur
chantant ces quatre Notes, *ut re fi ut*, l'autre
partie chantoit en même tems ces quatre-ci,
ut re re ut. Il paroît par les exemples cités
par l'Abbé le Beuf & par d'autres, que l'*Or-*

ganifation ne fe pratiquoit gueres que fur la Note fenfible à l'approche de la finale; d'où il fuit qu'on *n'organifoit* prefque jamais que par une Tierce mineure. Pour un Accord fi facile & fi peu varié, les Chantres qui *organifoient* ne laiffoient pas d'être payés plus cher que les autres.

A l'égard de l'*Organum triplum*, ou *quadruplum*, qui s'appelloit auffi *Triplum* ou *Quadruplum* tout fimplement, ce n'étoit autre chofe que le même Chant des Parties *organifantes* entonné par des Hautes-Contres à l'Octave des Baffes, & par des Deffus à l'Octave des Tailles.

ORTHIEN, *adj.* Le *Nome Orthien*, dans la Mufique Grecque, étoit un Nome Dactylique, inventé, felon les uns, par l'ancien Olympus le Phrygien, & felon d'autres par le Myfien. C'eft fur ce Nome *Orthien*, difent Hérodote & Aulugelle, que chantoit Arion quand il fe précipita dans la mer.

OUVERTURE, *f. f.* Piece de Symphonie qu'on s'efforce de rendre éclatante, impofante, harmonieufe, & qui fert de début aux Opéra & autres Drames lyriques d'une certaine étendue.

Les *Ouvertures* des Opéra François font prefque toutes calquées fur celles de Lully. Elles font compofées d'un morceau traînant appellé grave qu'on joue ordinairement deux fois, & d'une Reprife fautillante appellée gaie, laquelle eft communément fuguée:

plufieurs de ces Reprifes rentrent encore dans le grave en finiffant.

Il a été un tems où les *Ouvertures* Françoifes fervoient de modele dans toute l'Europe. Il n'y a pas foixante ans qu'on faifoit venir en Italie des *Ouvertures* de France pour mettre à la tête des Opéra. J'ai vu même plufieurs anciens Opéra Italiens notés avec une *Ouverture* de Lully à la tête. C'eft de quoi les Italiens ne conviennent pas aujourd'hui que tout a fi fort changé ; mais le fait ne laiffe pas d'être très-certain.

La Mufique inftrumentale ayant fait un progrès étonnant depuis une quarantaine d'années, les vieilles ouvertures faites pour des Symphoniftes qui favoient peu tirer parti de leurs Inftrumens, ont bientôt été laiffées aux François, & l'on s'eft d'abord contenté d'en garder à-peu-près la difpofition. Les Italiens n'ont pas même tardé de s'affranchir de cette gêne, & ils diftribuent aujourd'hui leurs *Ouvertures* d'une autre maniere. Ils débutent par un morceau faillant & vif, à deux ou à quatre tems ; puis ils donnent un *Andante* à demi-jeu, dans lequel ils tâchent de déployer toutes les graces du beau Chant, & ils finiffent par un brillant *Allegro*, ordinairement à trois Tems.

La raifon qu'ils donnent de cette diftribution eft, que dans un Spectacle nombreux où les Spectateurs font beaucoup de bruit, il faut d'abord les porter au filence & fixer leur attention par un début éclatant qui les frappe. Ils difent que le grave de nos *Ou-*

vertures n'est entendu ni écouté de perfonne,
& que notre premier coup d'archet, que
nous vantons avec tant d'emphafe, moins
bruyant que l'Accord des Inftrumens qui
le précede, & avec lequel il fe confond,
est plus propre à préparer l'Auditeur à l'ennui qu'à l'attention. Ils ajoutent qu'après
avoir rendu le Spectateur attentif, il convient de l'intéreffer avec moins de bruit par
un Chant agréable & flatteur qui le difpofe
à l'attendriffement qu'on tâchera bientôt de
lui infpirer ; & de déterminer enfin l'*Ouverture* par un morceau d'un autre caractere,
qui, tranchant avec le commencement du
Drame, marque, en finiffant avec bruit,
le filence que l'Acteur arrivé fur la Scene
exige du Spectateur.

Notre vieille routine d'*Ouvertures* a fait
naître en France une plaifante idée. Plufieurs
fe font imaginés qu'il y avoit une telle convenance entre la forme des *Ouvertures* de
Lully & un Opéra quelconque, qu'on ne
fauroit la changer fans rompre l'Accord du
tout : de forte que, d'un début de Symphonie qui feroit dans un autre goût, tel,
par exemple, qu'une *Ouverture* Italienne,
ils diront avec mépris, que c'est une Sonate,
& non pas une *Ouverture* ; comme fi toute
Ouverture n'étoit pas une Sonate.

Je fais bien qu'il feroit à defirer qu'il y
eût un rapport propre & fenfible entre le
caractere d'une *Ouverture* & celui de l'ouvrage qu'elle annonce ; mais au lieu de dire
que toutes les *Ouvertures* doivent être jettées

au même moule , cela dit précisément le contraire. D'ailleurs , si nos Musiciens manquent si souvent de saisir le vrai rapport de la Musique aux paroles dans chaque morceau , comment saisiront-ils les rapports plus éloignés & plus fins entre l'ordonnance d'une *Ouverture* , & celle du corps entier de l'ouvrage ? Quelques Musiciens se sont imaginés bien saisir ces rapports en rassemblant d'avance dans l'*Ouverture* tous les caracteres exprimés dans la Piece , comme s'ils vouloient exprimer deux fois la même action , & que ce qui est à venir fût déjà passé. Ce n'est pas cela. L'*Ouverture* la mieux entendue est celle qui dispose tellement les cœurs des Spectateurs , qu'ils s'ouvrent sans effort à l'intérêt qu'on veut leur donner dès le commencement de la Piece. Voilà le véritable effet que doit produire une bonne *Ouverture* : voilà le plan sur lequel il la faut traiter.

OUVERTURE DU LIVRE, A L'OUVERTURE DU LIVRE. (Voyez Livre.)

OXIPYCNI , *adj. plur.* C'est le nom que donnoient les Anciens dans le Genre épais au troisieme Son en montant de chaque Tétracorde. Ainsi les Sons *Oxipycni* étoient cinq en nombre. (Voyez Apycni , Epais , Systeme , Tétracorde.)

P.

P. Par abréviation, fignifie *Piano*, c'eft-
à-dire, *Doux*. (Voyez Doux.) Le double
PP. fignifie, *Pianiſſimo*, c'eft-à-dire, *très-
Doux*.

PANTOMIME, *f. f*. Air fur lequel deux
ou plufieurs Danfeurs exécutent en Danfe
une Action qui porte auffi le nom de *Pantomime*. Les Airs des *Pantomimes* ont pour
l'ordinaire un couplet principal qui révient
fouvent dans le cours de la Piece, & qui
doit être fimple, par la raifon dite au mot
Contre-Danfe : mais ce couplet eft entremêlé
d'autres plus faillans, qui parlent, pour
ainfi dire, & font image, dans les fituations où le Danfeur doit mettre une expreffion déterminée.

PAPIER RÉGLÉ. On appelle ainfi le
papier préparé avec les Portées toutes tra-
cées ; pour y noter la Mufique. (Voyez
Portée.)

Il y a du *Papier réglé* de deux efpeces,
favoir celui dont le format eft plus long
que large, tel qu'on l'emploie communément en France, & celui dont le format eft
plus large que long ; ce dernier eft le feul
dont on fe ferve en Italie. Cependant, par
une bifarrerie dont j'ignore la caufe, les
Papetiers de Paris appellent *Papier réglé à
la Françoife*, celui dont on fe fert en Italie,

& *Papier réglé à l'Italienne*, celui qu'on préfère en France.

Le format plus large que long paroît plus commode, soit parce qu'un livre de cette forme se tient mieux ouvert sur un pupître, soit parce que les Portées étant plus longues on en change moins fréquemment : or, c'est dans ces changemens que les Muficiens font sujets à prendre une Portée pour l'autre, sur-tout dans les Partitions. (Voyez PARTITION.)

Le *Papier réglé* en usage en Italie est toujours de dix Portées, ni plus ni moins ; & cela fait juste deux Lignes ou Accolades dans les Partitions ordinaires, où l'on a toujours cinq Parties ; savoir, deux Delfus de Violons, la *Viola*, la Partie chantante, & la Balfe. Cette divifion étant toujours la même, & chacun trouvant dans toutes les Partitions fa Partie femblablement placée, palfe toujours d'une Accolade à l'autre fans embarras & fans rifque de fe méprendre. Mais dans les Partitions Françoises où le nombre des Portées n'eft fixe & déterminé, ni dans les Pages ni dans les Accolades, il faut toujours héfiter à la fin de chaque Portée pour trouver, dans l'Accolade qui fuit, la Portée correfpondante à celle où l'on eft ; ce qui rend le Muficien moins sûr, & l'exécution plus fujette à manquer.

PARADIAZEUXIS, ou DISJONCTION PROCHAINE, *f. f.* C'étoit, dans la Mufique Grecque, au rapport du vieux Bacchius, l'Intervalle d'un *Ton* feulement entre les

Cordes de deux Tétracordes, & telle est l'espece de disjonction qui regne entre le Tétracorde Synnéménon, & le Tétracorde Diézeugménon. (*Voyez ces mots.*)

PARAMESE, *s. f.* C'étoit, dans la Musique Grecque, le nom de la premiere Corde du Tétracorde Diézeugménon. Il faut se souvenir que le troisieme Tétracorde pouvoit être conjoint avec le second ; alors sa premiere Corde étoit la Mèse ou la quatrieme Corde du second ; c'est-à-dire, que cette Mèse étoit commune aux deux.

Mais quand ce troisieme Tétracorde étoit disjoint, il commençoit par la Corde appellée *Paramèse*, laquelle, au lieu de se confondre avec la Mèse, se trouvoit alors un *Ton* plus haut, & ce *Ton* faisoit la disjonction ou distance entre la quatrieme Corde ou la plus aiguë du Tétracorde Méson, & la premiere ou la plus grave du Tétracorde Diézeugménon. (Voyez SYSTEME, TÉTRACORDE.)

Paramèse signifie proche de la Mèse ; parce qu'en effet la *Paramèse* n'en étoit qu'à un *Ton* de distance, quoiqu'il y eût quelquefois une Corde entre deux. (Voyez TRITE.)

PARANETE, *s. f.* C'est, dans la Musique ancienne, le nom donné par plusieurs Auteurs à la troisieme Corde de chacun des trois Tétracordes Synnéménon, Diézeugménon, & Hyperboléon ; Corde que quelques-uns ne distinguoient que par le nom du Genre où ces Tétracordes étoient em-

ployés. Ainſi la troiſieme Corde du Tétracorde Hyperboléon, laquelle eſt appellée
Hyperboléon-Diatonos par Ariſtoxène &
Alypius, eſt appellée *Paranete*-Hyperboléon
par Euclide, &c.

PARAPHONIE, *ſ. f.* C'eſt, dans la Muſique ancienne, cette eſpece de Conſonnance
qui ne réſulte pas des mêmes Sons, comme
l'Uniſſon qu'on appelle *Homophonie*; ni de
la Réplique des mêmes Sons, comme l'Octave qu'on appelle *Antiphonie*; mais des
Sons réellement différens, comme la Quinte
& la Quarte, ſeules *Paraphonies* admiſes
dans cette Muſique : car pour la Sixte & la
Tierce, les Grecs ne les mettoient pas au
rang des *Paraphonies*, ne les admettant pas
même pour Conſonnances.

PARFAIT, *adj.* Ce mot, dans la Muſique, a pluſieurs ſens. Joint au mot *Accord*,
il ſignifie un Accord qui comprend toutes
les Conſonnances ſans aucune Diſſonance;
joint au mot *Cadence*, il exprime celle qui
porte la Note ſenſible & de la Dominante
tombe ſur la Finale ; joint au mot *Conſonnance*, il exprime un Intervalle juſte & déterminé, qui ne peut être ni majeur ni mineur : ainſi l'Octave, la Quinte & la Quarte
ſont des Conſonnances parfaites, & ce ſont
les ſeules; joint au mot *Mode*, il s'applique
à la Meſure par une acception qui n'eſt
plus connue & qu'il faut expliquer pour
l'intelligence des anciens Auteurs.

Ils diviſoient le Tems ou le Mode, par
rapport à la Meſure, en *Parfait* ou *Im-*

parfait., & prétendant que le nombre ternaire étoit plus parfait que le binaire, ce qu'ils prouvoient par la Trinité, ils appelloient Tems ou Mode *Parfait*, celui dont la Mesure étoit à trois Tems, & ils le marquoient par un O ou cercle, quelquefois seul, & quelquefois barré Φ. Le Tems ou Mode *Imparfait* formoit une Mesure à deux Tems, & se marquoit par un O tronqué ou un C, tantôt seul & tantôt barré. (Voyez MESURE, MODE, PROLATION, TEMS.)

PARHYPATE, *s. f.* Nom de la Corde qui suit immédiatement l'Hypate du grave à l'aigu. Il y avoit deux *Parhypates* dans le Diagramme des Grecs; savoir, la *Parhypate-Hypaton*, & la *Parhypate-Méson*. Ce mot *Parhypate* signifie *Sous-principale* ou *proche la principale*. (Voyez HYPATE.)

PARODIE, *s. f.* Air de Symphonie dont on fait un Air chantant en y ajustant des paroles. Dans une Musique bien faite le Chant est fait sur les paroles, & dans la *Parodie* les paroles sont faites sur le Chant: tous les couplets d'une Chanson, excepté le premier, sont des especes de *Parodies*; & c'est, pour l'ordinaire, ce que l'on ne sent que trop à la maniere dont la Prosodie y est estropiée. (Voyez CHANSON.)

PAROLES, *s. f. plur.* C'est le nom qu'on donne au Poëme que le Compositeur met en Musique; soit que ce Poëme soit petit ou grand, soit que ce soit un Drame ou une Chanson. La mode est de dire d'un

nouvel Opéra que la Muſique en eſt paſſable
ou bonne, mais que les *Paroles* en ſont
déteſtables : on pourroit dire le contraire des
vieux Opéra de Lully.

PARTIE, *ſ. f.* C'eſt le nom de chaque
Voix ou Mélodie ſéparée, dont la réunion
forme le Concert. Pour conſtituer un Accord, il faut que deux Sons au moins ſe
faſſent entendre à la fois ; ce qu'une ſeule
Voix ne ſauroit faire. Pour former, en chantant, une Harmonie ou une ſuite d'Accords,
il faut donc pluſieurs Voix : le Chant qui
appartient à chaque de ces Voix s'appelle
Partie, & la collection de toutes les Parties d'un même ouvrage, écrites l'une au-
deſſous de l'autre, s'appelle Partition. (Voyez
PARTITION.)

Comme un Accord complet eſt compoſé de quatre Sons, il y a auſſi, dans la
Muſique, quatre *Parties* principales dont la
plus aiguë s'appelle *Deſſus*, & ſe chante par
des Voix de femmes, d'enfans ou de *Muſici* :
les trois autres ſont, la *Haute-Contre*, la
Taille & la *Baſſe*, qui toutes appartiennent
à des Voix d'hommes. On peut voir, (*Pl.*
F. *Fig.* 6.) l'étendue de Voix de chacune
de ces *Parties*, & la Clef qui lui appartient. Les Notes blanches montrent les Sons
pleins où chaque *Partie* peut arriver tant
en haut qu'en bas, & les Croches qui ſuivent montrent les Sons où la Voix com-
menceroit à ſe forcer, & qu'elle ne doit
former qu'en paſſant. Les Voix Italiennes
excedent preſque toujours cette étendue

dans le haut, fur-tout les Deffus; mais la Voix devient alors une efpece de *Faucet*, & avec quelqu'art que ce défaut fe déguife, c'en eft certainement un.

Quelqu'une ou chacune de ces *Parties* fe fubdivife quand on compofe à plus de quatre *Parties*. (Voyez Dessus, Taille, Basse.)

Dans la premiere invention du Contrepoint, il n'eut d'abord que deux *Parties*, dont l'une s'appelloit *Tenor*, & l'autre *Difcant*. Enfuite on en ajouta une troifieme qui prit le nom de *Triplum* ; & enfin une quatrieme, qu'on appella quelquefois *Quadruplum*, & plus communément *Mottetus*. Ces *Parties* fe confondoient & enjamboient trèsfréquemment les unes fur les autres : ce n'eft que peu-à-peu qu'en s'étendant à l'aigu & au grave, elles ont pris, avec des Diapafons plus féparés & plus fixes, les noms qu'elles ont aujourd'hui.

Il y a auffi des *Parties* inftrumentales. Il y a même des Inftrumens comme l'Orgue, le Clavecin, la Viole, qui peuvent faire plufieurs *Parties* à la fois. On divife auffi la Mufique Inftrumentale en quatre *Parties*, qui répondent à celles de la Mufique Vocale, & qui s'appellent *Deffus*, *Quinte*, *Taille* & *Baffe* ; mais ordinairement le Deffus fe fépare en deux, & la Quinte s'unit avec la Taille, fous le nom commun de *Viole*. On trouvera auffi (*Pl.* F. *Fig.* 7.) les Clefs & l'étendue des quatre *Parties* Inftrumentales : mais il faut remarquer que la plupart des Inſtrumens n'ont pas dans le haut des bornes préciſes, & qu'on les peut faire démancher autant qu'on veut aux dépens des oreilles des Auditeurs ; au lieu que dans le bas ils ont un terme fixe qu'ils ne ſauroient paſſer.: ce terme eſt à la Note que j'ai marquée, mais je n'ai marqué dans le haut que celle où l'on peut atteindre ſans démancher.

Il y a des *Parties* qui ne doivent être chantées que par une ſeule Voix, ou jouées que par un ſeul Inſtrument, & celles-là s'appellent *Parties récitantes.* D'autres *Parties* s'exécutent par pluſieurs perſonnes chantant ou jouant à l'Uniſſon, & on les appelle *Parties concertantes* ou *Parties de Chœur.*

On appelle encore *Partie*, le papier de Muſique ſur lequel eſt écrite la *Partie* ſéparée de chaque Muſicien ; quelquefois pluſieurs chantent ou jouent ſur le même papier : mais quand ils ont chacun le leur, comme cela ſe pratique ordinairement dans les grandes Muſiques, alors, quoiqu'en ce ſens chaque Concertant ait ſa *Partie*, ce n'eſt pas à dire dans l'autre ſens qu'il y ait autant de *Parties* de Concertans, attendu que la même *Partie* eſt ſouvent doublée, triplée & multipliée à proportion du nombre total des exécutans.

PARTITION, ſ. f. Collection de toutes les Parties d'une Piece de Muſique, où l'on voit, par la réunion des Portées correſpondantes, l'Harmonie qu'elles forment entr'elles. On écrit pour cela toutes les Part'es Portée à Portée, l'une au-deſſous de l'autre avec la Clef qui convient à chacune, commençant par les plus aiguës, & plaçant la Baſſe au-deſſous du tout ; on les arrange, comme j'ai dit au mot COPISTE, de maniere que chaque Meſure d'une Portée ſoit placée perpendiculairement au-deſſus ou au-deſſous de la Meſure correſpondante des autres Parties, & enfermée dans les mêmes Barres prolongées de l'une à l'autre, afin que l'on puiſſe voir d'un coup-d'œil tout ce qui doit s'entendre à la fois.

Comme dans cette diſpoſition une ſeule ligne de Muſique comprend autant de Portées qu'il y a de Parties, on embraſſe toutes ces Portées par un trait de plume qu'on appelle *Accolade*, & qui ſe tire à la marge au commencement de cette ligne ainſi compoſée ; puis on recommence, pour une nouvelle Ligne, à tracer une nouvelle Accolade qu'on remplit de la ſuite des mêmes Portées écrites dans le même ordre.

Ainſi, quand on veut ſuivre une Partie, après avoir parcouru la Portée juſqu'au bout, on ne paſſe pas à celle qui eſt immédiatement au-deſſous, mais on regarde quel rang la Portée que l'on quitte occupe dans ſon Accolade, on va chercher dans l'Accolade qui ſuit la Portée correſpondante, & l'on y trouve la ſuite de la même Partie.

L'uſage des *Partitions* eſt indiſpenſable pour compoſer. Il faut auſſi que celui qui conduit un Concert ait la *Partition* ſous les

yeux pour voir si chacun suit sa Partie, &
remettre ceux qui peuvent manquer : elle est
même utile à l'Accompagnateur pour bien
suivre l'Harmonie ; mais quant aux autres
Musiciens, on donne ordinairement à chacun sa Partie séparée, étant inutile pour lui
de voir celle qu'il n'exécute pas.

Il y a pourtant quelques cas où l'on joint
dans une Partie séparée d'autres Parties en
Partition partielle, pour la commodité des
exécutans. 1°. Dans les Parties vocales, on
note ordinairement la Basse continue en
Partition avec chaque Partie récitante, soit
pour éviter au Chanteur la peine de compter ses Pauses en suivant la Basse, soit pour
qu'il se puisse accompagner lui-même en ré-
pétant ou récitant sa Partie. 2°. Les deux
Parties d'un Duo chantant se notent en
Partition dans chaque Partie séparée, afin
que chaque Chanteur, ayant sous les yeux
tout le Dialogue, en saisisse mieux l'esprit,
& s'accorde plus aisément avec sa Contre-
Partie. 3°. Dans les Parties Instrumentales,
on a soin, pour les Récitatifs obligés, de
noter toujours la Partie chantante en *Par-*
tition avec celle de l'Instrument, afin que
dans ces alternatives de Chant non mesuré
& de Symphonie mesurée, le Symphoniste prenne juste le tems des Ritournelles
sans enjamber & sans retarder.

PARTITION est encore, chez les Facteurs
d'Orgue & de Clavecin, une regle pour
accorder l'Instrument, en commençant par
une Corde ou un Tuyau de chaque Touche

dans

dans l'étendue d'une Octave ou un peu plus, prise vers le milieu du Clavier ; & sur cette Octave ou *Partition* l'on accorde, après tout le reste. Voici comment on s'y prend pour former la *Partition*.

Sur un Son donné par un Instrument dont je parlerai au mot *Ton*, l'on accorde à l'Unisson ou à l'Octave le C *sol ut* qui appartient à la Clef de ce nom, & qui se trouve au milieu du Clavier ou à-peu-près. On accorde ensuite le *sol*, Quinte aiguë de cet *ut* ; puis le *re*, Quinte aiguë de ce *sol* ; après quoi l'on redescend à l'Octave de ce *re*, à côté du premier *ut*. On remonte à la Quinte *la*, puis encore à la Quinte *mi*. On redescend à l'Octave de ce *mi*, & l'on continue de même, montant de Quinte en Quinte, & redescendant à l'Octave lorsqu'on avance trop à l'aigu. Quand on est parvenu au *sol* Dièse, on s'arrête.

Alors on reprend le premier *ut*, & l'on accorde son Octave aiguë ; puis la Quinte grave de cette Octave *fa* ; l'Octave aiguë de ce *fa* ; ensuite le *si* Bémol, Quinte de cette Octave ; enfin le *mi* Bémol, Quinte grave de ce *si* Bémol : l'Octave aiguë duquel *mi* Bémol doit faire Quinte juste ou à-peu-près avec le *la* Bémol ou *sol* Dièse précédemment accordé. Quand cela arrive, la Partition est juste ; autrement elle est fausse, & cela vient de n'avoir pas bien suivi les regles expliquées au mot *Tempérament*. Voyez (*Pl. F. Fig.* 8.) la succession d'Accords qui forme la *Partition*.

Dict. de Musique. Tome II.   F

La *Partition* bien faite, l'accord du reſte
eſt très-facile, puiſqu'il n'eſt plus queſtion
que d'Uniſſons & d'Octaves pour achever
d'accorder tout le Clavier.

PASSACAILLE, *ſ. f.* Eſpéce de Chaconne dont le Chant eſt plus tendre & le mouvement plus lent que dans les Chaconnes ordinaires. (Voyez CHACONNE.) Les *Paſſa-
cailles* d'Armide & d'Iſſé ſont célebres dans
l'Opéra François.

PASSAGE , *ſ. m.* Ornement dont on
charge un trait de Chant, pour l'ordinaire
aſſez court; lequel eſt compoſé de pluſieurs
Notes ou Diminutions qui ſe chantent ou ſe
jouent très-légérement. C'eſt ce que les
Italiens appellent auſſi *Paſſo.* Mais tout
Chanteur en Italie eſt obligé de ſavoir compoſer des *Paſſi,* au lieu que la plupart des
Chanteurs François ne s'écartent jamais de
la Note & ne font de *Paſſages* que ceux qui
ſont écrits.

PASSE-PIED , *ſ. m.* Air d'une Danſe
de même nom , fort commune , dont la
meſure eſt triple, ſe marque $\frac{3}{8}$, & ſe bat à
un Tems. Le mouvement en eſt plus vif
que celui du Menuet , le caractere de l'Air
à-peu-près ſemblable ; excepté que le *Paſſe-
pied* admet la ſyncope, & que le Menuet ne
l'admet pas. Les Meſures de chaque Repriſe
y doivent entrer de même en nombre pai-
rement pair. Mais l'Air du *Paſſe-pied* au
lieu de commencer ſur le *Frappé* de la Meſure , doit dans chaque Repriſe commencer
ſur la croche qui le précede.

PASTORALE, *f. f.* Opéra champêtre dont les Personnages font des Bergers, & dont la Mufique doit être affortie à la fimplicité de goût & de mœurs qu'on leur fuppofe.

Une *Paftorale* eft auffi une Piece de Mufique faite fur des paroles relatives à l'état *Paftoral*, ou un Chant qui imite celui des Bergers, qui en a la douceur, la tendreffe & le naturel ; l'Air d'une Danfe compofée dans le même caractere s'appelle auffi *Paftorale*.

PASTORELLE, *f. f.* Air Italien dans le genre paftoral. Les Airs François appellés Paftorales, font ordinairement à deux Tems, & dans le caractere de Mufette. Les *Paftorelles* Italiennes ont plus d'accent, plus de grace ; autant de douceur & moins de fadeur. Leur Mefure eft toujours le fix-ſuit

PATHÉTIQUE, *adj.* Genre de Mufique dramatique & théâtral, qui tend à peindre & à émouvoir les grandes paffions, & plus particuliérement la douleur & la trifteffe. Toute l'expreffion de la Mufique Françoife, dans le genre *Pathétique*, confifte dans les Sons traînés, renforcés, glapiffans, & dans une telle lenteur de mouvement, que tout fentiment de la Mefure y foit effacé. De-là vient que les François croient que tout ce qui eft lent eft *Pathétique*, & que tout ce qui eft *Pathétique* doit être lent. Ils ont même des Airs qui deviennent gais & badins, ou tendres & *Pathétiques*, felon qu'on les chante vîte ou lentement. Tel eft un Air fi connu dans tout Paris, auquel on donne le premier caractere fur ces paroles : *Il y a trente ans que mon cotillon traîne*, &c. & le fecond fur celles-ci : *Quoi ! vous partez fans que rien vous arréte*, &c. C'eft l'avantage de la Mélodie Françoife ; elle fert à tout ce qu'on veut. *Fiet avis, & , cum volet, arbor.*

Mais la Mufique Italienne n'a pas le même avantage : chaque Chant, chaque Mélodie a fon caractere tellement propre, qu'il eft impoffible de l'en dépouiller. Son *Pathétique* d'Accent & de Mélodie fe fait fentir en toute forte de Mefure, & même dans les Mouvemens les plus vifs. Les Airs François changent de caractere felon qu'on preffe ou qu'on ralentit le Mouvement : chaque Air Italien a fon Mouvement tellement détermi- né, qu'on ne peut l'altérer fans anéantir la Mélodie. L'Air ainfi défiguré ne change pas fon caractere, il le perd ; ce n'eft plus du Chant, ce n'eft rien.

Si le caractere du *Pathétique* n'eft pas dans le Mouvement, on ne peut pas dire non plus qu'il foit dans le Genre, ni dans le Mo- de, ni dans l'Harmonie ; puifqu'il y a des morceaux également *Pathétiques* dans les trois Genres, dans les deux Modes, & dans toutes les Harmonies imaginables. Le vrai *Pathétique* eft dans l'Accent paffionné, qui ne fe détermine point par les regles ; mais que le génie trouve & que le cœur fent, fans que l'Art puiffe, en aucune maniere, en donner la loi.

PATTE A RÉGLER, *f. f.* On appelle

ßnfi un petit ßnftrument de cuivre , compofé
de cinq petites rainures également efpacées,
attachées à un manche commun , par lefquelles on trace à la fois fur le papier , &
le long d'une regle , cinq lignes paralleles
qui forment une Portée. (Voyez PORTÉE.)

PAVANE , *f. f.* Air d'une Danfe ancienne
de même nom , laquelle depuis long-tems
n'eft plus en ufage. Ce nom de *Pavane* lui
fut donné parce que les figurans faifoient,
en fe regardant , une efpéce de roue à la
maniere des Paons. L'homme fe fervoit,
pour cette roue , de fa cape & de fon épée
qu'il gardoit dans cette Danfe , & c'eft par
allufion à la vanité de cette attitude qu'on
a fait le verbe réciproque *fe pavaner.*

PAUSE , *f. f.* Intervalle de tems qui ,
dans l'exécution , doit fe paffer en filence
par la Partie où la *Paufe* eft marquée. (Voyez
TACET , SILENCE.)

Le nom de *Paufe* peut s'appliquer à des
Silences de différentes durées ; mais communément il s'entend d'une Mefure pleine.
Cette *Paufe* fe marque par un demi-Bâton
qui , partant d'une des lignes intérieures de
la Portée , defcend jufqu'à la moitié de
l'efpace compris entre cette ligne & la ligne
qui eft immédiatement au-deffous. Quand
on a plufieurs *Paufes* à marquer , alors on
doit fe fervir des figures dont j'ai parlé au
mot Bâton , & qu'on trouve marquées *Pl.*
D. Fig. 9.

A l'égard de la *demi-Paufe* , qui vaut
une Blanche , ou la moitié d'une Mefure à

quatre Tems, elle se marque comme la *Pause*
entiere, avec cette différence que la *Pause*
tient une ligne par le haut, & que la *demi-Pause*
y tient par le bas. Voyez, dans la même Figure 9, la distinction de l'une & de l'autre.

Il faut remarquer que la *Pause* vaut toujours une Mesure juste, dans quelque espece de Mesure qu'on soit; au lieu que la
demi - Pause a une valeur fixe & invariable :
de sorte que, dans toute Mesure qui vaut
plus ou moins d'une Ronde ou de deux
Blanches, on ne doit point se servir de la
demi- Pause pour marquer une demi-Mesure,
mais des autres Silences qui en expriment
la juste valeur.

Quant à cette autre espece de *Pauses*
connues dans nos anciennes Musiques sous
le nom de *Pauses initiales*, parce qu'elles
se plaçoient après la Clef, & qui servoient,
non à exprimer des Silences, mais à déterminer le Mode; ce nom de *Pauses* ne
leur fut donné qu'abusivement : c'est pourquoi je renvoie sur cet article aux mots
Bâton & *Mode*.

PAUSER, *v. n.* Appuyer sur une syllabe
en chantant. On ne doit *Pauser* que sur les
syllabes longues, & l'on ne *Pause* jamais
sur les *e* muets.

PÉAN, *s. m.* Chant de victoire parmi
les Grecs, en l'honneur des Dieux, & sur-
tout d'Apollon.

PENTACORDE, *s. m.* C'étoit, chez les
Grecs, tantôt un Instrument à cinq cordes, &
tantôt un ordre ou système formé de cinq

ſons : c'eſt en ce dernier ſens que la Quinte ou Diapente s'appelloit quelquefois *Pentacorde.*

PENTATONON, *ſ. m.* C'étoit, dans la Muſique ancienne, le nom d'un Intervalle que nous appellons aujourd'hui Sixte-ſuperflue. (Voyez SIXTE.) Il eſt compoſé de quatre Tons, d'un ſemi-Ton majeur & d'un ſemi-Ton mineur ; d'où lui vient le nom de *Pentatonon,* qui ſignifie *cinq Tons.*

PERFIDIE, *ſ. f.* Terme emprunté de la Muſique Italienne, & qui ſignifie une certaine affectation de faire toujours la même choſe, de pourſuivre toujours le même deſſein, de conſerver le même Mouvement, le même caractere de Chant, les mêmes Paſſages, les mêmes figures de Notes. (Voyez DESSEIN, CHANT, MOUVEMENT.) Telles ſont les Baſſes-contraintes ; comme celles des anciennes Chaconnes, & une infinité de manieres d'Accompagnement contraint ou *Perfidié,* *Perfidiato,* qui dépendent du caprice des Compoſiteurs.

Ce terme n'eſt point uſité en France, & je ne ſais s'il a jamais été écrit en ce ſens ailleurs que dans le Dictionnaire de Broſſard.

PÉRIÉLESE, *ſ. f.* Terme de Plain-Chant. C'eſt l'interpoſition d'une ou pluſieurs Notes dans l'intonation de certaines pieces de Chant, pour en aſſurer la Finale, & avertir le Chœur que c'eſt à lui de reprendre & pourſuivre ce qui ſuit.

La *Périéleſe* s'appelle autrement *Cadence* ou *petite Neume,* & ſe fait de trois manieres ; ſavoir, 1°. Par *Circonvolution.* 2°. Par *In-*

tercidence ou *Diaptose.* 3°. Ou par simple
Duplication. (Voyez ces mots.)

PERIPHERES , *s. f.* Terme de la Musique Grecque , qui signifie une suite de
Notes tant ascendantes que descendantes ,
& qui reviennent , pour ainsi dire , sur elles-
mêmes. La *Peripherès* étoit formée de l'*A-
nacamptos* & de l'*Euthia.*

PETTÉIA , *s. f.* Mot Grec qui n'a point
de correspondant dans notre langue , &
qui est le nom de la derniere des trois parties
dans lesquelles on subdivise la Mélopée.
(Voyez MÉLOPÉE.)

La *Pettéia* est , selon Aristide Quintilien ,
l'art de discerner les Sons dont on doit faire
ou ne pas faire usage , ceux qui doivent être
plus ou moins fréquens , ceux par où l'on
doit commencer & ceux par où l'on doit finir.

C'est la *Pettéia* qui constitue les Modes
de la Musique ; elle détermine le Compositeur dans le choix du genre de Mélodie
relatif au mouvement qu'il veut peindre ou
exciter dans l'ame , selon les personnes &
selon les occasions. En un mot la *Pettéia* ,
partie de l'Hermosnénon qui regarde la Mélodie , est à cet égard ce que les Mœurs
font en Poésie.

On ne voit pas ce qui a porté les Anciens
à lui donner ce nom , à moins qu'ils ne
l'aient pris de πεττεία leur jeu d'Echecs ; la
Pettéia dans la Musique étant une regle pour
combiner & arranger les Sons , comme le jeu
d'Echecs en est une autre pour arranger les
Pieces appellées πεσσοι , *Calculi.*

PHILÉLIE, *s. f.* C'étoit, chez les Grecs, une sorte d'Hymne ou de Chanson en l'honneur d'Apollon. (Voyez CHANSON.)

PHONIQUE, *s. f.* Art de traiter & combiner les Sons sur les principes de l'Acoustique. (Voyez ACOUSTIQUE.)

PHRASE, *s. f.* Suite de Chant ou d'Harmonie qui forme sans interruption un sens plus ou moins achevé, & qui se termine sur un repos par une Cadence plus ou moins parfaite.

Il y a deux especes de *Phrases* musicales. En Mélodie la *Phrase* est constituée par le Chant, c'est - à - dire, par une suite de Sons tellement disposés, soit par rapport au Ton, soit par rapport au Mouvement, qu'ils fassent un tout bien lié, lequel aille se résoudre sur une Corde essentielle du Mode où l'on est.

Dans l'Harmonie, la *Phrase* est une suite réguliere d'Accords tous liés entr'eux par des Dissonances exprimées ou sous - entendues ; laquelle se résout sur une Cadence absolue, & selon l'espece de cette Cadence : selon que le sens en est plus ou moins achevé, le repos est aussi plus ou moins parfait.

C'est dans l'invention des *Phrases* musicales, dans leurs proportions, dans leur entrelacement, que consistent les véritables beautés de la Musique. Un Compositeur qui ponctue & phrase bien, est un homme d'esprit : un Chanteur qui sent, marque bien ses *Phrases* & leur accent, est un homme de goût : mais celui qui ne fait voir &

rendre que les Notes, les Tons, les Tems, les Intervalles, fans entrer dans le fens des *Phrafes*, quelque fûr, quelque exact d'ailleurs qu'il puiffe être, n'eft qu'un Croque-fol.

PHRYGIEN, *adj.* Le Mode *Phrygien* eft un des quatre principaux & plus anciens Modes de la Mufique des Grecs. Le caractere en étoit ardent, fier, impétueux, véhément, terrible. Auffi étoit-ce, felon Athénée, fur le Ton ou Mode *Phrygien* que l'on fonnoit les Trompettes & autres Inftrumens militaires.

Ce Mode inventé, dit-on, par Marfyas Phrygien, occupe le milieu entre le Lydien & le Dorien; & fa Finale eft à un *Ton* de diftance de celles de l'un & de l'autre.

PIECE, *f. f.* Ouvrage de Mufique d'une certaine étendue, quelquefois d'un feul morceau, & quelquefois de plufieurs, formant un enfemble & un tout fait pour être exécuté de fuite. Ainfi une Ouverture eft une *Piece*, quoique compofée de trois morceaux, & un Opéra même eft une *Piece*, quoique divifé par Actes. Mais outre cette acception générique, le mot *Piece* en a une plus particuliere dans la Mufique Inftrumentale, & feulement pour certains Inftrumens, tels que la Viole & le Clavecin. Par exemple, on ne dit point une *Piece de Violon*; l'on dit *une Sonate*: & l'on ne dit gueres une Sonate de Clavecin, l'on dit *une Piece*.

PIED, *f. m.* Mefure de Tems ou de quantité, diftribuée en deux ou plufieurs

valeurs égales ou inégales. Il y avoit dans
l'ancienne Musique cette différence des Tems
aux *Pieds* , que les Tems étoient comme les
Points ou élémens indivisibles , & les *Pieds*
les premiers composés de ces élémens. Les
Pieds , à leur tour , étoient les élémens du
Mètre ou du Rhythme.

Il y avoit des *Pieds* simples , qui pouvoient seulement se diviser en Tems , & de
composés , qui pouvoient se diviser en d'autres *Pieds* , comme le Choriambe , qui pouvoit se résoudre en un Trochée & un Iambe :
l'Ionique en un Pyrrique & un Spondée , &c.

Il y avoit des *Pieds* Rhythmiques , dont
les quantités relatives & déterminées étoient
propres à établir des rapports agréables ,
comme égales , doubles , sesquialtères , ses-
quitierces , &c. & de non Rhythmiques ,
entre lesquels les rapports étoient vagues ,
incertains , peu sensibles ; tels , par exemple , qu'on en pourroit former de mots
François , qui , pour quelques syllabes breves
ou longues , en ont une infinité d'autres
sans valeur déterminée , ou qui , breves ou
longues seulement dans les regles des Gram-
mairiens , ne font senties comme telles , ni
par l'oreille des Poëtes , ni dans la pratique
du Peuple.

PINCÉ , *s. m.* Sorte d'agrément propre
à certains Instrumens , & sur-tout au Clavecin : il se fait , en battant alternativement
le Son de la Note écrite avec le Son de la
Note inférieure , & observant de commencer & finir par la Note qui porte le *Pincé.*

Il y a cette différence du *Pincé* au Tremblement ou Trill que celui-ci se bat avec la
Note supérieure, & le *Pincé* avec la Note
inférieure. Ainsi le Trill sur *ut* se bat sur
l'*ut* & sur le *re*, & le *Pincé* sur le même
ut, se bat sur l'*ut* & sur le *si*. Le *Pincé* est
marqué, dans les Pieces de Couperin,
avec une petite croix fort semblable à celle
avec laquelle on marque le Trill dans la
Musique ordinaire. Voyez les signes de l'un
& de l'autre à la tête des Pieces de cet
Auteur.

PINCER, *v. a.* C'est employer les doigts
au lieu de l'Archet pour faire sonner les
Cordes d'un Instrument. Il y a des Instrumens à Cordes qui n'ont point d'Archet,
& dont on ne joue qu'en les *pinçant* ; tels
font le Sistre, le Luth, la Guitare : mais
on pince aussi quelquefois ceux où l'on se
sert ordinairement de l'Archet, comme le
Violon & le Violoncelle ; & cette maniere
de jouer, presque inconnue dans la Musique
Françoise, se marque dans l'Italienne par le
mot *Pizzicato*.

PIQUÉ, *adj pris adverbialement.* Ma-
niére de jouer en pointant les Notes &
marquant fortement le Pointé.

Notes *piquées* font des suites de Notes
montant ou descendant diatoniquement,
ou rebattues sur le même Degré, sur chacune desquelles on met un Point, quel-
queufois un peu alongé pour indiquer qu'elles doivent être marquées égales par des
coups de langue ou d'Archet secs & déta-

chés, fans retirer ou repouffer l'Archet, mais en le faifant paffer en frappant & fautant fur la Corde autant de fois qu'il y a de Notes, dans le même fens qu'on a commencé.

PIZZICATO. Ce mot écrit dans les Mufiques Italiennes avertit qu'il faut *Pincer*. (Voyez PINCER.)

PLAGAL, *adj.* Ton ou Mode *Plagal*. Quand l'Octave fe trouve divifée arithmétiquement, fuivant le langage ordinaire ; c'eft-à-dire, quand la Quarte eft au grave & la Quinte à l'aigu, on dit que le Ton eft *Plagal*, pour le diftinguer de l'authentique où la Quinte eft au grave & la Quarte à l'aigu.

Suppofons l'Octave *A a* divifée en deux parties par la Dominante *E*. Si vous modulez entre les deux *la*, dans l'efpace d'une Octave, & que vous faffiez votre Finale fur l'un de ces *la*, votre Mode eft *Authentique*. Mais fi, modulant de même entre ces deux *la*, vous faites votre Finale fur la Dominante *mi*, qui eft intermédiaire, ou que, modulant de la Dominante à fon Octave, vous faffiez la Finale fur la Tonique intermédiaire, dans ces deux cas le Mode eft *Plagal*.

Voilà toute la différence, par laquelle on voit que tous les Tons font réellement Authentiques, & que la diftinction n'eft que dans le Diapafon du Chant & dans le choix de la Note fur laquelle on s'arrête, qui eft toujours la Tonique dans l'Authentique, & le plus fouvent la Dominante dans le *Plagal*.

L'étendue des Voix, & la division des Parties a fait disparoître ces distinctions dans la Musique ; & on ne les connoît plus que dans le Plain-Chant. On y compte quatre Tons *Plagaux* ou Collatéraux ; savoir, le second , le quatrieme , le sixieme & le huitieme ; tous ceux dont le nombre est pair. (Voyez Tons de l'Église.)

PLAIN - CHANT , *s. m.* C'est le nom qu'on donne dans l'Eglise Romaine au Chant Ecclésiastique. Ce Chant, tel qu'il subsiste encore aujourd'hui , est un reste bien défiguré , mais bien précieux, de l'ancienne Musique Grecque , laquelle , après avoir passé par les mains des barbares , n'a pu perdre encore toutes ses premieres beautés. Il lui en reste assez pour être de beaucoup préférable , même dans l'état où il est actuellement , & pour l'usage auquel il est destiné , à ces Musiques efféminées & théâtrales , ou maussades & plates , qu'on y substitue en quelques Eglises, sans gravité, sans goût , sans convenance , & sans respect pour le lieu qu'on ose ainsi profaner.

Le tems où les Chrétiens commencerent d'avoir des Églises & d'y chanter des Pseaumes & d'autres Hymnes , fut celui où la Musique avoit déjà perdu presque toute son ancienne énergie par un progrès dont j'ai exposé ailleurs les causes. Les Chrétiens , étant saisis de la Musique dans l'état où ils la trouverent , lui ôterent encore la plus grande foce qui lui étoit restée ; savoir, celle du Rhythme & du Mètre , lorsque , des vers

auxquels elle avoit toujours été appliquée,
ils la tranfporterent à la Profe des Livres Sa-
crés, ou à je ne fais quelle barbare Poéfie,
pire pour la Mufique que la Profe même.
Alors l'une des deux parties conftitutives
s'évanouit, & le Chant fe traînant uniformément & fans aucune efpece de Mefure,
de Notes en Notes prefque égales, perdit
avec fa marche rhythmique & cadencée
toute l'énergie qu'il en recevoit. Il n'y eut
plus que quelques Hymnes dans lefquelles,
avec la Profodie & la quantité des Pieds,
confervés, on fentît encore un peu la cadence du vers; mais ce ne fut plus-là le caractere général du *Plain-Chant*, dégénéré
le plus fouvent en une Pfalmodie toujours
monotone & quelquefois ridicule, fur une
Langue telle que la Latine, beaucoup moins
harmonieufe & accentuée que la Langue
Grecque.

Malgré ces pertes fi grandes, fi effentielles, le *Plain-Chant* confervé d'ailleurs
par les Prêtres dans fon caractere primitif,
ainfi que tout ce qui eft extérieur & cérémo-
nie dans leur Eglife, offre encore aux connoiffeurs de précieux fragmens de l'ancienne
Mélodie & de fes divers Modes, autant
qu'elle peut fe faire fentir fans Mefure &
fans Rhythme, & dans le feul Genre Diatonique qu'on peut dire n'être, dans fa pureté,
que le *Plain-Chant*. Les divers Modes y
confervent leurs deux diftinctions principales; l'une par la différence des Fondamentales ou Toniques, & l'autre par la diffé-

rente pofition des deux femi-Tons , felon
le Degré du fyftême Diatonique naturel où
fe trouve la Fondamentale , & felon que le
Mode Authentique ou Plagal repréfente
les deux Tétracordes conjoints ou disjoints.
(Voyez SYSTEMES , TÉTRACORDES , TONS
DE L'EGLISE.)

Ces Modes , tels qu'ils nous ont été tranf-
mis dans les anciens Chants Eccléfiaftiques ,
y confervent une beauté de caractere & une
variété d'affections bien fenfibles aux connoiffeurs non prévénus , & qui ont confervé quelque jugement d'oreille pour les
fyftêmes mélodieux établis fur des principes
différens des nôtres : mais on peut dire qu'il
n'y a rien de plus ridicule & de plus plat
que ces *Plains-Chants* accommodés à la moderne , pretintaillés des ornemens de notre
Mufique , & modulés fur les Cordes de nos
Modes : comme fi l'on pouvoit jamais ma-
rier notre Syftême harmonique avec celui
des Modes anciens , qui eft établi fur des
principes tout différens. On doit favoir gré
aux Evêques , Prévôts & Chantres qui s'op-
pofent à ce barbare mélange , & defirer ,
pour le progrès & la perfection d'un Art
qui n'eft pas , à beaucoup près , au point
où l'on croit l'avoir mis , que ces précieux
reftes de l'antiquité foient fidélement tranf-
mis à ceux qui auront affez de talent & d'autorité pour en enrichir le fyftême moderne.
Loin qu'on doive porter notre Mufique dans
le *Plain-Chant* , je fuis perfuadé qu'on ga-
gneroit à tranfporter le *Plain-Chant* dans
notre

notre Muſique ; mais il faudroit avoir pour cela beaucoup de goût, encore plus de ſavoir, & ſur-tout être exempt de préjugés.

Le *Plain-Chant* ne ſe Note que ſur quatre lignes, & l'on n'y emploie que deux Clefs, ſavoir la Clef d'*ut* & la Clef de *fa* ; qu'une ſeule Tranſpoſition, ſavoir un Bémol ; & que deux figures de Notes, ſavoir la Longue ou Quarrée, à laquelle on ajoute quelquefois une queue, & la Breve qui eſt en loſange.

Ambroiſe, Archevêque de Milan, fut, à ce qu'on prétend, l'inventeur du *Plain-Chant* ; c'eſt-à-dire qu'il donna le premier une forme & des regles au Chant eccléſiaſtique pour l'approprier mieux à ſon objet, & le garantir de la barbarie & du dépériſſement où tomboit de ſon tems la Muſique. Grégoire, Pape, le perfectionna & lui donna la forme qu'il conſerve encore aujourd'hui à Rome & dans les autres Egliſes où ſe pratique le Chant Romain. L'Egliſe Gallicane n'admit qu'en partie avec beaucoup de peine & preſque par force le Chant Grégorien. L'extrait ſuivant d'un Ouvrage du tems même, imprimé à Francfort en 1594, contient le détail d'une ancienne querelle ſur le *Plain-Chant*, qui s'eſt renouvellée de nos jours ſur la Muſique, mais qui n'a pas eu la même iſſue. Dieu faſſe paix au grand Charlemagne.

» Le très-pieux Roi Charles étant re-
» tourné célébrer la Pâque à Rome avec le

» Seigneur Apoftolique , il s'émut, durant
» les fêtes , une querelle entre les Chantres
» Romains & les Chantres François. Les
» François prétendoient chanter mieux &
» plus agréablement que les Romains. Les
» Romains , fe difant les plus favans dans
» le Chant eccléfiaftique , qu'ils avoient ap-
» pris du Pape Saint Grégoire , accufoient
» les François de corrompre , écorcher &
» défigurer le vrai Chant. La difpute ayant
» été portée devant le Seigneur Roi , les
» François qui fe tenoient forts de fon appui,
» infultoient aux Chantres Romains. Les
» Romains , fiers de leur grand favoir , &
» comparant la Doctrine de Saint Grégoire
» à la rufticité des autres , les traitoient
» d'ignorans , de ruftres , de fots , & de
» groffes bêtes. Comme cette altercation
» ne finiffoit point , le très-pieux Roi Char-
» les dit à fes Chantres : déclarez-nous quelle
» eft l'eau la plus pure & la meilleure , celle
» qu'on prend à la fource vive d'une fon-
» taine , ou celle des rigoles qui n'en dé-
» coulent que de bien loin ? Ils dirent tous
» que l'eau de la fource étoit la plus pure
» & celle des rigoles d'autant plus altérée &
» fale qu'elle venoit de plus loin. Remon-
» tez donc , reprit le Seigneur Roi Charles,
» à la fontaine de Saint Grégoire dont vous
» avez évidemment corrompu le Chant.
» Enfuite le Seigneur Roi demanda au Pape
» Adrien des Chantres pour corriger le
» Chant François , & le Pape lui donna
» Théodore & Benoît , deux Chantres très-

» ſavans & inſtruits par Saint Grégoire
» même : il lui donna auſſi des Antipho-
» niers de Saint Grégoire qu'il avoit no-
» tés lui - même en Note Romaine. De
» ces deux Chantres, le Seigneur Roi
» Charles, de retour en France, en envoya
» un à Metz & l'autre à Soiſſons, ordon-
» nant à tous les Maîtres de Chant des
» Villes de France de leur donner à cor-
» riger les Antiphoniers, & d'apprendre
» d'eux à Chanter. Anſi furent corrigés
» les Antiphoniers François que chacun
» avoit altérés par des additions & retran-
» chemens à ſa mode, & tous les Chantres
» de France apprirent le Chant Romain,
» qu'ils appellent maintenant Chant Fran-
» çois; mais quant aux Sons tremblans, flat-
» tés, battus, coupés dans le Chant, les
» François ne purent jamais bien les rendre,
» faiſant plutôt des chevrottemens que des
» roulemens, à cauſe de la rudeſſe natu-
» relle & barbare de leur goſier. Du reſte,
» la principale école de Chant demeura tou-
» jours à Metz, & autant le Chant Ro-
» main ſurpaſſe celui de Metz, autant le
» Chant de Metz ſurpaſſe celui des autres
» écoles Françoiſes. Les Chantres Romains
» apprirent de même aux Chantres Fran-
» çois à s'accompagner des Inſtrumens ; &
» le Seigneur Roi Charles, ayant derechef
» amené avec ſoi en France des Maîtres de
» Grammaire & de calcul, ordonna qu'on
» établît par-tout l'étude des Lettres ; car
» avant ledit Seigneur Roi l'on n'avoit en

» France aucune connoiſſance des Arts li-
» béraux. »

Ce paſſage eſt ſi curieux que les Lecteurs
me ſauront gré, ſans doute, d'en tranſcrire ici l'original.

*Et reverſus eſt Rex piiſſimus Carolus, &
celebravit Romæ Paſcha cum domno Apoſtolico.
Ecce orta eſt contentio per dies feſtos Paſchæ
inter Cantores Romanorum & Gallorum. Dicebant ſe Galli meliùs cantare & pulchriùs
quàm Romani. Dicebant ſe Romani doctiſſmè
cantilenas eccleſiaſticas proferre, ſicut docti
fuerant à Sancto Gregorio Papâ, Gallos cor-
ruptè cantare, & cantilenam ſanam deſtruendo
dilacerare. Quæ contentio ante Domnum Regem
Carolum pervenit. Galli verò propter ſecuri-
tatem Domni Regis Caroli valdè exprobrabant
Cantoribus Romanis, Romani verò propter
auctoritatem magnæ doctrinæ eos ſtultos, ruſ-
ticos & indoctos velut bruta animalia affirma-
bant, & doctrinam Sancti Gregorii præfere-
bant ruſticitati eorum : & cum altercatio de
neutrâ parte finiret, ait Domnus piiſſimus Rex
Carolus ad ſuos Cantores : Dicite palàm quis
purior eſt, & quis melior, aut fons vivus,
aut rivuli ejus longe decurrentes ? Reſponde-
runt omnes unâ voce, fontem, velut caput &
originem, puriorem eſſe ; rivulos autem ejus
quantò longiùs à fonte receſſerint, tantò turbu-
lentos & ſordibus ac immunditiis corruptos ;
& ait Domnus Rex Carolus : Revertimini vos
ad fontem Sancti Gregorii, quia manifeſtè
corrupiſtis cantilenam eccleſiaſticam. Mox petiit
Domnus Rex Carolus ab Adriano Papâ Can-*

*tores qui Franciam corrigerent de Cantu. At
ille dedit ei Theodorum & Benedictum doctif-
fimos Cantores qui à Sancto Gregorio eruditi
fuerant, tribuitque Antiphonarios Sancti Gregorii, quos ipfe notaverat notâ Romanâ:
Domnus verò Rex Carolus revertens in Franciam mifit unum Cantorem in Metis Civitate,
alterum in Sueffonis Civitate, præcipiens de
omnibus Civitatibus Franciæ Magiftros fcholæ
Antiphonarios eis ad corrigendum tradere, &
ab eis difcere cantare. Correcti funt ergò An-
tiphonarii Francorum, quos unufquifque pro
fuo arbitrio vitiaverat, addens vel minuens;
& omnes Franciæ Cantores didicerunt notam
Romanam quam nunc vocant notam Francifcam:
excepto quòd tremulas vel vinnulas, fivè colli-
fibiles vel fecabiles voces in Cantu non poterant
perfectè exprimere Franci, naturali voce bar-
baricâ frangentes in gutture voces, quàm potiùs
exprimentes. Majus autem Magifterium Cantandi in Metis remanfit; quantùmque Magifterium Romanum fuperat Metenfe in arte
Cantandi, tantò fuperat Metenfis Cantilena
Cæteras fcholas Gallorum. Similiter erudierunt
Romani Cantores fupradictos Cantores Francorum in arte organandi; & Domnus Rex Carolus iterùm à Româ artis grammaticæ & com-
putatoriæ Magiftros fecum adduxit in Franciam, & ubique ftudium litterarum expandere
juffit. Ante ipfum enim Domnum Regem Carolum in Galliâ nullum ftudium fuerat liberalium
Artium. Vide Annal. & Hift. Francor. ab
an. 708. ad an. 990. Scriptores coætaneos.
imp. Francofurti 1594. fub vitâ Caroli magni.

PLAINTE , *f. f.* (Voyez Accent.)

PLEIN - CHANT. (Voyez Plain-Chant.)

PLEIN - JEU , se dit du Jeu de l'Orgue, lorsqu'on a mis tous les regiſtres , & auſſi lorsqu'on remplit toute l'Harmonie ; il se dit encore des Inſtrumens d'archet, lorsqu'on en tire tout le Son qu'ils peuvent donner.

PLIQUE , *f. f. Plica* , sorte de Ligature dans nos anciennes Muſiques. La *Plique* étoit un ſigne de retardement ou de lenteur (*ſignum moroſitatis* , dit Muris.) Elle se faiſoit en paſſant d'un Son à un autre , depuis le Semi - Ton juſqu'à la Quinte , soit en montant , soit en deſcendant ; & il y en avoit de quatre sortes. 1. La *Plique* longue aſcendante eſt une figure quadrangulaire avec un seul trait aſcendant à droite , ou avec deux traits dont celui de la droite eſt le plus grand . 2. La *Plique* longue deſcendante a deux traits deſcendans dont celui de la droite eſt le plus grand . 3. La *Plique* breve aſcendante a le trait montant de la gauche plus long que celui de la droite . 4. Et la deſcendante a le trait deſcendant de la gauche plus grand que celui de la droite .

POINCT ou POINT , *f. m.* Ce mot en Muſique ſignifie pluſieurs choſes différentes.

Il y a dans nos vieilles Muſiques ſix sortes de *Points* , ſavoir ; *Point* de perfection, *Point* d'imperfection, *Point* d'accroiſſement, *Point* de diviſion, *Point* de tranſlation, & *Point* d'altération.

I. Le *Point* de perfection appartient à la diviſion ternaire. Il rend parfaite toute Note ſuivie d'une autre Note moindre de la moitié par ſa figure : alors, par la force du *Point* intermédiaire, la Note précédente vaut le triple au lieu du double de celle qui ſuit.

II. Le *Point* d'imperfection placé à la gauche de la Longue, diminue ſa valeur, quelquefois d'une Ronde ou ſemi - Breve, quelquefois de deux. Dans le premier cas, on met une Ronde entre la Longue & le *Point* ; dans le ſecond, on met deux Ron-des à la droite de la Longue.

III. Le *Point* d'accroiſſement appartient à la diviſion binaire, & entre deux Notes égales, il fait valoir celle qui précede le dou-ble de celle qui ſuit.

IV. Le *Point* de diviſion ſe met avant une ſemi-Breve ſuivie d'une Breve dans le Tems parfait. Il ôte un Tems à cette Breve ; & fait qu'elle ne vaut plus que deux Rondes au lieu de trois.

V. Si une Ronde entre deux *Points* ſe trouve ſuivie de deux ou pluſieurs Breves en Tems imparfait, le ſecond *Point* transfere ſa ſignification à la derniere de ces Breves, la rend parfaite & la fait valoir trois Tems. C'eſt le *Point* de tranſlation.

VI. Un *Point* entre deux Rondes, placées elles - mêmes entre deux Breves ou Quarrées dans le Tems parfait, ôte un Tems à chacune

de ces deux Breves ; de sorte que chaque
Breve ne vaut plus que deux Rondes , au
lieu de trois. C'est le *Point* d'altération.

Ce même *Point* devant une Ronde suivie
de deux autres Rondes entre deux Breves
ou quarrées double la valeur de la derniere
de ces Rondes.

Comme ces anciennes divisions du Tems
en parfait & imparfait ne sont plus d'usage
dans la Musique , toutes ces significations
du *Point* , qui , à dire vrai , sont fort em-
brouillées , se sont abolies depuis long-tems.

Aujourd'hui le *Point* , pris comme valeur
de Note , vaut toujours la moitié de celle
qui le précede. Ainsi après la Ronde le *Point*
vaut une Blanche , après la Blanche une
Noire , après la Noire une Croche , &c.
Mais cette maniere de fixer la valeur du
Point n'est surement pas la meilleure qu'on
eût pu imaginer , & cause souvent bien des
embarras inutiles.

POINT-D'ORGUE ou POINT-DE-
REPOS , est une autre espece de *Point*
dont j'ai parlé au mot *Couronne*. C'est relativement à cette espece de Point qu'on
appelle généralement *Points-d'Orgue* ces
sortes de Chants , mesurés ou non mesurés ,
écrits ou non écrits , & toutes ces successions harmoniques qu'on fait passer sur une
Note de Basse toujours prolongée. (Voyez
CADENZA.)

Quand ce même Point surmonté d'une
Couronne s'écrit sur la derniere Note d'un

Air ou d'un morceau de Musique, il s'appelle alors *Point final*.

Enfin il y a encore une autre espece de *Points*, appellés *Points détachés*, lesquels se placent immédiatement au-dessus ou au-dessous de la tête des Notes ; on en met presque toujours plusieurs de suite, & cela avertit que les Notes ainsi ponctuées doivent être marquées par des coups de langue ou d'Archet égaux, secs & détachés.

POINTER, *v. a.* C'est, au moyen du Point, rendre alternativement longues & breves des suites de Notes naturellement égales, telles, par exemple, qu'une suite de Croches. Pour les *Pointer* sur la Note, on ajoute un Point après la premiere, une double Croche sur la seconde, un Point après la troisieme, puis une double Croche, & ainsi de suite. De cette maniere elles gardent de deux en deux la même valeur qu'elles avoient auparavant ; mais cette valeur se distribue inégalement entre les deux Croches ; de sorte que la premiere ou Longue en a les trois quarts, & la seconde ou breve l'autre quart. Pour les *Pointer* dans l'exécution, on les passe inégales selon ces mêmes proportions, quand même elles seroient notées égales.

Dans la Musique Italienne toutes les Croches sont toujours égales, à moins qu'elles ne soient marquées *Pointées*. Mais dans la Musique Françoise on ne fait les Croches exactement égales que dans la Mesure à quatre Tems ; dans toutes les autres, on

les pointe toujours un peu , à moins qu'il
ne foit écrit *Crockes égales*.

POLYCÉPHALE , *adj*. Sorte de Nome
pour les Flûtes en l'honneur d'Apollon. Le
Nome *Polycéphale* fut inventé , felon les uns,
par le fecond Olympe Phrygien , defcendant
du fils de Marfyas , & felon d'autres , par
Cratès difciple de ce même Olympe.

POLYMNASTIE ou POLYMNASTI-
QUE , *adj*. Nome pour les Flûtes , inventé,
felon les uns , par une femme nommée Po-
lymnefte , & felon d'autres , par Polymnef-
tus , fils de Mélès Colophonien.

PONCTUER , *v. a*. C'eft , en terme de
compofition , marquer les repos plus ou
moins parfaits, & divifer tellement les Phrafes
qu'on fente par la Modulation & par les
Cadences leurs commencemens, leurs chû-
tes , & leurs liaifons plus ou moins grandes ,
comme on fent tout cela dans le difcours à
l'aide de la ponctuation.

PORT-DE-VOIX , *f. m*. Agrément du
Chant , lequel fe marque par une petite
Note appellée en Italien *Appoggiatura* , &
fe pratique , en montant diatoniquement
d'une Note à celle qui la fuit , par un coup de
gofier dont l'effet eft marqué dans la *Planche
B. Fig*. 13.

PORT - DE - VOIX JETTÉ , fe fait ,
lorfque , montant diatoniquement d'une
Note à fa Tierce, on appuie la troifieme Note
far le fon de la feconde, pour faire fentir feulement cette troifieme Note par un coup de
gofier redoublé , tel qu'il eft marqué *Pl. B.
Fig*. 13.

PORTÉE , *f. f.* La *Portée* ou Ligne de Musique eſt compoſée de cinq Lignes paralleles, ſur leſquelles ou entre leſquelles les diverſes Poſitions des Notes en marquent les Intervalles ou Degrés. La *Portée* du Plain-Chant n'a que quatre Lignes : elle en avoit d'abord huit, ſelon Kircher, marquées chacune d'une lettre de la Gamme, de ſorte qu'il n'y avoit qu'un Degré conjoint d'une Ligne à l'autre. Lorſqu'on doubla les Degrés en plaçant auſſi des Notes dans les Intervalles, la *Portée* de huit Lignes, réduites à quatre, ſe trouva de la même étendue qu'auparavant.

A ce nombre de cinq Lignes dans la Muſique, & de quatre dans le Plain - Chant, on en ajoute de poſtiches ou accidentelles quand cela eſt néceſſaire & que les Notes paſſent en haut ou en bas l'étendue de la *Portée.* Cette étendue, dans une *Portée* de Muſique, eſt en tout d'onze Notes formant dix Degrés diatoniques ; & dans le Plain-Chant, de neuf Notes formant huit Degrés. (Voyez CLEF, NOTES, LIGNES.)

POSITION , *f. f.* Lieu de la Portée où eſt placée une Note pour fixer le Degré d'élévation du Son qu'elle repréſente.

Les Notes n'ont, par rapport aux Lignes, que deux différentes *Poſitions*; ſavoir, ſur une Ligne ou dans un eſpace, & ces *Poſitions* ſont toujours alternatives lorſqu'on marche diatoniquement. C'eſt enſuite le lieu qu'occupe la Ligne même ou l'eſpace dans la Portée & par rapport à la Clef qui détermine la véritable *Pofition* de la Note dans le Clavier général.

On appelle auffi *Pofition* dans la Mefure le Tems qui fe marque en frappant, en baiffant ou pofant la main, & qu'on nomme plus communément le *Frappé*. (Voyez Thesis.)

Enfin l'on appelle *Pofition* dans le jeu des Inftrumens à manche, le lieu où la main fe pofe fur le manche, felon le Ton dans lequel on veut jouer. Quand on a la main tout au haut du manche contre le fillet, en forte que l'index pofe à un Ton de la Corde-à-jour, c'eft la *Pofition* naturelle. Quand on démanche, on compte les *Pofitions* par les Degrés diatoniques dont la main s'éloigne du fillet.

PRÉLUDE, *f. m.* Morceau de Symphonie qui fert d'introduction & de préparation à une Piece de Mufique. Ainfi les Ouververtures d'Opéra font des *Préludes*; comme auffi les Ritournelles qui font affez fouvent au commencement des Scenes ou Monologues.

Prélude eft encore un trait de Chant qui paffe par les principales Cordes du Ton, pour l'annoncer, pour vérifier fi l'inftrument eft d'accord, &c. Voyez l'Article fuivant.

PRÉLUDER, *v. n.* C'eft en général chanter ou jouer quelque trait de fantaifie irrégulier & affez court, mais paffant par les Cordes effentielles du Ton, foit pour l'établir, foit pour difpofer fa voix ou bien poſer ſa main ſur un Inſtrument, avant de commencer une Piece de Muſique.

Mais ſur l'Orgue & ſur le Clavecin, l'Art de *Préluder* eſt plus conſidérable. C'eſt compoſer & jouer impromptu des Pieces chargées de tout ce que la Compoſition a de plus ſavant en Deſſein, en Fugue, en Imitation, en Modulation & en Harmonie. C'eſt ſur-tout en *préludant*, que les grands Muſiciens, exempts de cet extrême aſſerviſſement aux regles que l'œil des critiques leur impoſe ſur le papier, font briller ces Tranſitions ſavantes qui raviſſent les Auditeurs. C'eſt-là qu'il ne ſuffit pas d'être bon Compoſiteur ni de bien poſſéder ſon Clavier, ni d'avoir la main bonne & bien exercée, mais qu'il faut encore abonder de ce feu de génie & de cet eſprit inventif qui font trouver & traiter ſur le champ les ſujets les plus favorables à l'Harmonie & les plus flatteurs à l'oreille. C'eſt par ce grand Art de *Préluder* que brillent en France les excellens Organiſtes, tels que ſont maintenant les Sieurs Calviere & Daquin, ſurpaſſés toutefois l'un & l'autre par M. le Prince d'Ardore, Ambaſſadeur de Naples, lequel, pour la vivacité de l'invention & la force de l'exécution, efface les plus illuſtres Artiſtes, & fait à Paris l'admiration des connoiſſeurs.

PRÉPARATION, *ſ. f.* Acte de préparer la Diſſonance. (Voyez PRÉPARER.)

PRÉPARER, *v. a. Préparer* la Diſſonance, c'eſt la traiter dans l'Harmonie de maniere qu'à la faveur de ce qui précede, elle soit moins dure à l'oreille qu'elle ne seroit sans cette précaution : selon cette définition toute Dissonance veut être préparée. Mais lorsque pour *Préparer* une Dissonance, on exige que le Son qui la forme, ait fait consonnance auparavant, alors il n'y a fondamentalement qu'une seule Dissonance qui se *Prépare*, savoir la Septieme ; encore cette Préparation n'est-elle point nécessaire dans l'Accord sensible, parce qu'alors la Dissonance étant caractéristique, & dans l'Accord & dans le Mode, est suffisamment annoncée ; que l'oreille s'y attend, la reconnoît, & ne se trompe ni sur l'Accord ni sur son progrès naturel. Mais lorsque la Septieme se fait entendre sur un Son fondamental qui n'est pas essentiel au Mode, on doit la *Préparer* pour prévenir toute équivoque, pour empêcher que l'oreille de l'écoutant ne s'égare ; & comme cet Accord de Septieme se renverse & se combine de plusieurs manieres, de-là naissent aussi diverses manieres apparentes de *Préparer*, qui, dans le fond, reviennent pourtant toujours à la même.

Il faut considérer trois choses dans la pratique des Dissonances ; savoir, l'Accord qui précede la Dissonance, celui où elle se trouve, & celui qui la suit. La Préparation ne regarde que les deux premiers ; pour le troisieme, voyez *Sauver*.

Quand on veut *Préparer* réguliérement une Dissonance, il faut choisir pour arriver à son Accord, une telle marche de Basse-fondamentale, que le Son qui forme la Dissonance, soit un prolongement dans le Tems fort d'une Consonnance frappée sur le Tems foible dans l'Accord précédent ; c'est ce qu'on appelle *Syncoper*. (Voyez SYNCOPE.)

De cette Préparation résultent deux avantages ; savoir, 1. Qu'il y a nécessairement liaison harmonique entre les deux Accords, puisque la Dissonance elle-même forme cette liaison ; & 2. Que cette Dissonance, n'étant que le prolongement d'un Son consonnant, devient beaucoup moins dure à l'oreille, qu'elle ne le seroit sur un Son nouvellement frappé. Or c'est-là tout ce qu'on cherche dans la Préparation. (Voyez CADENCE, DISSONANCE, HARMONIE.)

On voit par ce que je viens de dire, qu'il n'y a aucune Partie destinée spéciale-ment à *Préparer* la Dissonance, que celle même qui la fait entendre : de sorte que si le Dessus sonne Dissonance, c'est à lui de syncoper ; mais si la Dissonance est à la Basse, il faut que la Basse syncope. Quoi-qu'il n'y ait rien là que de très-simple, les Maîtres de Composition ont furieusement embrouillé tout cela.

Il y a des Dissonances qui ne se *préparent* jamais ; telle est la Sixte-ajoutée ; d'autres qui se *préparent* fort rarement ; telle est la Septieme-diminuée.

PRESTO, *adv.*, Ce mot, écrit à la tête d'un morceau de Musique, indique le plus prompt & le plus animé des cinq principaux Mouvemens établis dans la Musique Italienne. *Presto* signifie *Vite*. Quelquefois on marque un Mouvement encore plus pressé par le superlatif *Prestissimo*.

PRIMA INTENZIONE. Mot technique Italien, qui n'a point de correspondant en François, & qui n'en a pas besoin, puisque l'idée que ce mot exprime n'est pas connue dans la Musique Françoise. Un Air, un morceau *di Prima intenzione*, est celui qui s'est formé, tout-d'un-coup tout entier & avec toutes ses Parties dans l'esprit du Compositeur, comme Pallas sortit toute armée du cerveau de Jupiter. Les morceaux *di Prima intenzione* sont de ces rares coups de génie, dont toutes les idées sont si étroitement liées qu'elles n'en font, pour ainsi dire, qu'une seule, & n'ont pu se présenter à l'esprit l'une sans l'autre. Ils sont semblables à ces périodes de Ciceron longues, mais éloquentes, dont le sens, suspendu pendant toute leur durée, n'est déterminé qu'au dernier mot, & qui, par conséquent, n'ont formé qu'une seule pensée dans l'esprit de l'Auteur. Il y a dans les Arts des inventions produites par de pareils efforts de génie, & dont tous les raisonnemens, intimement unis l'un à l'autre, n'ont pu se faire successivement ; mais se sont nécessairement offerts à l'esprit tout à la fois, puisque le premier sans le dernier n'auroit eu aucun sens. Telle est, par exemple, l'invention de cette prodigieuse machine du

Métier

Métier à bas, qu'on peut regarder, dit le Philosophe qui l'a décrite dans l'Encyclopédie, comme un seul & unique raisonnement dont la fabrication de l'ouvrage est la conclusion. Ces sortes d'opérations de l'entendement, qu'on explique à peine, même par l'analyse, sont des prodiges pour la raison, & ne se conçoivent que par les génies capables de les produire : l'effet en est toujours proportionné à l'effort de tête qu'ils ont coûté, & dans la Musique les morceaux *di Prima intenzione* sont les seuls qui puissent causer ces extases, ces ravissemens, ces élans de l'ame qui transportent les Auditeurs hors d'eux-mêmes : on les sent, on les devine à l'instant, les Connoisseurs ne s'y trompent jamais. A la suite d'un de ces morceaux sublimes, faites passer un de ces Airs décousus, dont toutes les Phrases ont été composées l'une après l'autre, ou ne font qu'une même phrase promenée en différens Tons, & dont l'Accompagnement n'est qu'un remplissage fait après coup ; avec quelque goût que ce dernier morceau soit composé, si le souvenir de l'autre vous laisse quelque attention à lui donner, ce ne sera que pour en être glacés, transis, impatientés. Après un Air *di Prima intenzione,* toute autre Musique est sans effet.

PRISE. *Lepsis.* Une des Parties de l'ancienne Mélopée. (Voyez MÉLOPÉE.)

PROGRESSION, *s. f.* Proportion continue, prolongée au-delà de trois termes. (Voyez PROPORTION.) Les suites; d'Intervalles égaux font toutes en *Progreffions*, & c'eft en identifiant les termes voifins de différentes *Progreffions*, qu'on parvient à compléter l'Echelle Diatonique & Chromatique, au moyen du Tempérament. (Voyez Tempérament.)

PROLATION, *f. f.* C'eft, dans nos anciennes Mufiques, une maniere de déterminer la valeur des Notes femi-Breves fur celle de la Breve, ou des Minimes fur celle de la femi-Breve. Cette *Prolation* fe marquoit après la Clef, & quelquefois après le figne du Mode, par un cercle ou un demi-cercle ponctué ou non ponctué, felon les regles fuivantes.

Confidérant toujours la divifion foustriple comme la plus excellente, ils divifoient la *Prolation* en parfaite & imparfaite, & l'une & l'autre en majeure & mineure, de même que pour le Mode.

La *Prolation* parfaite étoit pour la Mefure ternaire, & fe marquoit par un Point dans le cercle quand elle étoit majeure, c'eft-à-dire, quand elle indiquoit le rapport de la Breve à la femi-Breve ; ou par un Point dans un demi-cercle quand elle étoit mineure, c'eft-à-dire, quand elle indiquoit le rapport de la femi-Breve à la Minime. (Voyez *Pl.* B. *Fig.* 9 & 11.)

La *Prolation* imparfaite étoit pour la Mefure binaire, & fe marquoit comme le Tems par un fimple cercle, quand elle étoit majeure ; ou par un demi-cercle, quand elle étoit mineure ; *même Pl. Fig.* 10 & 12.

Depuis on ajouta quelques autres signes à la *Prolation* parfaite ; outre le cercle & le demi-cercle on se servit du Chiffre $\frac{3}{1}$ pour exprimer la valeur de trois Rondes ou semi-Breves, pour celle de la Breve ou Quarrée ; & du Chiffre $\frac{3}{2}$ pour exprimer la valeur de trois Minimes ou Blanches, pour la Ronde ou semi-Breve.

Aujourd'hui toutes les *Prolations* sont abolies ; la division sous-double l'a emporté sur la sous-ternaire ; & il faut avoir recours à des exceptions & à des signes particuliers, pour exprimer le partage d'une Note quelconque en trois autres Notes égales. (Voyez Valeur des Notes.)

On lit dans le Dictionnaire de l'Académie que *Prolation* signifie *Roulement*. Je n'ai point lu ailleurs ni ouï dire que ce mot ait jamais eu ce sens-là.

PROLOGUE , *s. m.* Sorte de petit Opéra qui précede le grand, l'annonce & lui sert d'introduction. Comme le sujet des *Prologues* est ordinairement élevé, merveilleux, ampoulé, magnifique & plein de louanges, la Musique en doit être brillante, harmonieuse, & plus imposante que tendre & pathétique. On ne doit point épuiser sur le *Prologue* les grands mouvemens qu'on veut exciter dans la Piece, & il faut que le Musicien, sans être maussade & plat dans le début, sache pourtant s'y ménager de maniere à se montrer encore intéressant & neuf dans le corps de l'ouvrage. Cette gradation n'est ni sentie, ni rendue par la plupart des

Compositeurs ; mais elle eſt pourtant néceſſaire , quoique difficile. Le mieux ſeroit de
n'en avoir pas beſoin , & de ſupprimer tout-
à - fait les *Prologues* qui ne font gueres
qu'ennuyer & impatienter les Spectateurs ,
ou nuire à l'intérêt de la Piece, en uſant
d'avance les moyens de plaire & d'intéreſſer.
Auſſi les Opéra François ſont-ils les ſeuls où
l'on ait conſervé des *Prologues ;* encore ne
les y ſouffre-t-on que parce qu'on n'oſe mur-
murer contre les fadeurs dont ils ſont pleins.

PROPORTION, *ſ. f.* Égalité entre deux
rapports. Il y a quatre ſortes de *Proportion ;*
ſavoir, la *Proportion* Arithmétique , la Géométrique, l'Harmonique, & la Contre-Har-
monique. Il faut avoir l'idée de ces diverſes
Proportions , pour entendre les calculs dont
les Auteurs ont chargé la Théorie de la Muſique.

Soient quatre termes ou quantités *a b c d ;*
ſi la différence du premier terme *a* au ſecond
b eſt égale à la différence du troiſieme *c* au
quatrieme *d* , ces quatre termes ſont en *Proportion* Arithmétique. Tels ſont , par exemple , les nombres ſuivans, 2 , 4 : 8 , 10.

Que ſi , au lieu d'avoir égard à la différence , on compare ces termes par la maniere de contenir ou d'être contenus ; ſi ,
par exemple, le premier *a* eſt au ſecond *b*
comme le troiſieme *c* eſt au quatrieme *d* ,
la *Proportion* eſt Géométrique. Telle eſt celle
que forment ces quatre nombres, 2 , 4 ::
8 , 16.

Dans le premier exemple , l'excès dont le

premier terme 2 eſt ſurpaſſé par le ſecond
4 eſt 2 ; & l'excès dont le troiſieme 8 eſt
ſurpaſſé par le quatrieme 10 eſt auſſi 2.
Ces quatre termes ſont donc en *Proportion*
Arithmétique.

Dans le ſecond exemple, le premier terme
2 eſt la moitié du ſecond 4, & le troiſieme
terme 8 eſt auſſi la moitié du quatrieme
16. Ces quatre termes ſont donc en *Proportion* Géométrique.

Une *Proportion* ſoit Arithmétique, ſoit
Géométrique, eſt dite inverſe ou réciproque,
lorſqu'après avoir comparé le premier terme
au ſecond, l'on compare non le troiſieme
au quatrieme, comme dans la *Proportion*
directe, mais à rebours le quatrieme au
troiſieme, & que les rapports ainſi pris ſe
trouvent égaux. Ces quatre nombres 2, 4 :
8, 6, ſont en *Proportion* Arithmétique réciproque ; & ces quatre 2, 4 : : 6, 3, ſont
en *Proportion* Géométrique réciproque.

Lorſque dans une *Proportion* directe, le
ſecond terme ou le conſéquent du premier
rapport eſt égal au premier terme ou à l'antécédent du ſecond rapport ; ces deux termes étant égaux, ſont pris pour le même,
& ne s'écrivent qu'une fois au lieu de deux.
Ainſi dans cette *Proportion* Arithmétique
2, 4 : 4, 6 ; au lieu d'écrire deux fois le
nombre 4, on ne l'écrit qu'une fois, & la
Proportion ſe poſe ainſi ÷ 2, 4, 6.

De même, dans cette *Proportion* Géométrique 2, 4 : : 4, 8, au lieu d'écrire 4 deux

fois , on ne l'écrit qu'une , de cette maniere
∺ 2 , 4 , 8.

Lorsque le conféquent du premier rapport , fert ainfi d'antécédent au fecond rapport , & que la *Proportion* fe pofe avec trois
termes , cette *Proportion* s'appelle continue ,
parce qu'il n'y a plus , entre les deux rapports qui la forment , l'interruption qui s'y
trouve quand on la pofe en quatre termes.

Ces trois termes ∺ 2 , 4 , 6 , font donc en
Proportion Arithmétique continue ; & ces
trois-ci ∺ 2 , 4 , 8 , font en *Proportion*
Géométrique continue.

Lorfqu'une *Proportion* continue fe prolonge ; c'eft-à-dire , lorfqu'elle a plus de
trois termes , ou de deux rapports égaux ,
elle s'appelle *Progreffion.*

Ainfi ces quatre termes 2 , 4 , 6 , 8 , forment une Progreffion Arithmétique , qu'on
peut prolonger autant qu'on veut en ajoutant la différence au dernier terme.

Et ces quatre termes 2 , 4 , 8 , 16 , forment une Progreffion Géométrique , qu'on
peut de même prolonger autant qu'on veut
en doublant le dernier terme , ou en général ,
en le multipliant par le quotient du fecond
terme divifé par le premier , lequel quotient
s'appelle l'*Expofant* du rapport , ou de la
Progreffion.

Lorfque trois termes font tels que le premier eft au troifieme , comme la différence
du premier au fecond eft à la différence du
fecond au troifieme , ces trois termes forment
une forte de *Proportion* appellée *Harmonique.*

Tels font , par exemple, ces trois nombres 3
, 4 , 6 : car comme le premier 3 eft la moitié du troifieme 6 , de même l'excès 1 du
fecond fur le premier , eft la moitié de l'excès
2 du troifieme fur le fecond.

Enfin , lorfque trois termes font tels que la
différence du premier au fecond eft à la différence du fecond au troifieme , non comme le premier eft au troifieme , ainfi que dans
la *Proportion* Harmonique ; mais au contraire comme le troifieme eft au premier ,
alors ces trois termes forment entr'eux une
forte de *Proportion* appellée *Proportion Con-
tre-harmonique.* Ainfi ces trois nombres 3 ,
5 , 6 , font en *Proportion* Contre - harmonique.

L'expérience a fait connoître que les rapports de trois Cordes fonnant enfemble l'Accord parfait Tierce majeure , formoient entr'elles la forte de *Proportion* qu'à caufe de
cela on a nommée Harmonique : mais c'eft-
là une pure propriété de nombres qui n'a
nulle affinité avec les Sons , ni avec leur
effet fur l'organe auditif ; ainfi la *Proportion*
Harmonique & la *Proportion* Contre - harmonique n'appartiennent pas plus à l'Art que
la *Proportion* Arithmétique , & la *Proportion* Géométrique , qui même y font beaucoup plus utiles. Il faut toujours penfer que
les propriétés des quantités abftraites ne font
point des propriétés des Sons , & ne pas
chercher , à l'exemple des Pythagoriciens ,
je ne fais quelles chimériques analogies entre
chofes de différentes natures , qui n'ont

entr'elles que des rapports de convention.

PROPREMENT, *adv*. Chanter ou jouer *Proprement*, c'est exécuter la Mélodie Françoise avec les ornemens qui lui conviennent. Cette Mélodie n'étant rien par la seule force des Sons, & n'ayant par elle-même aucun caractere, n'en prend un que par les tournures affectées qu'on lui donne en l'exécutant. Ces tournures, enseignées par les Maîtres de *Goût du Chant*, font ce qu'on appelle les agrémens du Chant François. (Voyez AGRÉMENT.)

PROPRETÉ, *f. f.* Exécution du Chant-François avec les ornemens qui lui sont propres, & qu'on appelle agrémens du Chant. (Voyez AGRÉMENT.)

PROSLAMBANOMENOS. C'étoit, dans la Musique ancienne, le Son le plus grave de tout le Systême, un Ton au-dessous de l'Hypate - Hypaton.

Son nom signifie *Surnuméraire, Acquise*, ou *Ajoutée*, parce que la Corde qui rend ce Son-là, fut ajoutée au-dessous de tous les Tétracordes pour achever le Diapason ou l'Octave avec la Mèse ; & le Diapason ou la double Octave avec la Nete-hyperboléon, qui étoit la Corde la plus aiguë de tout le Systême. (Voyez SYSTEME.)

PROSODIAQUE, *adj*. Le Nome *Prosodiaque* se chantoit en l'honneur de Mars, & fut, dit-on, inventé par Olympus.

PROSODIE, *f. f.* Sorte de Nome pour les Flûtes, & propre aux Cantiques que l'on chantoit chez les Grecs, à l'entrée des facrifices. Plutarque attribue l'invention des *Profodies* à Clonas , de Tégée felon les Arcadiens , & de Thebes felon les Béotiens.

PROTESIS , *f. f.* Paufe d'un Tems long dans la Mufique ancienne , à la différence du *Lemme* , qui étoit la Paufe d'un Tems bref.

PSALMODIER , *v. n.* C'eft chez les Catholiques chanter ou réciter les Pfeaumes & l'Office d'une maniere particuliere , qui tient le milieu entre le Chant & la parole : c'eft du Chant , parce que la voix eft foutenue ; c'eft de la parole , parce qu'on garde prefque toujours le même Ton.

PYCNI , PYCNOI. (Voyez ÉPAIS.)

PYTHAGORICIENS , *fub. maf. plur.* Nom d'une des deux Sectes dans lefquelles fe divifoient les Théoriciens dans la Mufique Grecque ; elle portoit le nom de Pythagore , fon chef , comme l'autre Secte portoit le nom d'Ariftoxène. (Voyez ARISTOXÉNIENS.)

Les *Pythagoriciens* fixoient tous les Intervalles tant Confonnans que Diffonans par le Calcul des rapports. Les Ariftoxéniens , au contraire , difoient s'en tenir au jugement de l'oreille. Mais au fond , leur difpute n'étoit qu'une difpute de mots ; & fous des dénominations plus fimples , les moitiés ou les quarts-de-*Ton* des Ariftoxéniens , ou ne fignifioient rien , ou n'exigeoient pas des calculs moins compofés que ceux des Limma , des Comma , des Apotomes fixés par les *Pythagoriciens.* En propofant , par exemple, de prendre la moitié d'un *Ton*, que propofoit un Ariftoxénien ? Rien fur quoi l'oreille pût porter un jugement fixe. Ou il ne favoit ce qu'il vouloit dire ; ou il propofoit de trouver une moyenne proportionnelle entre 8 & 9. Or cette moyenne proportionnelle eft la racine quarrée de 72 , & cette racine quarrée eft un nombre irrationnel : il n'y avoit aucun autre moyen poffible d'affigner cette moitié de *Ton* que par la Géométrie, & cette méthode Géométrique n'étoit pas plus fimple que les rapports de nombre à nombre calculés par les *Pythagoriciens.* La fimplicité des Ariftoxéniens n'étoit donc qu'apparente ; c'étoit une fimplicité femblable à celle du Syftême de M. de Boifgelou, dont il fera parlé ci-après. (Voyez INTERVALLE, SYSTEME.)

Q.

QUADRUPLE-CROCHE, *f. f.* Note de Muſique valant le quart d'une Croche, ou la moitié d'une double - Croche. Il faut ſoixante - quatre *Quadruples - Croches* pour une Meſure à quatre Tems ; mais on remplit rarement une Meſure & même un Tems de cette eſpece de Notes. (Voyez VALEUR DES NOTES.)

La *Quadruple - Croche* eſt preſque toujours liée avec d'autres Notes de pareille ou de dif-

férente valeur, & ſe figure ainſi 

ou . Elle tire ſon nom des quatre traits ou Crochets qu'èlle porte.

QUANTITÉ. Ce mot, en Muſique de même qu'en Proſodie, ne ſignifie pas le nombre des Notes ou des ſyllabes, mais la durée relative qu'elles doivent avoir. La *Quantité* produit le Rhythme, comme l'Accent produit l'Intonation. Du Rhythme & de l'Intonation réſulte la Mélodie. (Voyez MÉLODIE.)

QUARRÉ, *adj.* On appelloit autrefois B *Quarré* ou B *Dur*, le ſigne qu'on appelle aujourd'hui *Béquarre*. (Voyez B.)

QUARRÉE ou BREVE, *adj. pris ſubſtantiv.* Sorte de Note faite ainſi , &

qui tire son nom de sa figure. Dans nos anciennes Musiques, elle valoit tantôt trois Rondes ou semi - Breves, & tantôt deux, selon que la Prolation étoit parfaite ou im-parfaite. (Voyez Prolation.)

Maintenant la *Quarrée* vaut toujours deux Rondes, mais on l'emploie assez rarement.

QUART - DE - SOUPIR, *s. m.* Valeur de silence qui, dans la Musique Italienne, se figure ainsi V ; dans la Françoise ainsi 7 ; & qui marque, comme le porte son nom, la quatrieme partie d'un soupir ; c'est-à - dire, l'équivalant d'une demi - Croche. (Voyez Soupir, Valeur des Notes.)

QUART - DE - TON, *s. m.* Intervalle introduit dans le Genre Enharmonique par Aristoxène, & duquel la raison est sourde. (Voyez Échelle, Enharmonique, Intervalle, Pythagoriciens.)

Nous n'avons ni dans l'oreille, ni dans les calculs harmoniques aucun principe qui nous puisse fournir l'Intervalle exact d'un *Quart-de-Ton* ; & quand on considere quelles opérations Géométriques sont nécessaires pour le déterminer sur le Monocorde, on est bien tenté de soupçonner qu'on n'a peut-être jamais entonné & qu'on n'entonnera peut - être jamais de *Quart - de - Ton* juste, ni par la Voix, ni sur aucun Instrument.

Les Musiciens appellent aussi *Quart-de-Ton* l'Intervalle qui, de deux Notes à un Ton l'une de l'autre, se trouve entre le Bémol de la supérieure & le Dièse de l'inférieure ; Intervalle que le Tempérament fait évanouir, mais que le calcul peut déterminer.

Ce *Quart-de-Ton* est de deux especes ; savoir, l'Enharmonique majeur, dans le rapport de 576 à 625, qui est le complément de deux semi-Tons mineurs au *Ton* majeur ; & l'Enharmonique mineur, dans la raison de 125 à 128, qui est le complément de deux mêmes semi-Tons mineurs au *Ton* mineur.

QUARTE, *s. f.* La troisieme des Consonnances dans l'ordre de leur génération. La *Quarte* est une Consonnance parfaite ; son rapport est de 3 à 4 ; elle est composée de trois Degrés diatoniques formés par quatre Sons ; d'où lui vient le nom de *Quarte*. Son Intervalle est de deux *Tons* & demi, savoir, un *Ton* majeur, un *Ton* mineur, & un semi-Ton majeur.

La *Quarte* peut s'altérer de deux manieres ; savoir, en diminuant son Intervalle d'un semi-Ton, & alors elle s'appelle *Quarte diminuée* ou *fausse-Quarte* ; ou en augmentant d'un semi-Ton ce même Intervalle, & alors elle s'appelle *Quarte-superflue* ou *Triton*, parce que l'Intervalle en est de trois Tons pleins : il n'est que de deux *Tons* ; c'est-à-dire, d'un *Ton*, & deux semi-Tons dans la *Quarte-diminuée* ; mais ce dernier Intervalle est banni de l'Harmonie, & pratiqué seulement dans le Chant.

Il y a un Accord qui porte le nom de *Quarte* ou *Quarte* & *Quinte*. Quelques-uns l'appellent Accord de Onzieme : c'eſt celui où ſous un Accord de Septieme on ſuppoſe à la Baſſe un cinquieme Son , une Quinte au‑deſſous du Fondamental : car alors ce Fondamental fait Quinte , & ſa Septieme fait Onzieme avec le Son ſuppoſé. (Voyez Supposition.)

Un autre Accord s'appelle *Quarte-ſuperflue* ou *Triton.* C'eſt un Accord ſenſible dont la diſſonance eſt portée à la Baſſe : car alors la Note ſenſible fait Triton ſur cette Diſſonance. (Voyez Accord.)

Deux *Quartes* juſtes de ſuite ſont permiſes en compoſition , même par Mouvement ſemblable , pourvu qu'on y ajoute la Sixte : mais ce ſont des paſſages dont on ne doit pas abuſer , & que la Baſſe‑fondamentale n'autoriſe pas extrêmement.

QUARTER , *v. n.* C'étoit , chez nos anciens Muſiciens , une maniere de procéder dans le Déchant ou Contre-point plutôt par Quartes que par Quintes : c'étoit ce qu'ils appelloient auſſi par un mot Latin plus barbare encore que le François , *Diateſſeronare.*

QUATORZIEME , *ſ. f.* Réplique ou Octave de la Septieme. Cet Intervalle s'appelle *Quatorzieme* , parce qu'il faut former quatorze Sons pour paſſer diatoniquement d'un de ſes termes à l'autre.

QUATUOR . *ſ. m.* C'eſt le nom qu'on donne aux morceaux de Muſique vocale ou inſtrumentale qui ſont à quatre Parties récitantes. (Voyez Parties.) Il n'y a point de vrais *Quatuor* , ou ils ne valent rien. Il faut que dans un bon *Quatuor* les Parties foient prefque toujours alternatives , parce que dans tout Accord il n'y a que deux Parties tout au plus qui faffent Chant & que l'oreille puiffe diftinguer à la fois ; les deux autres ne font qu'un pur rempliffage, & l'on ne doit point mettre de rempliffage dans un *Quatuor*.

QUEUE , *f. f.* On diftingue dans les Notes la tête & la *Queue*. La tête eft le corps même de la Note ; la *Queue* eft ce trait perpendiculaire qui tient à la tête & qui monte ou defcend indifféremment à travers la Portée. Dans le Plain-chant la plupart des Notes n'ont pas de *Queue* : mais dans la Mufique il n'y a que la Ronde qui n'en ait point. Autrefois la Breve ou Quarrée n'en avoit pas non plus ; mais les différentes pofitions de la *Queue* fervoient à diftinguer les valeurs des autres Notes , & fur-tout de la Plique. (Voyez PLIQUE.)

Aujourd'hui la *Queue* ajoutée aux Notes du Plain-Chant prolonge leur durée ; elle l'abrege, au contraire , dans la Mufique , puifqu'une Blanche ne vaut que la moitié d'une Ronde.

QUINQUE , *f. m.* Nom qu'on donne aux morceaux de Mufique vocale ou inftrumentale qui font à cinq Parties récitantes. Puifqu'il n'y a pas de vrai *Quatuor* , à plus forte raifon n'y a-t-il pas de véritable *Quinque*. L'un & l'autre de ces mots, quoique paffés de la Langue Latine dans la Françoife, fe prononcent comme en Latin.

QUINTE, *f. f.* La feconde des Confonnances dans l'ordre de leur génération. La *Quinte* eft une Confonnance parfaite. (Voyez CONSONNANCE.) Son rapport eft de 2 à 3. Elle eft compofée de quatre Degrés diatoniques, arrivant au cinquieme Son, d'où lui vient le nom de *Quinte.* Son Intervalle eft de trois *Tons* & demi; favoir, deux *Tons* majeurs, un *Ton* mineur, & un femi-Ton majeur.

La *Quinte* peut s'altérer de deux manieres; favoir, en diminuant fon Intervalle d'un femi-Ton, & alors elle s'appelle *Fauffe-Quinte,* & devroit s'appeller *Quinte* diminuée; ou en augmentant d'un femi-Ton le même Intervalle, & alors elle s'appelle *Quinte-fuperflue.* De forte que la *Quinte-fuperflue* a quatre *Tons* & la *Fauffe - Quinte* trois feulement, comme le Triton, dont elle ne differe dans nos fyftêmes que par le nombre des Degrés. (Voyez FAUSSE-QUINTE.)

Il y a deux Accords qui portent le nom de *Quinte;* favoir, l'Accord de *Quinte & Sixte,* qu'on appelle auffi *grande-Sixte* ou *Sixte-ajoutée,* & l'Accord de *Quinte-fuperflue.*

Le premier de ces deux Accords fe confidere en deux manieres; favoir, comme un Renverfement de l'Accord de Septieme, la Tierce du Son fondamental étant portée au grave; c'eft l'Accord de *grande-Sixte;*
(Voyez

(Voyez Sixte.) ou bien comme un Accord direct dont le Son fondamental est au grave, & c'est alors l'Accord de *Sixte-ajoutée*. (Voy. Double - emploi.)

Le second se considere aussi de deux manieres, l'une par les François, l'autre par les Italiens. Dans l'Harmonie Françoise la *Quinte - superflue* est l'Accord dominant en Mode mineur, au - dessous duquel on fait entendre la Médiante qui fait *Quinte-superflue* avec la Note sensible. Dans l'Harmonie Italienne, la *Quinte - superflue* ne se pratique que sur la Tonique en Mode majeur, lorsque, par accident, sa *Quinte* est diésée, faisant alors Tierce majeure sur la Médiante & par conséquent *Quinte - superflue* sur la Tonique. Le principe de cet Accord, qui paroît sortir du Mode, se trouvera dans l'exposition du Systême de M. Tartini. (Voy. Systeme.)

Il est défendu, en composition, de faire deux *Quintes* de suite par mouvement semblable entre les mêmes Parties : cela choqueroit l'oreille en formant une double Modulation.

M. Rameau prétend rendre raison de cette regle par le défaut de liaison entre les Accords. Il se trompe. Premiérement on peut former ces deux *Quintes* & conserver la liaison harmonique. Secondement, avec cette liaison, les deux *Quintes* sont encore mauvaises. Troisiémement, il faudroit, par le même principe, étendre, comme autrefois, la regle aux Tierces majeures ; ce qui n'eſt pas & ne doit pas être. Il n'appartient pas à nos hypotheſes de contrarier le jugement de l'oreille, mais ſeulement d'en rendre raiſon.

Quinte-fauſſe, eſt une *Quinte* répétée juſte dans l'Harmonie, mais qui, par la force de la Modulation, ſe trouve affoiblie d'un ſemi - Ton : telle eſt ordinairement la *Quinte* de l'Accord de Septieme ſur la ſeconde Note du Ton en Mode majeur.

La *fauſſe-Quinte* eſt une diſſonance qu'il faut ſauver : mais la *Quinte-fauſſe* peut paſſer pour Conſonnance & être traitée comme telle quand on compoſe à quatre Parties. (Voyez FAUSSE-QUINTE.)

QUINTE, eſt auſſi le nom qu'on donne en France à cette Partie inſtrumentale de rempliſſage qu'en Italie on appelle *Viola*. Le nom de cette Partie a paſſé à l'Inſtrument qui la joue.

QUINTER, *v. n.* C'étoit, chez nos anciens Muſiciens, une maniere de procéder dans le Déchant ou Contre - point plutôt par *Quintes* que par Quartes. C'eſt ce qu'ils appelloient auſſi dans leur Latin, *Diapentiſſare*. Muris s'étend fort au long ſur les regles convenables pour *Quinter* ou Quarter à propos.

QUINZIEME, *ſ. f.* Intervalle de deux Octaves. (Voyez DOUBLE-OCTAVE.)

R.

RANZ-DES-VACHES. Air célèbre parmi les Suisses, & que leurs jeunes Bouviers jouent sur la Cornemuse en gardant le bétail dans les montagnes. Voyez l'Air noté *Pl.* N. Voyez aussi l'article MUSIQUE où il est fait mention des étranges effets de cet Air.

RAVALEMENT. Le Clavier ou Système à *Ravalement*, est celui qui, au lieu de se borner à quatre Octaves comme le Clavier ordinaire, s'étend à cinq, ajoutant une Quinte au-dessous de l'*ut* d'en-bas, une Quarte au-dessus de l'*ut* d'en-haut, & embrassant ainsi cinq Octaves entre deux *fa*. Le mot *Ravalement* vient des Facteurs d'Orgue & de Clavecin, & il n'y a gueres que ces Instrumens sur lesquels on puisse embrasser cinq Octaves. Les Instrumens aigus passent même rarement l'*ut* d'en-haut sans jouer faux, & l'Accord des Basses ne leur permet point de passer l'*ut* d'en-bas.

RE. Syllabe par laquelle on solfie la seconde Note de la Gamme. Cette Note, au naturel, s'exprime par la lettre D. (Voyez D. & GAMME.)

RECHERCHE, *s. f.* Espece de Prélude ou de Fantaisie sur l'Orgue ou sur le Clavecin, dans laquelle le Musicien affecte de rechercher & de rassembler les principaux traits d'Harmonie & de Chant qui viennent d'être exécutés, ou qui vont l'être dans un Concert. Cela se fait ordinairement sur-le-champ sans préparation, & demande, par conséquent, beaucoup d'habileté.

Les Italiens appellent encore *Recherches* ou *Cadences*, ces *Arbitrii* ou Points d'Orgue que le Chanteur se donne la liberté de faire sur certaines Notes de sa Partie, suspendant la Mesure, parcourant les diverses Cordes du Mode, & même en sortant quelquefois selon les idées de son génie & les routes de son gosier, tandis que tout l'Accompagnement s'arrête jusqu'à ce qu'il lui plaise de finir.

RÉCIT, *s. m.* Nom générique de tout ce qui se chante à voix seule. On dit, un *Récit* de Basse, un *Récit* de Haute-Contre. Ce mot s'applique même en ce sens aux Instrumens. On dit un *Récit* de Violon, de Flûte, de Hautbois. En un mot, *Réciter* c'est chanter ou jouer seul une Partie quelconque, par opposition au Chœur & à la Symphonie en général, où plusieurs chantent ou jouent la même Partie à l'Unisson.

On peut encore appeller *Récit* la Partie où regne le Sujet principal, & dont toutes les autres ne sont que l'Accompagnement. On a mis dans le Dictionnaire de l'Académie Françoise, *les Récits ne sont point assujettis à la Mesure comme les Airs.* Un *Récit* est souvent un Air, & par conséquent Mesuré. L'Académie auroit-elle confondu le *Récit* avec le *Récitatif* ?

RÉCITANT. *Partic.* Partie *Récitante* eſt celle qui ſe chante par une ſeule Voix , ou ſe joue par un ſeul Inſtrument , par oppoſition aux Parties de Symphonie & de Chœur qui ſont exécutées à l'Uniſſon par pluſieurs Concertans. (Voyez RÉCIT.)

RÉCITATION , ſ. f. Action de Réciter la Muſique. (Voyez RÉCITER.)

RECITATIF , ſ. m. Diſcours récité d'un ton muſical & harmonieux. C'eſt une maniere de Chant qui approche beaucoup de la parole , une déclamation en Muſique , dans laquelle le Muſicien doit imiter , autant qu'il eſt poſſible , les inflexions de voix du Déclamateur. Ce Chant eſt nommé *Récitatif*, parce qu'il s'applique à la narration , au récit , & qu'on s'en ſert dans le Dialogue dramatique. On a mis dans le Dictionnaire de l'Académie , que le *Récitatif* doit être débité : il y a des *Récitatifs* qui doivent être débités , d'autres qui doivent être ſoutenus.

La perfection du *Récitatif* dépend beaucoup du caractere de la Langue ; plus la Langue eſt accentuée & mélodieuſe , plus le *Récitatif* eſt naturel , & approche du vrai diſcours : il n'eſt que l'Accent noté dans une Langue vraiment muſicale ; mais dans une Langue peſante , ſourde & ſans accent , le *Récitatif* n'eſt que du Chant , des cris , de la Pſalmodie ; on n'y reconnoît plus la parole. Ainſi le meilleur *Récitatif* eſt celui où l'on chante le moins. Voilà , ce me ſemble , le ſeul vrai principe tiré de la nature

de la chofe, fur lequel on doive fe fonder
pour juger du *Récitatif*, & comparer celui
d'une Langue à celui d'une autre.

Chez les Grecs, toute la Poéfie étoit en
Récitatif, parce que, la Langue étant mé-
lodieufe, il fuffifoit d'y ajouter la Cadence
du Mètre & la Récitation foutenue, pour
rendre cette Récitation tout-à-fait muficale;
d'où vient que ceux qui verfifioient appelloient cela *chanter*. Cet ufage, paffé ridi-
culement dans les autres Langues, fait dire
encore aux Poëtes, *je chante*, lorfqu'ils ne
font aucune forte de Chant. Les Grecs pouvoient chanter en parlant; mais chez nous
il faut parler ou chanter; on ne fauroit
faire à la fois l'un & l'autre. C'eft cette
diftinction même qui nous a rendu le *Réci-*
tatif néceffaire. La Mufique domine trop
dans nos Airs, la Poéfie y eft prefque ou-
bliée. Nos Drames lyriques font trop chantés
pour pouvoir l'être toujours. Un Opéra qui
ne feroit qu'une fuite d'Airs ennuieroit prefque autant qu'un feul Air de la même étendue. Il faut couper & féparer les Chants
par de la parole; mais il faut que cette parole foit modifiée par la Mufique. Les idées
doivent changer, mais la Langue doit refter
la même. Cette Langue une fois donnée,
en changer dans le cours d'une Piece, feroit
vouloir parler moitié François, moitié Allemand. Le paffage du difcours au Chant,
& réciproquement, eft trop difparate; il
choque à la fois l'oreille & la vraifemblance:
deux interlocuteurs doivent parler ou chan-

ter ; ils ne sauroient faire alternativement
l'un & l'autre. Or le *Récitatif* est le moyen
d'union du Chant & de la parole ; c'est lui
qui sépare & distingue les Airs, qui repose
l'oreille étonnée de celui qui précede, & la
dispose à goûter celui qui suit : enfin c'est
à l'aide du *Récitatif* que ce qui n'est que
dialogue, récit, narration dans le Drame,
peut se rendre sans sortir de la Langue donnée, & sans déplacer l'éloquence des Airs.

On ne mesure point le *Récitatif* en chantant. Cette Mesure, qui caractérise les Airs,
gâteroit la déclamation récitative. C'est l'Accent, soit grammatical, soit oratoire, qui
doit seul diriger la lenteur ou la rapidité
des Sons, de même que leur élévation ou
leur abaissement. Le Compositeur, en no-
tant le *Récitatif* sur quelque Mesure déterminée, n'a en vue que de fixer la correspon-
dance de la Basse-continue & du Chant,
& d'indiquer, à-peu-près, comment on
doit marquer la quantité des syllabes, ca-
dencer & scander les vers. Les Italiens ne
se servent jamais pour leur *Récitatif* que de
la Mesure à quatre Tems ; mais les François
entremêlent le leur de toutes sortes de Mesures.

Ces derniers arment aussi la Clef de toutes
sortes de Transpositions, tant pour le *Récitatif* que pour les Airs, ce que ne font
pas les Italiens ; mais ils notent toujours le
Récitatif au naturel : la quantité de Modulations dont ils le chargent, & la promp-
titude des Transitions, faisant que la Trans-

position convenable à un Ton ne l'est plus à ceux dans lesquels on passe, multiplieroit trop les Accidens sur les mêmes Notes, & rendroit le *Récitatif* presque impossible à suivre & très-difficile à noter.

En effet, c'est dans le *Récitatif* qu'on doit faire usage des Transitions harmoniques les plus recherchées, & des plus savantes Modulations. Les Airs n'offrant qu'un sentiment, qu'une image, renfermés enfin dans quelque unité d'expression, ne permettent gueres au Compositeur de s'éloigner du Ton principal; & s'il vouloit moduler beaucoup dans un si court espace, il n'offriroit que des Phrases étranglées, entassées, & qui n'auroient ni liaison, ni goût, ni Chant. Défaut très-ordinaire dans la Musique Françoise, & même dans l'Allemande.

Mais dans le *Récitatif* où les expressions, les sentimens, les idées varient à chaque instant, on doit employer des Modulations également variées qui puissent représenter, par leurs contextures, les successions exprimées par le discours du Récitant. Les inflexions de la Voix parlante ne sont pas bornées aux Intervalles musicaux; elles sont infinies & impossibles à déterminer. Ne pouvant donc les fixer avec une certaine précision, le Musicien, pour suivre la parole, doit au moins les imiter le plus qu'il est possible; & afin de porter dans l'esprit des Auditeurs l'idée des Intervalles & des Accens qu'il ne peut exprimer en Notes, il a recours à des Transitions qui les suppo-

fent : fi , par exemple , l'Intervalle du femi-
Ton majeur au mineur lui eft néceffaire, il ne
le notera pas , il ne fauroit ; mais il vous
en donnera l'idée à l'aide d'un paffage Enharmonique. Une marche de Baffe fuffit
fouvent pour changer toutes les idées, &
donner au *Récitatif* l'Accent & l'inflexion
que l'Acteur ne peut exécuter.

Au refte, comme il importe que l'Auditeur foit attentif au *Récitatif*, & non
pas à la Baffe, qui doit faire fon effet fans
être écoutée ; il fuit de - là que la Baffe doit
refter fur la même Note autant qu'il eft
poffible ; car c'eft au moment qu'elle change
de Note & frappe une autre Corde , qu'elle
fe fait écouter. Ces momens étant rares &
bien choifis, n'ufent point les grands effets ;
ils diftraifent moins fréquemment le Spectateur & le laiffent plus aifément dans la
perfuafion qu'il n'entend que parler , quoique l'Harmonie agiffe continuellement fur
fon oreille. Rien ne marque un plus mauvais
Récitatif que ces Baffes perpétuellement fau-
tillantes , qui courent de Croche en Croche
après la fucceffion Harmonique , & font ,
fous la Mélodie de la Voix , une autre maniere de Mélodie fort plate & fort ennuyeufe.
Le Compofiteur doit favoir prolonger &
varier fes Accords fur la même Note de
Baffe , & n'en changer qu'au moment où
l'inflexion du *Récitatif* devenant plus vive
reçoit plus d'effet par ce changement de Baffe , & empêche l'Auditeur de le remarquer.

Le *Récitatif* ne doit fervir qu'à lier la

contexture du Drame, à féparer & faire valoir les Airs, à prévenir l'étourdiffement que donneroit la continuité du grand bruit ; mais quelqu'éloquent que foit le Dialogue, quelqu'énergique & favant que puiffe être le *Récitatif*, il ne doit durer qu'autant qu'il eft néceffaire à fon objet ; parce que ce n'eft point dans le *Récitatif* qu'agit le charme de la Mufique, & que ce n'eft cependant que pour déployer ce charme qu'eft inftitué l'Opéra. Or, c'eft en ceci qu'eft le tort des Italiens, qui, par l'extrême longueur de leurs fcenes, abufent du *Récitatif*. Quelque beau qu'il foit en lui-même, il ennuie, parce qu'il dure trop, & que ce n'eft pas pour entendre du *Récitatif* que l'on va à l'Opéra. Démofthène parlant tout le jour ennuieroit à la fin ; mais il ne s'enfuivroit pas de-là que Démofthène fût un Orateur ennuyeux. Ceux qui difent que les Italiens eux-mêmes trouvent leur *Récitatif* mauvais, le difent bien gratuitement ; puifqu'au contraire il n'y a point de partie dans la Mufique dont les Connoiffeurs faffent tant de cas & fur laquelle ils foient auffi difficiles. Il fuffit même d'exceller dans cette feule partie fût-on médiocre dans toutes les autres, pour s'élever chez eux au rang des plus illuftres Artiftes, & le célebre *Porpora* ne s'eft immortalifé que par-là.

J'ajoute que, quoiqu'on ne cherche pas communément dans le *Récitatif* la même énergie d'expreffion que dans les Airs, elle s'y trouve pourtant quelquefois ; & quand elle s'y trouve, elle y fait plus d'effet que dans les Airs mêmes. Il y a peu de bons Opéra, où quelque grand morceau de *Récitatif* n'excite l'admiration des Connoisseurs, & l'intérêt dans tout le Spectacle ; l'effet de ces morceaux montre assez que le défaut qu'on impute au genre n'est que dans la maniere de le traiter.

M. Tartini rapporte avoir entendu en 1714, à l'Opéra d'Ancône, un Morceau de *Récitatif* d'une seule ligne, & sans autre Accompagnement que la Basse, faire un effet prodigieux non-seulement sur les Professeurs de l'Art, mais sur tous les Spectateurs. " C'étoit, dit-il, au commencement
" du troisieme Acte. A chaque représenta-
" tion un silence profond dans tout le
" Spectacle annonçoit les approches de ce
" terrible morceau. On voyoit les visages
" pâlir, on se sentoit frissonner, & l'on se
" regardoit l'un l'autre avec une sorte d'ef-
" froi : car ce n'étoient ni des pleurs, ni
" des plaintes ; c'étoit un certain sentiment
" de rigueur âpre & dédaigneuse qui trou-
" bloit l'ame, serroit le cœur & glaçoit-
" le sang ". Il faut transcrire le passage original ; ces effets sont si peu connus sur nos théâtres que notre Langue est peu exercée à les exprimer.

L'anno quatordecimo del secolo presente nel Dramma che si rapresentava in Ancona, v'era su'l principio dell' Atto terzo una riga di Recitativo non accompagnato da altri stro-menti che dal Basso ; per cui, tanto in noi

*professori , quanto negli ascoltanti , si destava
una tal e tanta commozione di animo , che tutti
si guardavano in faccia l'un l'altro , per la
evidente mutazione di colore che si faceva in
ciascheduno di noi. L'effetto non era di pianto
(mi ricordo benissimo che le parole erano di
sdegno) ma di un certo rigore e freddo nel
sangue , che di fatto turbava l'animo. Tredeci
volte si recitò il Dramma , e sempre seguì l'effetto stesso universalmente ; di che era segno
palpabile il sommo previo silenzio , con cui
l'Uditorio tutto si apparecchiava à goderne
l'effetto.*

RÉCITATIF ACCOMPAGNÉ est celui
auquel , outre la Basse-continue , on ajoute
un Accompagnement de Violons. Cet Accompagnement, qui ne peut guêres être syl-
labique , vu la rapidité du débit , est ordinairement formé de longues Notes soute-
nues sur des Mesures entieres , & l'on écrit
pour cela sur toutes les Parties de Symphonie le mot *Sostenuto* , principalement à
la Basse , qui , sans cela , ne frapperoit que
des coups secs & détachés à chaque changement de Note , comme dans le *Récitatif*
ordinaire ; au lieu qu'il faut alors filer &
soutenir les Sons selon toute la valeur des
Notes. Quand l'Accompagnement est mesuré , cela force de mesurer aussi le *Récitatif* , lequel alors suit & accompagné en
quelque sorte l'Accompagnement.

RÉCITATIF MESURÉ. Ces deux mots
sont contradictoires. Tout *Récitatif* où l'on
sent quelqu'autre Mesure que celle des vers

n'eſt plus du *Récitatif.* Mais ſouvent un *Ré-citatif* ordinaire ſe change tout d'un coup en Chant, & prend de la Meſure & de la Mélodie ; ce qui ſe marque en écrivant ſur les Parties *à Tempo* ou *à Battuta.* Ce con-traſte, ce changement bien ménagé produit des effets ſurprenans. Dans le cours d'un *Ré-citatif* débité, une réflexion tendre & plain-tive prend l'Accent muſical & ſe développe à l'inſtant par les plus douces inflexions du Chant ; puis, coupée de la même maniere par quelqu'autre réflexion vive & impé-tueuſe, elle s'interrompt bruſquement pour reprendre à l'inſtant tout le débit de la pa-role. Ces morceaux courts & meſurés, ac-compagnés, pour l'ordinaire, de Flûtes & de Cors-de-chaſſe, ne ſont pas rares dans les grands *Récitatifs* Italiens.

On meſure encore le *Récitatif*, lorſque l'Accompagnement dont on le charge étant chantant & meſuré lui-même, oblige le *Récitant* d'y conformer ſon débit. C'eſt moins alors un *Récitatif meſuré* que, com-me je l'ai dit plus haut, un *Récitatif* ac-compagnant l'Accompagnement.

RÉCITATIF OBLIGÉ. C'eſt celui qui, entremêlé de Ritournelles & de traits de Symphonie, *oblige* pour ainſi dire le Réci-tant & l'Orcheſtre l'un envers l'autre, en ſorte qu'ils doivent être attentifs & s'atten-dre mutuellement. Ces paſſages alternatifs de Récitatif & de Mélodie revêtue de tout l'éclat de l'Orcheſtre, ſont ce qu'il y a de plus touchant, de plus raviſſant, de plus énergique dans toute la Musique moderne. L'Acteur agité, tranfporté d'une paffion qui ne lui permet pas de tout dire, s'interrompt, s'arrête, fait des réticences, durant lefquelles l'Orcheftre parle pour lui ; & ces filences, ainfi remplis, affectent infiniment plus l'Auditeur que fi l'Acteur difoit lui-même tout ce que la Mufique fait entendre. Jufqu'ici la Mufique Françoife n'a fu faire aucun ufage du *Récitatif obli_é*. L'on a tâché d'en donner quelque idée dans une fcene du *Devin du Village*, & il paroît que le Public a trouvé qu'une fituation vive, ainfi traitée, en devenoit plus intéreffante. Que ne feroit point le *Récitatif obligé* dans des fcenes grandes & pathétiques, fi l'on en peut tirer ce parti dans un genre ruftique & badin !

RÉCITER, *v. a.* & *n.* C'eft chanter ou jouer feul dans une Mufique, c'eft exécuter un *Récit*. (Voyez RÉCIT.)

RÉCLAME, *f. f.* C'eft dans le Plain-Chant la partie du Répons que l'on reprend après le verfet. (Voyez RÉPONS.)

REDOUBLÉ, *adj.* On appelle *Intervalle redoublé* tout Intervalle fimple porté à fon Octave. Ainfi la Treizieme, compofée d'une Sixte & de l'Octave, eft une *Sixte redoublée* ; & la Quinzieme, qui eft une Octave ajoutée à l'Octave, eft une *Octave redoublée* ; quand au lieu d'une Octave, on en ajoute deux, l'Intervalle eft triple, quadruple quand on ajoute trois Octaves.

Tout Intervalle dont le nom paffe fept en

nombre, est tout au moins *redoublé*. Pour trouver le simple d'un Intervalle *redoublé* quelconque, rejettez sept autant de fois que vous le pourrez du nom de cet Intervalle, & le reste sera le nom de l'Intervalle simple : de treize rejettez sept, il reste six ; ainsi la Treizieme est une Sixte *redoublée*. De quinze ôtez deux fois sept ou quatorze, il reste un : ainsi la Quinzieme est un Unisson triplé ou une Octave *redoublée*.

Réciproquement, pour *redoubler* un Intervalle simple quelconque, ajoutez-y sept, & vous aurez le nom du même Intervalle *redoublé*. Pour tripler un Intervalle simple, ajoutez-y quatorze, &c. (Voyez INTERVALLE.)

RÉDUCTION , *s. f.* Suite de Notes descendant diatoniquement. Ce terme, non plus que son opposé, *Déduction*, n'est gueres en usage que dans le Plain-Chant.

REFRAIN. Terminaison de tous les couplets d'une Chanson par les mêmes paroles & par le même Chant, qui se dit ordinairement deux fois.

REGLE DE L'OCTAVE. Formule harmonique publiée la premiere fois par le sieur Delaire en 1700, laquelle détermine, sur la marche diatonique de la Basse, l'Accord convenable à chaque degré du Ton, tant en Mode majeur qu'en Mode mineur, & tant en montant qu'en descendant.

On trouve, *Pl. L. Fig. 6*, cette formule chiffrée sur l'Octave du Mode majeur, & *Fig. 7.* sur l'Octave du Mode mineur.

Pourvu que le Ton foit bien déterminé, on ne fe trompera pas en accompagnant fur cette *Regle*, tant que l'Auteur fera refté dans l'Harmonie fimple & naturelle que comporte le Mode. S'il fort de cette fimplicité par des Accords par fuppofition ou d'autres licences, c'eft à lui d'en avertir par des Chiffres convenables ; ce qu'il doit faire auffi à chaque changement de Ton : mais tout ce qui n'eft point chiffré doit s'accompagner felon la *Regle de l'Octave*, & cette *Regle* doit s'étudier fur la Baffe-fondamentale pour en bien comprendre le fens.

Il eft cependant fâcheux qu'une formule deftinée à la pratique des *Regles* élémentaires de l'Harmonie, contienne une faute contre ces mêmes *Regles* ; c'eft apprendre de bonne heure aux commençans à tranf-greffer les loix qu'on leur donne. Cette faute eft dans l'Accompagnement de la fixieme Note dont l'Accord chiffré d'un 6, peche contre les regles ; car il ne s'y trouve aucune liaifon, & la Baffe-fondamentale defcend diatoniquement d'un Accord parfait fur un autre Accord parfait ; licence trop grande pour pouvoir faire *Regle*.

On pourroit faire qu'il y eût liaifon, en ajoutant une Septieme à l'Accord parfait de la Dominante ; mais alors cette Septieme, devenue Octave fur la Note fuivante, ne feroit point fauvée, & la Baffe-fondamentale, defcendant diatoniquement fur un Accord parfait, après un Accord de Septie-
mé,

me, feroit une marche entiérement intolé-
rable.

On pourroit auffi donner à cette fixieme
Note l'Accord de petite Sixte, dont la
Quarte feroit liaifon ; mais ce feroit fonda-
mentalement un Accord de Septieme avec
Tierce mineure, où la Diffonance ne feroit
pas préparée ; ce qui eft encore contre les
Regles. (Voyez PRÉPARER.)

On pourroit chiffrer Sixte-Quarte fur cette
fixieme Note, & ce feroit alors l'Accord
parfait de la Seconde ; mais je doute que
les Muficiens approuvaffent un Renverfement auffi mal entendu que celui-là ; Renverfement que l'oreille n'adopte point, &
fur un Accord qui éloigne trop l'idée de
la Modulation principale.

On pourroit changer l'Accord de la Dominante, en lui donnant la Sixte - Quarte
au lieu de la Septieme, & alors la Sixte-
fimple iroit très-bien fur la fixieme Note
qui fuit ; mais la Sixte-Quarte iroit très-mal
fur la Dominante, à moins qu'elle n'y fût
fuivie de l'Accord parfait ou de la Septieme ;
ce qui rameneroit la difficulté. Une *Regle*
qui fert non-feulement dans la pratique,
mais de modele pour la pratique, ne doit
point fe tirer de ces combinaifons théori-
ques rejettées par l'oreille ; & chaque Note,
fur-tout la Dominante, y doit porter fon
Accord propre, lorfqu'elle peut en avoir
un.

Je tiens donc pour une chofe certaine,
que nos *Regles* font mauvaifes, ou que l'Ac-

cord de Sixte , dont on accompagne la sixieme Note en montant , est une faute qu’on doit corriger , & que pour accompagner réguliérement cette Note , comme il convient dans une formule , il n’y a qu’un seul Accord à lui donner , savoir celui de Septieme ; non une Septieme fondamentale , qui , ne pouvant dans cette marche se sauver que d’une autre Septieme , seroit une faute ; mais une Septieme renversée d’un Accord de Sixte-ajoutée sur la Tonique. Il est clair que l’Accord de la Tonique est le seul qu’on puisse insérer réguliérement entre l’Accord parfait ou de Septieme sur la Dominante , & le même Accord sur la Note sensible qui suit immédiatement. Je souhaite que les gens de l’Art trouvent cette correction bonne ; je suis sûr au moins qu’ils la trouveront réguliere.

RÉGLER LE PAPIER. C’est marquer sur un papier blanc les Portées pour y noter la Musique. (Voyez PAPIER RÉGLÉ.)

RÉGLEUR , *s. m.* Ouvrier qui fait profession de régler les papiers de Musique. (Voyez COPISTE.)

RÉGLURE , *s. f.* Maniere dont est réglé le papier. *Cette Réglure est trop noire. Il y a plaisir de Noter sur une Réglure bien nette.* (Voyez PAPIER RÉGLÉ.)

RELATION , *s. f.* Rapport qu’ont entr’eux les deux Sons qui forment un Intervalle , considéré par le genre de cet Intervalle. La *Relation* est *juste* , quand l’Intervalle est juste , majeur ou mineur ; elle est *fauſſe* , quand il eſt ſuperflu ou diminué. (Voyez INTERVALLE.)

Parmi les *fauſſes Relations* , on ne conſidere comme telles dans l'Harmonie , que celles dont les deux Sons ne peuvent entrer dans le même Mode. Ainſi le Triton , qui dans la Mélodie eſt une *fauſſe Relation* , n'en eſt une dans l'Harmonie que lorſqu'un des deux Sons qui le forment , eſt une Corde étrangere au Mode. La Quarte diminuée , quoique bannie de l'Harmonie , n'eſt pas toujours une *fauſſe Relation*. Les Octaves diminuée & ſuperflue , étant non - ſeulement des Intervalles bannis de l'Harmonie , mais impraticables dans le même Mode , ſont toujours de *fauſſes Relations*. Il en eſt de même des Tierces & des Sixtes diminuées & ſuperflues , quoique la derniere ſoit admiſe aujourd'hui.

Autrefois les *fauſſes Relations* étoient toutes défendues. A préſent elles ſont preſque toutes permiſes dans la Mélodie , mais non dans l'Harmonie. On peut pourtant les y faire entendre , pourvu qu'un des deux Sons qui forment la *fauſſe Relation* , ne ſoit admis que comme Note de goût , & non comme partie conſtitutive de l'Accord.

On appelle encore *Relation enharmonique*, entre deux Cordes qui ſont à un Ton d'Intervalle , le rapport qui ſe trouve entre le Dièſe de l'inférieure & le Bémol de la Supérieure. C'eſt , par le Tempérament, la même touche ſur l'Orgue & ſur le Clavecin ; mais en rigueur ce n'eſt pas le même

Son , & il y a entr'eux un Intervalle enharmonique. (Voyez ENHARMONIQUE.)

REMISSE , *adj.* Les Sons *Remiſſes* ſont ceux qui ont peu de force , ceux qui étant fort graves ne peuvent être rendus que par des Cordes extrêmement lâches , ni entendus que de fort près. *Remiſſe* eſt l'oppoſé d'*Intenſe* , & il y a cette différence entre *Remiſſe* & *bas* ou *foible* , de même qu'entre *Intenſe* & *haut* ou *fort* , que *bas* & *haut* ſe diſent de la ſenſation que le Son porte à l'oreille ; au lieu qu'*Intenſe* & *Remiſſe* ſe rapportent plutôt à la cauſe qui le produit.

RENFORCER , *v. a. pris en ſens neutre.* C'eſt paſſer du *Doux* au *Fort* , ou du *Fort* au très-*Fort* , non tout d'un coup , mais par une gradation continue en renflant & augmentant les Sons , ſoit ſur une Tenue , ſoit ſur une ſuite de Notes , juſqu'à ce qu'ayant atteint celle qui ſert de terme au *Renforcé* , l'on reprenne enſuite le jeu ordinaire. Les Italiens indiquent le *Renforcé* dans leur Muſique par le mot *Creſcendo* , ou par le mot *Rinforzando* indifféremment.

RENTRÉE , *ſ. f.* Retour du ſujet , ſurtout après quelques Pauſes de ſilence , dans une Fugue , une Imitation , ou dans quelqu'autre Deſſein.

RENVERSÉ. En fait d'Intervalles , *Renverſé* eſt oppoſé à *Direct.* (Voyez DIRECT.) Et en fait d'Accords , il eſt oppoſé à *Fondamental.* (Voyez FONDAMENTAL.)

RENVERSEMENT , *ſ. m.* Changement d'ordre dans les Sons qui compoſent les

Accords , & dans les Parties qui compofent l'Harmonie : ce qui fe fait en fubfti-
tuant à la Baffe , par des Octaves , les
Sons qui doivent être au Deffus , ou aux
extrémités ceux qui doivent occuper le milieu ; & réciproquement.

Il eft certain que dans tout Accord il y
a un ordre fondamental & naturel , qui
eft celui de la génération de l'Accord même:
mais les circonftances d'une fucceffion , le
goût , l'expreffion , le beau Chant , la variété , le rapprochement de l'Harmonie ,
obligent fouvent le Compofiteur de changer cet ordre en renverfant les Accords ,
& par conféquent la difpofition des Parties.

Comme trois chofes peuvent être ordonnées en fix manieres , & quatre chofes en
vingt-quatre manieres , il femble d'abord
qu'un Accord parfait devroit être fufceptible de fix *Renverfemens* , & un Accord diffonant de vingt-quatre ; puifque celui-ci
eft compofé de quatre Sons, l'autre de
trois , & que le *Renverfement* ne confifte
qu'en des tranfpofitions d'Octaves. Mais il
faut obferver que dans l'Harmonie on ne
compte point pour des *Renverfemens* toutes
les difpofitions différentes des Sons fupé-
rieurs , tant que le même Son demeure au
grave. Ainfi ces deux ordres de l'Accord
parfait *ut mi fol* , & *ut fol mi* , ne font pris
que pour un même *Renverfement* , & ne
portent qu'un même nom ; ce qui réduit
à trois tous les *Renverfemens* de l'Accord
parfait , & à quatre tous ceux de l'Accord

diffonant ; c'eft-à-dire, à autant de *Renver-*
femens qu'il entre de différens Sons dans
l'Accord : car les Répliques des mêmes Sons
ne font ici comptées pour rien.

Toutes les fois donc que la Baffe-fondamentale fe fait entendre dans la Partie la
plus grave, ou, fi la Baffe-fondamentale
eft retranchée, toutes les fois que l'ordre
naturel eft gardé dans les Accords, l'Harmonie eft directe. Dès que cet ordre eft
changé, ou que les Sons fondamentaux,
fans être au grave, fe font entendre dans
quelque autre Partie, l'Harmonie eft *ren-*
verfée. Renverfement de l'Accord, quand le
Son fondamental eft tranfpofé ; *Renverfe-*
ment de l'Harmonie, quand le Deffus ou
quelque autre Partie marche comme devroit
faire la Baffe.

Par-tout où un Accord direct fera bien
placé, fes *Renverfemens* feront bien placés
auffi, quant à l'Harmonie ; car c'eft toujours la même fucceffion fondamentale. Ainfi
à chaque Note de Baffe-fondamentale, on
eft maître de difpofer l'Accord à fa volonté,
& par conféquent de faire à tout moment
des *Renverfemens* différens ; pourvu qu'on
ne change point la fucceffion réguliere &
fondamentale, que les Diffonances foient
toujours préparées & fauvées par les Parties
qui les font entendre, que la Note fenfible
monte toujours, & qu'on évite les fauffes
Relations trop dures dans une même Partie.
Voilà la Clef de ces différences myftérieufes
que mettent les Compofiteurs entre les

Accords où le Deſſus ſyncope , & ceux où
la Baſſe doit ſyncoper ; comme , par exemple , entre la Neuvieme & la Seconde : c'eſt
que dans les premiers l'Accord eſt direct
& la Diſſonance dans le Deſſus ; dans les
autres l'Accord eſt *renverſé* , & la Diſſonance eſt à la Baſſe.

A l'égard des Accords par ſuppoſition ,
il faut plus de précautions pour les *Renver-*
ſer. Comme le Son qu'on ajoute à la Baſſe
eſt entiérement étranger à l'Harmonie ,
ſouvent il n'y eſt ſouffert qu'à cauſe de
ſon grand éloignement des autres Sons ,
qui rend la Diſſonance moins dure. Que
ſi ce Son ajouté vient à être tranſpoſé dans
les autres Parties ſupérieures , comme il l'eſt
quelquefois ; ſi cette tranſpoſition n'eſt faite
avec beaucoup d'art , elle y peut produire
un très-mauvais effet , & jamais cela ne ſauroit ſe pratiquer heureuſement ſans retrancher quelque autre Son de l'Accord. Voyez
au mot *Accord* les cas & le choix de ces
retranchemens.

L'intelligence parfaite du *Renverſement* ne
dépend que de l'étude & de l'art : le choix
eſt autre choſe ; il faut de l'oreille & du
goût ; il y faut l'expérience des effets divers ,
& quoique le choix du *Renverſement* ſoit indifférent pour le fond de l'Harmonie , il
ne l'eſt pas pour l'effet & l'expreſſion. Il eſt
certain que la Baſſe-fondamentale eſt faite
pour ſoutenir l'Harmonie & régner au-deſſous d'elle. Toutes les fois donc qu'on change
l'ordre & qu'on *renverſe* l'Harmonie , on

doit avoir de bonnes raisons pour cela ; sans quoi, l'on tombera dans le défaut de nos Musiques récentes, où les Dessus chantent quelquefois comme des Basses, & les Basses toujours comme des Dessus, où tout est confus, *renversé*, mal ordonné, sans autre raison que de pervertir l'ordre établi & de gâter l'Harmonie.

Sur l'Orgue & le Clavecin les divers *Renversemens* d'un Accord, autant qu'une seule main peut les faire, s'appellent *faces*. (Voyez FACE.)

RENVOI, *s. m.* Signe figuré à volonté, placé communément au-dessus de la Portée, lequel correspondant à un autre signe semblable, marque qu'il faut, d'où est le second, retourner où est le premier, de-là suivre jusqu'à ce qu'on trouve le Point final. (Voyez POINT.)

RÉPERCUSSION, *s. f.* Répétition fréquente des mêmes Sons. C'est ce qui arrive dans toute Modulation bien déterminée, où les Cordes essentielles du Mode, celles qui composent la Triade harmonique, doivent être rebattues plus souvent qu'aucune des autres. Entre les trois Cordes de cette Triade, les deux extrêmes, c'est-à-dire, la Finale & la Dominante, qui sont proprement la Répercussion du Ton, doivent être plus souvent rebattues que celle du milieu qui n'est que la Répercussion du Mode. (Voyez TON & MODE.)

RÉPÉTITION, *s. f.* Essai que l'on fait en particulier d'une Piece de Musique que

l'on veut exécuter en public. Les *Répétitions*
font néceffaires pour s'affurer que les copies
font exactes, pour que les Acteurs puiffent
prévoir leurs Parties, pour qu'ils fe con-
certent & s'accordent bien enfemble, pour
qu'ils faififfent l'efprit de l'ouvrage, & rendent fidélement ce qu'ils ont à exprimer. Les
Répétitions fervent au Compofiteur même
pour juger de l'effet de fa Piece, & faire
les changemens dont elle peut avoir befoin.

RÉPLIQUE, *f. f.* Ce terme, en Mufique, fignifie la même chofe qu'*Octave*.
(Voyez OCTAVE.) Quelquefois en compofition l'on appelle auffi *Réplique* l'Uniffon
de la même Note dans deux Parties différentes. Il y a néceffairement des *Répliques*
à chaque Accord dans toute Mufique à
plus de quatre Parties. (Voyez UNISSON.)

RÉPONS, *f. m.* Efpece d'Antienne redoublée qu'on chante dans l'Eglife Romaine
après les leçons de Matines ou les Capi-
tules, & qui finit en maniere de Rondeau,
par une Reprife appellée *Réclame*.

Le Chant du *Répons* doit être plus orné
que celui d'une Antienne ordinaire, fans
fortir pourtant d'une Mélodie mâle & grave,
ni de celle qu'exige le Mode qu'on a choifi.
Il n'eft cependant pas néceffaire que le Verfet d'un *Répons* fe termine par la Note finale du Mode ; il fuffit que cette Finale
termine le *Répons* même.

RÉPONSE, *f. f.* C'eft, dans une Fugue,
la rentrée du fujet par une autre Partie,
après que la premiere l'a fait entendre ; mais

c'eſt ſur-tout dans une Contre-Fugue, la rentrée du ſujet renverſé de celui qu'on vient d'entendre. (Voyez Fugue, Contre-Fugue.)

REPOS, *ſ. m.* C'eſt la terminaiſon de la phraſe, ſur laquelle terminaiſon le Chant ſe repoſe plus ou moins parfaitement. Le *Repos* ne peut s'établir que par une Cadence pleine : ſi la Cadence eſt évitée, il ne peut y avoir de vrai *Repos ;* car il eſt impoſſible à l'oreille de ſe repoſer ſur une Diſſonance. On voit par-là qu'il y a préciſément autant d'eſpeces de *Repos* que de ſortes de Cadences pleines ; (Voyez Cadence.) & ces différens *Repos* produiſent dans la Muſique l'effet de la ponctuation dans le diſcours.

Quelques-uns confondent mal-à-propos les *Repos* avec les Silences, quoique ces choſes ſoient fort différentes. (Voyez Silence.)

REPRISE, *ſ. f.* Toute Partie d'un Air, laquelle ſe répete deux fois, ſans être écrite deux fois, s'appelle *Repriſe.* C'eſt en ce ſens qu'on dit que la premiere *Repriſe* d'une Ouverture eſt grave, & la ſeconde gaie. Quelquefois auſſi l'on n'entend par *Repriſe* que la ſeconde Partie d'un Air. On dit ainſi que la *Repriſe* du joli Menuet de Dardanus ne vaut rien du tout. Enfin *Repriſe* eſt encore chacune des Parties d'un Rondeau qui ſouvent en a trois, & quelquefois davantage, dont on ne répete que la premiere.

Dans la Note on appelle *Reprise* un signe qui marque que l'on doit répéter la Partie de l'Air qui le précede ; ce qui évite la peine de la noter deux fois. En ce sens on diftingue deux *Reprises*, la grande & la petite. La grande *Reprise* se figure à l'Italienne par une double barre perpendiculaire avec deux points en dehors de chaque côté , ou à la Françoise par deux barres perpendiculaires un peu plus écartées, qui traverfent toute la Portée , & entre lefquelles on infere un point dans chaque efpace : mais cette feconde maniere s'abolit peu-à-peu ; car ne pouvant imiter tout-à-fait la Mufique Italienne , nous en prenons du moins les mots & les fignes ; comme ces jeunes gens qui croient prendre le ftyle de M. de Voltaire en fuivant fon orthographe.

Cette *Reprise*, ainfi ponctuée à droite & à gauche, marque ordinairement qu'il faut recommencer deux fois , tant la Partie qui précede que celle qui fuit ; c'eft pourquoi on la trouve ordinairement vers le milieu des Paffe-pieds, Menuets, Gavottes, &c.

Lorfque la *Reprife* a feulement des points à fa gauche , c'eft pour la répétition de ce qui précede, & lorfqu'elle a des points à fa droite, c'eft pour la répétition de ce qui fuit. Il feroit du moins à fouhaiter que cette convention , adoptée par quelques-uns, fût tout-à-fait établie ; car elle me paroît fort commode. Voyez (*Pl. L. Fig.* 8.) la figure de ces différentes *Reprifes*.

La petite *Reprife* eft , lorfqu'après une

grande *Reprise* on recommence encore quelques-unes des dernieres Mesures avant de finir. Il n'y a point de signes particuliers pour la petite *Reprise*, mais on se sert ordinairement de quelque signe de Renvoi figuré au-dessus de la Portée. (Voyez RENVOI.)

Il faut observer que ceux qui notent correctement ont toujours soin que la derniere Note d'une *Reprise* se rapporte exactement pour la Mesure, & à celle qui commence la même *Reprise*, & à celle qui commence la *Reprise* qui suit, quand il y en a une. Que si le rapport de ces Notes ne remplit pas exactement la Mesure ; après la Note qui termine une *Reprise*, on ajoute deux ou trois Notes de ce qui doit être recommencé, jusqu'à ce qu'on ait suffisamment indiqué comment il faut remplir la Mesure. Or, comme à la fin d'une premiere Partie on a premiérement la premiere Partie à reprendre, puis la seconde Partie à commencer, & que cela ne se fait pas toujours dans des Tems ou parties de Tems semblables ; on est souvent obligé de noter deux fois la finale de la premiere *Reprise* ; l'une avant le signe de *Reprise* avec les premieres Notes de la premiere Partie ; l'autre après le même signe pour commencer la seconde Partie. Alors on trace un demi-cercle ou chapeau depuis cette premiere finale jusqu'à sa répétition, pour marquer qu'à la seconde fois il faut passer, comme nul, tout ce qui est compris sous le demi-cercle. Il m'est impossible de ren-

dre cette explication plus courte , plus claire,
ni plus exacte ; mais la *Figure* 9 de la *Plan-*
che L suffira pour la faire entendre parfaitement.

RÉSONNANCE , *s. f.* Prolongement
ou réflexion du Son , soit par les vibrations continuées des Cordes d'un Instrument,
soit par les parois d'un corps sonore, soit
par la collision de l'air renfermé dans un
Instrument à vent. (Voyez Son , Musique, Instrument.)

Les voûtes elliptiques & paraboliques ré-
sonnent, c'est-à-dire, réfléchissent le Son.
(Voyez Écho.)

Selon M. Dodart, le nez , la bouche ,
ni ses parties , comme le palais , la langue,
les dents , les levres ne contribuent en
rien au Ton de la Voix ; mais leur effet est
bien grand pour la *Résonnance.* (Voyez
Voix.) Un exemple bien sensible de cela
se tire d'un Instrument d'acier appellé
Trompe de Béarn ou Guimbarde ; lequel ,
si on le tient avec les doigts & qu'on frappe
sur la languette, ne rendra aucun Son;
mais si le tenant entre les dents on frappe
de même , il rendra un Son qu'on varie
en serrant plus ou moins , & qu'on entend
d'assez loin , sur-tout dans le bas.

Dans les Instrumens à Cordes , tels que
le Clavecin , le Violon, le Violoncelle , le
Son vient uniquement de la Corde ; mais
la *Résonnance* dépend de la caisse de l'Instrument.

RESSERRER L'HARMONIE. C'est

rapprocher les Parties les unes des autres dans les moindres Intervalles qu'il eſt poſſible. Ainſi pour reſſerrer cet Accord *ut ſol mi*, qui comprend une Dixieme, il faut renverſer ainſi *ut mi ſol*, & alors il ne comprend qu'une Quinte. (Voyez ACCORD, RENVERSEMENT.)

RESTER, *v. n. Reſter* ſur une ſyllabe, c'eſt la prolonger plus que n'exige la Proſodie, comme on fait ſous les Roulades; & *Reſter* ſur une Note, c'eſt y faire une Tenue, ou la prolonger juſqu'à ce que le ſentiment de la Meſure ſoit oublié.

RHYTHME, *ſ. m.* C'eſt, dans ſa définition la plus générale, la proportion qu'ont entr'elles les parties d'un même tout. C'eſt, en Muſique, la différence du mouvement qui réſulte de la vîteſſe ou de la lenteur, de la longueur ou de la briéveté des Tems.

Ariſtide Quintilien diviſe le *Rhythme* en trois eſpeces; ſavoir, le *Rhythme* des corps immobiles, lequel réſulte de la juſte proportion de leurs Parties, comme dans une ſtatue bien faite; le *Rhythme* du Mouvement local, comme dans la Danſe, la démarche bien compoſée, les attitudes des Pantomimes, & le *Rhythme* des Mouvemens de la Voix ou de la durée relative des Sons, dans une telle proportion, que ſoit qu'on frappe toujours la même Corde, ſoit qu'on varie les Sons du grave à l'aigu, l'on faſſe toujours réſulter de leur ſucceſſion des effets agréables par la durée & la quantité. Cette

derniere efpece de *Rhythme* eft la feule dont
j'ai à parler ici.

Le *Rhythme* appliqué à la Voix peut encore s'entendre de la parole où du Chant.
Dans le premier fens , c'eft du *Rhythme*
que naiffent le nombre & l'Harmonie dans
l'Eloquence ; la Mefure & la cadence dans
la Poéfie : dans le fecond , le *Rhythme* s'applique proprement à la valeur des Notes ,
& s'appelle aujourd'hui *Mefure*. (Voyez Mesure.) C'eft encore à cette feconde acception que doit fe borner ce que j'ai à dire
ici fur le *Rhythme* des Anciens.

Comme les fyllabes de la Langue Grecque
avoient une quantité & des valeurs plus
fenfibles, plus déterminées que celles de notre
Langue, & que les vers qu'on chante étoient
compofés d'un certain nombre de pieds que
formoient ces fyllabes , longues ou breves ,
différemment combinées , le *Rhythme* du
Chant fuivoit réguliérement la marche de
ces pieds , & n'en étoit proprement que
l'expreffion. Il fe divifoit , ainfi qu'eux , en
deux Tems , l'un frappé , l'autre levé ; l'on
en comptoit trois Genres , même quatre &
plus , felon les divers rapports de ces Tems.
Ces Genres étoient l'*Egal*, qu'ils appelloient
auffi Dactylique, où le *Rhythme* étoit divifé en deux Tems égaux ; le *Double* , Trochaïque ou Iambique , dans lequel la durée
de l'un des deux Tems étoit double de celle
de l'autre ; le *Sefquialtere* , qu'ils appelloient
auffi *Péonique* , dont la durée de l'un des
deux Tems étoit à celle de l'autre en rap-

port de 3 à 2 ; & enfin l'*Epitrite*, moins uſité, où le rapport des deux Tems étoit de 3 à 4.

Les Tems de ces *Rhythmes* étoient ſuſceptibles de plus ou moins de lenteur, par un plus grand ou moindre nombre de ſyllabes ou de Notes longues ou breves, ſelon le Mouvement, & dans ce ſens, un Tems pouvoit recevoir juſqu'à huit degrés différens de Mouvement par le nombre des ſyllabes qui le compoſoient : mais les deux Tems conſervoient toujours entr'eux le rapport déterminé par le Genre du *Rhythme*.

Outre cela, le Mouvement & la marche des ſyllabes, & par conſéquent des Tems & du *Rhythme* qui en réſultoit, étoit ſuſceptible d'accélération & de ralentiſſement, à la volonté du Poëte, ſelon l'expreſſion des paroles & le caractere des paſſions qu'il falloit exprimer. Ainſi de ces deux moyens combinés naiſſoient des foules de modifications poſſibles dans le mouvement d'un même *Rhythme*; qui n'avoient d'autres bornes que celles au-deçà ou au-delà deſquelles l'oreille n'eſt plus à la portée d'appercevoir les proportions.

Le *Rhythme*, par rapport aux pieds qui entroient dans la Poéſie, ſe partageoit en trois autres Genres. Le *Simple*, qui n'admettoit qu'une ſorte de pieds ; le *Compoſé*, qui réſultoit de deux ou pluſieurs eſpeces de pieds ; & le *Mixte*, qui pouvoit ſe réſoudre en deux ou pluſieurs *Rhythmes* égaux

égaux ou inégaux, selon les diverses combinaisons dont il étoit susceptible.

Une autre source de variété dans le *Rhythme* étoit la différence des marches ou successions de ce même *Rhythme*, selon l'entrelacement des différens vers. Le *Rhythme*
pouvoit être toujours uniforme ; c'est - à -
dire, se battre à deux Tems toujours égaux,
comme dans les vers Hexametres, Pentame-
tres, Adoniens, Anapestiques, &c. ou toujours inégaux, comme dans les vers purs
Iambiques : ou diversifié, c'est-à-dire, mêlé
de pieds égaux & d'inégaux, comme dans les
Scazons, les Choriambiques, &c. Mais dans
tous ces cas les *Rhythmes*, même semblables ou égaux, pouvoient, comme je l'ai
dit, être fort différens en vîtesse selon la
nature des pieds. Ainsi de deux *Rhythmes*
de même Genre, résultans l'un de deux
Spondées, l'autre de deux Pyrriques, le
premier auroit été double de l'autre en durée.

Les silences se trouvoient aussi dans le
Rhythme ancien ; non pas, à la vérité,
comme les nôtres, pour faire taire seulement
quelqu'une des Parties, ou pour donner
certains caracteres au Chant : mais seulement
pour remplir la mesure de ces vers appellés
Catalectiques, qui manquoient d'une syllabe :
ainsi le silence ne pouvoit jamais se trouver qu'à
la fin du vers pour suppléer à cette syllabe.

A l'égard des Tenues, ils les connoissoient
sans doute, puisqu'ils avoient un mot pour
les exprimer. La pratique en devoit cependant
être fort rare parmi eux ; du moins cela

Dict. de Musique. Tome II. L

peut-il s'inférer de la nature de leur *Rhythme*, qui n'étoit que l'expreſſion de la Meſure & de l'Harmonie des vers. Il ne paroît pas non plus qu'ils pratiquaſſent les Roulades, les Syncopes, ni les Points, à moins que les Inſtrumens ne fiſſent quelque choſe de ſemblable en accompagnant la Voix ; de quoi nous n'avons nul indice.

Voſſius dans ſon Livre *de Poëmatum cantu, & viribus Rhythmi*, releve beaucoup le *Rhythme* ancien, & il lui attribue toute la force de l'ancienne Muſique. Il dit qu'un *Rhythme* détaché comme le nôtre, qui ne repréſente aucune image des choſes, ne peut avoir aucun effet, & que les anciens nombres poétiques n'avoient été inventés que pour cette fin que nous négligeons. Il ajoute que le langage & la Poéſie modernes ſont peu propres pour la Muſique, & que nous n'aurons jamais de bonne Muſique vocale juſqu'à ce que nous faſſions des vers favorables pour le Chant ; c'eſt-à-dire, juſqu'à ce que nous réformions notre langage, & que nous lui donnions, à l'exemple des Anciens, la quantité & les Pieds meſurés, en proſcrivant pour jamais l'invention barbare de la rime.

Nos vers, dit-il, ſont préciſément comme s'ils n'avoient qu'un ſeul Pied : de ſorte que nous n'avons dans notre Poéſie aucun *Rhythme* véritable, & qu'en fabricant nos vers nous ne penſons qu'à y faire entrer un certain nombre de ſyllabes, ſans preſque nous embarraſſer de quelle nature elles ſont. Ce n'eft furement pas - là de l'étoffe pour la Mufique.

Le *Rhythme* eft une partie effentielle de la Mufique, & fur-tout de l'imitative. Sans lui la Mélodie n'eft rien, & par lui-même il eft quelque chofe, comme on le fent par l'effet des tambours. Mais d'où vient l'impreffion que font fur nous la Mefure & la Cadence ? Quel eft le principe par lequel ces retours tantôt égaux & tantôt variés affectent nos ames, & peuvent y porter le fentiment des paffions? Demandez-le au Métaphyficien. Tout ce que nous pouvons dire ici eft que, comme la Mélodie tire fon caractere des accens de la Langue, le *Rhythme* tire le fien du caractere de la Profodie ; & alors il agit comme image de la parole : à quoi nous ajouterons que certaines paffions ont, dans la nature un caractere rhythmique auffibien qu'un caractere mélodieux, abfolu & indépendant de la Langue ; comme la trifteffe, qui marche par Tems égaux & lents, de même que par Tons remiffes & bas ; la joie par Tems fautillans & vîtes, de même que par Tons aigus & intenfes : d'où je préfume qu'on pourroit obferver dans toutes les autres paffions un caractere propre, mais plus difficile à faifir, à caufe que la plupart de ces autres paffions étant compofées, participent, plus ou moins, tant des précédentes que l'une de l'autre.

RHYTHMIQUE, *f. f.* Partie de l'Art muﬁcal qui enfeignoit à pratiquer les regles du Mouvement & du *Rhythme*, felon les loix de la Rhythmopée.

La *Rhythmique*, pour le dire un peu plus en détail, confiſtoit à ſavoir choiſir, entre les trois Modes établis par la Rhythmopée, le plus propre au caractere dont il s'agiſſoit, à connoître & poſſéder à fond toutes les ſortes de Rhythmes, à diſcerner & employer les plus convenables en chaque occaſion, à les entrelacer de la maniere à la fois la plus expreſſive & la plus agréable, & enfin à diſtinguer l'*Arſis* & la *Theſis*, par la marche la plus ſenſible & la mieux Cadencée.

RHYTHMOPÉE. Ρυθμοποιία, *ſ. ſ.* Partie de la Science Muſicale qui preſcrivoit à l'Art Rhythmique les loix du Rhythme & de tout ce qui lui appartient. (Voyez RHYTH-ME.) La *Rhythmopée* étoit à la Rhythmi-que, ce qu'étoit la Mélopée à la Mélodie.

La *Rhythmopée* avoit pour objet le Mouvement ou le Tems, dont elle marquoit la meſure, les diviſions, l'ordre & le mélange, ſoit pour émouvoir les paſſions, ſoit pour les changer, ſoit pour les calmer. Elle renfermoit auſſi la ſcience des Mouvemens muets, appellés *Orcheſis*, & en général de tous les Mouvemens réguliers. Mais elle ſe rapportoit principalement à la Poéſie ; parce qu'alors la Poéſie régloit ſeule les Mouvemens de la Muſique, & qu'il n'y avoit point de Muſique purement inſtrumentale, qui eût un Rhythme indépendant.

On ſait que la *Rhythmopée* ſe partageoit en trois Modes ou Tropes principaux, l'un bas & ſerré, un autre élevé & grand, & le moyen paiſible & tranquille ; mais du reſte

les Anciens ne nous ont laissé que des pré-
ceptes fort généraux sur cette partie de leur
Musique, & ce qu'ils en ont dit se rapporte
toujours aux vers ou aux paroles destinées
pour le Chant.

RIGAUDON, *s. m.* Sorte de Danse dont
l'Air se bat à deux Tems, d'un Mouvement
gai, & se divise ordinairement en deux
Reprises phrasées de quatre en quatre Mesures, & commençant par la derniere Note
du second Tems.

On trouve *Rigodon* dans le Dictionnaire
de l'Académie; mais cette orthographe n'est
pas usitée. J'ai ouï dire à un Maître à
Danser, que le nom de cette Danse venoit
de celui de l'inventeur, lequel s'appelloit
Rigaud.

RIPPIENO, *s. m.* Mot Italien qui se
trouve assez fréquemment dans les Musiques
d'Eglise, & qui équivaut au mot *Chœur* ou
Tous.

RITOURNELLE, *s. f.* Trait de Symphonie qui s'emploie en maniere de Prélude
à la tête d'un Air, dont ordinairement il
annonce le Chant; ou à la fin, pour imiter
& assurer la fin du même Chant; ou dans
le milieu, pour reposer la Voix, pour renforcer l'expression, ou simplement pour embellir la Piece.

Dans les Recueils ou Partitions de vieille
Musique Italienne, les *Ritournelles* sont souvent désignées par les mots *si suona*, qui
signifient que l'Instrument qui accompagne
doit répéter ce que la voix a chanté.

Ritournelle, vient de l'Italien *Ritornello*, & fignifie *petit retour*. Aujourd'hui que la Symphonie a pris un caractere plus brillant, & prefque indépendant de la vocale, on ne s'en tient plus gueres à de fimples répétitions ; auffi le mot *Ritournelle* a - t - il vieilli.

ROLLE, *f. m.* Le papier féparé qui contient la Mufique que doit exécuter un Concertant, & qui s'appelle *Partie* dans un Concert, s'appelle *Rolle* à l'Opéra. Ainfi l'on doit diftribuer une *Partie* à chaque Muficien, & un *Rolle* à chaque Acteur.

ROMANCE, *f. f.* Air fur lequel on chante un petit Poëme du même nom, divifé par couplets, duquel le fujet eft pour l'ordinaire quelque hiftoire amoureufe & fouvent tragique. Comme la *Romance* doit être écrite d'un ftyle fimple, touchant, & d'un goût un peu antique, l'Air doit répondre au caractere des paroles ; point d'ornemens, rien de maniéré, une mélodie douce, naturelle, champêtre, & qui produife fon effet par elle - même, indépendamment de la maniere de la Chanter. Il n'eft pas néceffaire que le Chant foit piquant, il fuffit qu'il foit naïf, qu'il n'offufque point la parole, qu'il la faffe bien entendre, & qu'il n'exige pas une grande étendue de voix. Une *Romance* bien faite, n'ayant rien de faillant, n'affecte pas d'abord ; mais chaque couplet ajoute quelque chofe à l'effet des précédens, l'intérêt augmente infenfiblement, & quelquefois on fe trouve attendri jufqu'aux larmes sans pouvoir dire où est le charme qui a produit cet effet. C'est une expérience certaine que tout accompagnement d'Instrument affoiblit cette impression. Il ne faut, pour le Chant de la *Romance*, qu'une Voix juste, nette, qui prononce bien, & qui chante simplement.

ROMANESQUE, *s. f.* Air à danser. (Voyez GAILLARDE.)

RONDE, *adj. pris subst.* Note blanche & ronde, sans queue, laquelle vaut une Mesure entiere à quatre Tems, c'est-à-dire deux Blanches ou quatre Noires. La *Ronde* est de toutes les Notes restées en usage celle qui a le plus de valeur. Autrefois, au contraire, elle étoit celle qui en avoit le moins, & elle s'appelloit semi-Breve. (Voyez SEMI-BREVE, & VALEUR DES NOTES.)

RONDE DE TABLE. Sorte de Chanson à boire & pour l'ordinaire mêlée de galanterie, composée de divers couplets qu'on chante à table chacun à son tour, & sur lesquels tous les Convives font Chorus en reprenant le Refrain.

RONDEAU, *s. m.* Sorte d'Air à deux ou plusieurs Reprises, & dont la forme est telle qu'après avoir fini la seconde Reprise on reprend la premiere, & ainsi de suite, revenant toujours & finissant par cette même premiere Reprise par laquelle on a commencé. Pour cela, on doit tellement conduire la Modulation, que la fin de la premiere Reprise convienne au commencement de toutes les autres ; & que la fin de toutes les autres convienne au commencement de la premiere.

Les grands Airs Italiens & toutes nos Ariettes font en *Rondeau*, de même que la plus grande partie des Pieces de Clavecin Françoifes.

Les routines font des magafins de contre-fens pour ceux qui les fuivent fans réflexion. Telle eft pour les Muficiens celle des *Ron-deaux*. Il faut bien du difcernement pour faire un choix de paroles qui leur foient propres. Il eft ridicule de mettre en *Rondeau* une penfée complete, divifée en deux mem-bres, en reprenant la premiere incife & finiffant par-là. Il eft ridicule de mettre en *Rondeau* une comparaifon dont l'application ne fe fait que dans le fecond membre, en re-prenant le premier & finiffant par-là. Enfin il eft ridicule de mettre en *Rondeau* une pen-fée générale limitée par une exception rela-tive à l'état de celui qui parle ; en forte qu'oubliant derechef l'exception qui fe rap-porte à lui, il finiffe en reprenant la penfée générale.

Mais toutes les fois qu'un fentiment ex-primé dans le premier membre, amene une réflexion qui le renforce & l'appuie dans le fecond ; toutes les fois qu'une defcription de l'état de celui qui parle, empliffant le premier membre, éclaircit une comparaifon dans le fecond ; toutes les fois qu'une affir-mation dans le premier membre contient fa preuve & fa confirmation dans le fecond ; toutes les fois, enfin, que le premier membre contient la propofition de faire une chofe, & le fecond la raifon de la propofition ; dans ces divers cas, & dans les femblables, le *Rondeau* eft toujours bien placé.

ROULADE, *f. f.* Paffage dans le Chant de plufieurs Notes fur une même fyllabe.

La *Roulade* n'eft qu'une imitation de la Mélodie inftrumentale dans les occafions où , foit pour les graces du Chant , foit pour la vérité de l'image , foit pour la force de l'expreffion , il eft à propos de fufpendre le difcours & de prolonger la Mélodie : mais il faut, de plus, que la fyllabe foit longue , que la voix en foit éclatante & propre à laiffer au gofier la facilité d'entonner nettement & légérement les Notes de la *Roulade* fans fatiguer l'organe du Chanteur , ni , par conféquent, l'oreille des écoutans.

Les voyelles les plus favorables pour faire fortir la voix, font les *a ;* enfuite les *o* , les *è* ouverts : l'*i* & l'*u* font peu fonores : encore moins les diphthongues. Quant aux voyelles nazales , on n'y doit jamais faire de *Roulades*. La Langue Italienne pleine d'*o* & d'*a* eft beaucoup plus propre pour les inflexions de voix que n'eft la Françoife ; auffi les Muficiens Italiens ne les épargnent-ils pas. Au contraire, les François, obligés de compofer prefque toute leur Mufique fyllabique, à caufe des voyelles peu favorables , font contraints de donner aux Notes une marche lente & pofée , ou de faire heurter les confonnes en faifant courir les fyllabes ; ce qui rend néceffairement le Chant languiffant ou dur. Je ne vois pas comment la Mufique Françoife pourroit jamais furmonter cet in-convénient.

C'eft un préjugé populaire de penfer qu'une *Roulade* foit toujours hors de place dans un Chant trifte & pathétique. Au contraire , quand le cœur eft le plus vive-ment ému, la voix trouve plus aifément des Accens que l'efprit ne peut trouver des paroles & de-là vient l'ufage des Interjec-tions dans toutes les Langues. (Voyez NEUME.) Ce n'eft pas une moindre erreur de croire qu'une *Roulade* eft toujours bien placée fur une fyllabe ou dans un mot qui la comporte , fans confidérer fi la fituation du Chanteur , fi le fentiment qu'il doit éprouver la comporte auffi.

La *Roulade* eft une invention de la Mu-fique moderne. Il ne paroît pas que les An-ciens en aient fait aucun ufage , ni jamais battu plus de deux Notes fur la même fyl-labe. Cette différence eft un effet de celle des deux Mufiques, dont l'une étoit affervie à la Langue , & dont l'autre lui donne la loi.

ROULEMENT , f. m. (Voyez Rou-LADE.)

S.

S. Cette lettre écrite seule dans la Partie récitante d'un Concerto signifie *Solo* ; & alors
elle est alternative avec le T , qui signifie
Tutti.

SARABANDE , *f. f.* Air d'une Danse
grave , portant le même nom , laquelle paroît nous être venue d'Espagne , & se dan-
soit autrefois avec des Castagnettes. Cette
Danse n'est plus en usage , si ce n'est dans
quelques vieux Opéra François. L'Air de la
Sarabande est à trois Tems lents.

SAUT , *f. m.* Tout passage d'un Son à
un autre par Degré disjoint est un *Saut*.
Il y a *Saut régulier* qui se fait toujours sur
un Intervalle consonnant , & *Saut irrégulier*,
qui se fait sur un Intervalle dissonant. Cette
distinction vient de ce que toutes les Dissonances , excepté la Seconde qui n'est pas
un *Saut* , sont plus difficiles à entonner que
les Consonnances. Observation nécessaire
dans la Mélodie pour composer des Chants
faciles & agréables.

SAUTER , *v. n.* On fait *Sauter* le Ton ,
lorsque donnant trop de vent dans une
Flûte , ou dans un tuyau d'un Instrument
à vent , on force l'air à se diviser & à faire
résonner , au lieu du Ton plein de la Flûte
ou du tuyau , quelqu'un seulement de ses
harmoniques. Quand le *Saut* est d'une Oc-

tave entiere , cela s'appelle *Octavier*. (Voyez OCTAVIER.) Il eft clair que pour varier les Sons de la Trompette & du Cor-de-chaffe, il faut néceffairement *Sauter*, & ce n'eft encore qu'en *Sautant* qu'on fait des Octaves fur la Flûte.

SAUVER , *v. a. Sauver* une Diffonance, c'eft la réfoudre felon les regles, fur une Confonnance de l'Accord fuivant. Il y a fur cela une marche prefcrite , & à la Baffe-fondamentale de l'Accord diffonant, & à la Partie qui forme la Diffonance.

Il n'y a aucune maniere de *Sauver* qui ne dérive d'un Acte de Cadence : c'eft donc par l'efpece de la Cadence qu'on veut faire, qu'eft déterminé le Mouvement de la Baffe-fondamentale. (Voyez CADENCE.) A l'é-gard de la Partie qui forme la Diffonance, elle ne doit, ni refter en place, ni mar-cher par Degrés disjoints ; mais elle doit monter ou defcendre diatoniquement felon la nature de la Diffonance. Les Maîtres difent que les Diffonances majeures doivent monter, & les mineures defcendre ; ce qui n'eft pas fans exception, puifque dans cer-taines Cordes d'Harmonie , une Septieme, bien que majeure , ne doit pas monter, mais defcendre, fi ce n'eft dans l'Accord appellé , fort incorrectement , Accord de Septieme fuperflue. Il vaut donc mieux dire que la Septieme , & toute Diffonance qui en dérive , doit defcendre ; & que la Sixte ajoutée , & toute Diffonance qui en dérive, doit monter. C'eft-là une regle vraiment

générale & fans aucune exception. Il en eft
de même de la loi de *Sauver* la Diffonance.
Il y a des Diffonances qu'on ne peut préparer ; mais il n'y en a aucune qu'on ne
doive *Sauver*.

A l'égard de la Note fenfible appellée
improprement Diffonance majeure , fi elle
doit monter , c'eft moins par la regle de
Sauver la Diffonance , que par celle de la
marche diatonique , & de préférer le plus
court chemin ; & en effet il y a des cas ,
comme celui de la Cadence interrompue ,
où cette Note fenfible ne monte point.

Dans les Accords par fuppofition , un
même Accord fournit fouvent deux Diffonances , comme la Septieme & la Neuvieme , la Neuvieme & la Quarte , &c.
Alors ces Diffonances ont dû fe préparer &
doivent fe *Sauver* toutes deux : c'eft qu'il
faut avoir égard à tout ce qui diffone ,
non-feulement fur la Baffe-fondamentale ,
mais auffi fur la Baffe-continue.

SCENE , *f. f.* On diftingue en Mufique
lyrique la *Scene* du Monologue , en ce qu'il
n'y a qu'un feul Acteur dans le Monologue &
qu'il y a dans la *Scene* au moins deux Interlocuteurs. Par conféquent dans le Monologue
le caractere du Chant doit être un , du
moins quant à la perfonne ; mais dans les
Scenes le Chant doit avoir autant de caracteres différens qu'il y a d'Interlocuteurs.
En effet , comme en parlant chacun garde
toujouts la même voix , le même accent ,
le même timbre , & communément le

même style, dans toutes les choses qu'il dit; chaque Acteur, dans les diverses passions qu'il exprime doit toujours garder un caractere qui lui soit propre & qui le distingue d'un autre Acteur. La douleur d'un vieillard n'a pas le même ton que celle d'un jeune homme, la colere d'une femme a d'autres Accens que celle d'un guerrier; un barbare ne dira point *je vous aime*, comme un galant de profession. Il faut donc rendre dans les *Scenes*, non-seulement le caractere de la passion qu'on veut peindre, mais celui de la personne qu'on fait parler. Ce caractere s'indique en partie par la sorte de voix qu'on approprie à chaque rolle; car le tour de Chant d'une Haute-Contre est différent de celui d'une Basse-Taille; on met plus de gravité dans les Chants des Bas-Dessus, & plus de légéreté dans ceux des Voix plus aiguës. Mais outre ces différences, l'habile Compositeur en trouve d'individuelles qui caractérisent ses personnages; en sorte qu'on connoîtra bientot à l'Accent particulier du Récitatif & du Chant, si c'est Mandane ou Émire, si c'est Olinte ou Alceste qu'on entend. Je conviens qu'il n'y a que les hommes de génie qui sentent & marquent ces différences; mais je dis cependant que ce n'est qu'en les observant, & d'autres semblables, qu'on parvient à produire l'illusion.

SCHISMA, *s. m.* Petit Intervalle qui vaut la moitié du Comma, & dont, par conséquent, la raison est sourde, puisque, pour l'exprimer en nombres, il faudroit trouver une moyenne proportionnelle en-tre 80 & 81.

SCHOENION. Sorte de Nome pour les Flûtes dans l'ancienne Muſique des Grecs.

SCHOLIE ou SCOLIE, ſ. f. Sorte de Chanſons chez les anciens Grecs, dont les caracteres étoient extrêmement diverſifiés ſelon les ſujets & les perſonnes. (Voyez CHANSON.)

SECONDE, adj. pris ſubſtantiv. Intervalle d'un Degré conjoint. Ainſi les marches diatoniques ſe font toutes ſur les Intervalles de *Seconde.*

Il y a quatre ſortes de *Secondes.* La premiere, appellée *Seconde diminuée,* ſe fait ſur un *Ton* majeur, dont la Note inférieure eſt rapprochée par un Dièſe, & la ſupérieure par un Bémol. Tel eſt, par exemple, l'Intervalle du *re* Bémol à l'*ut* Dièſe. Le rapport de cette *Seconde* eſt de 375 à 384. Mais elle n'eſt d'aucun uſage, ſi ce n'eſt dans le Genre enharmonique ; encore l'Intervalle s'y trouve-t-il nul en vertu du Tempérament. A l'égard de l'Intervalle d'une Note à ſon Dièſe, que Broſſard appelle *Seconde diminuée,* ce n'eſt pas une *Seconde;* c'eſt un Uniſſon altéré.

La deuxieme, qu'on appelle *Seconde mineure,* eſt conſtituée par le ſemi-Ton majeur, comme du *ſi* à l'*ut* ou du *mi* au *fa.* Son rapport eſt de 15 à 16.

La troiſieme eſt la *Seconde majeure,* laquelle forme l'Intervalle d'un *Ton.* Comme ce *Ton* peut être majeur ou mineur, le rapport de cette seconde, est de 8 à 9 dans le premier cas, & de 9 à 10 dans le second : mais cette différence s'évanouit dans notre Musique.

Enfin la quatrieme est la *Seconde super-flue*, composée d'un *Ton* majeur & d'un *semi-Ton* mineur, comme du *fa* au *sol* Dièse : son rapport est de 64 à 75.

Il y a dans l'Harmonie deux Accords qui portent le nom de *Seconde*. Le premier s'appelle simplement Accord de *Seconde* : c'est un Accord de Septieme renversé, dont la Dissonance est à la Basse ; d'où il s'ensuit bien clairement qu'il faut que la Basse syncope pour la préparer. (Voyez PRÉPARER.) Quand l'Accord de Septieme est dominant; c'est-à-dire, quand la Tierce est majeure, l'Accord de *Seconde* s'appelle Accord de Triton, & la syncope n'est pas nécessaire, parce que la Préparation ne l'est pas.

L'autre s'appelle Accord de *Seconde super-flue* ; c'est un Accord renversé de celui de Septieme diminuée, dont la Septieme elle-même est portée à la Basse. Cet Accord est également bon avec ou sans syncope. (Voyez SYNCOPE.)

SEMI. Mot emprunté du Latin & qui signifie *Demi*. On s'en sert en Musique au lieu du *Hémi* des Grecs, pour composer très-barbarement plusieurs mots techniques, moitié Grecs & moitié Latins.

Ce mot, au-devant du nom Grec de quelque Intervalle que ce soit, signifie tou-jours

jours une diminution, non pas de la moitié de cet Intervalle, mais seulement d'un *Semi-ton* mineur : ainsi, *Semi-Diton* est la Tierce mineure, *Semi-Diapente* est la Fauſſe Quinte, *Semi-Diateſſaron* la Quarte diminuée, &c.

SEMI-BREVE, *ſ. f.* C'eſt, dans nos anciennes Muſiques, une valeur de Note ou une Meſure de Tems qui comprend l'eſpace de deux Minimes ou Blanches ; c'eſt-à-dire, la moitié d'une Breve. La *Semi-Breve* s'appelle maintenant Ronde, parce qu'elle a cette figure : mais autrefois elle étoit en loſange.

Anciennement la *Semi-Breve* ſe diviſoit en majeure & mineure. La majeure vaut deux tiers de la Breve parfaite, & la mineure vaut l'autre tiers de la même Breve : ainſi la *Semi-Breve* majeure en contient deux mineures.

La *Semi-Breve*, avant qu'on eût inventé la Minime, étant la Note de moindre valeur, ne ſe ſubdiviſoit plus. Cette indiviſibilité, diſoit-on, eſt, en quelque maniere, indiquée par ſa figure en loſange terminée en haut, en bas & des deux côtés par des Points. Or, Muris prouve, par l'autorité d'Ariſtote & d'Euclide, que le Point eſt indiviſible ; d'où il conclud que la *Semi-Breve* enfermée entre quatre Points eſt indiviſible comme eux.

SEMI-TON, *ſ. m.* C'eſt le moindre de tous les Intervalles admis dans la Muſique moderne ; il vaut à-peu-près la moitié d'un Ton.

Dict. de Muſique. Tome II. M

Il y a plusieurs especes de *Semi-Tons*. On en peut distinguer deux dans la pratique. Le *Semi-Ton* majeur & le *Semi-Ton* mineur. Trois autres sont connus dans les calculs harmoniques; savoir, le *Semi-Ton* maxime, le minime & le moyen.

Le *Semi-Ton* majeur est la différence de la Tierce majeure à la Quarte, comme *mi fa*. Son rapport est de 15 à 16, & il forme le plus petit de tous les Intervalles diatoniques.

Le *Semi-Ton* mineur est la différence de la Tierce majeure à la Tierce mineure : il se marque sur le même Degré par un Dièse ou par un Bémol. Il ne forme qu'un Intervalle chromatique, & son rapport est de 24 à 25.

Quoiqu'on mette de la différence entre ces deux *Semi-Tons* par la maniere de les noter, il n'y en a pourtant aucune sur l'Orgue & le Clavecin, & le même *Semi-Ton* est tantôt majeur & tantôt mineur, tantôt diatonique & tantôt chromatique, selon le Mode où l'on est. Cependant on appelle, dans la pratique, *Semi-Tons* mineurs, ceux qui se marquant par Bémol ou par Dièse, ne changent point le Degré ; & *Semi-Tons* majeurs, ceux qui forment un Intervalle de Seconde.

Quant aux trois autres *Semi-Tons* admis seulement dans la théorie, le *Semi-Ton* maxime est la différence du *Ton* majeur au *Semi-Ton* mineur, & son rapport est de 25 à 27. Le *Semi-Ton* moyen est la différence du *Semi-Ton* majeur au *Ton* majeur, & son rapport est de 128 à 135. Enfin le *Semi-Ton* minime est la différence du *Semi-Ton* maxime au *Semi-Ton* moyen, & son rapport est de 125 à 128.

De tous ces Intervalles il n'y a que le *Semi-Ton* majeur qui, en qualité de Seconde, soit quelquefois admis dans l'Harmonie.

SEMI-TONIQUE, *adj.* Echelle *Semi-Tonique* ou *Chromatique*. (Voyez ECHELLE.)

SENSIBILITÉ, *s. f.* Disposition de l'ame qui inspire au Compositeur les idées vives dont il a besoin, à l'Exécutant la vive expression de ces mêmes idées, & à l'Auditeur la vive impression des beautés & des défauts de la Musique qu'on lui fait entendre. (Voyez GOUT.)

SENSIBLE, *adj.* Accord *Sensible* est celui qu'on appelle autrement *Accord dominant*, (Voyez ACCORD.) Il se pratique uniquement sur la Dominante du *Ton* ; de-là lui vient le nom d'*Accord dominant*, & il porte toujours la Note *Sensible* pour Tierce de cette Dominante ; d'où lui vient le nom d'*Accord Sensible*, voyez ACCORD. A l'égard de la Note *Sensible*, voyez NOTE

SEPTIEME, *adj. pris subst.* Intervalle dissonant renversé de la Seconde, & appellé, par les Grecs, *Heptachordon*, parce qu'il est formé de sept Sons ou de six Degrés diatoniques. Il y en a de quatre sortes.

La première est la *Septieme* mineure,

composée de quatre *Tons*, trois majeurs &
un mineur, & de deux semi-Tons majeurs,
comme de *mi* à *re*; & chromatiquement
de dix semi-Tons, dont six majeurs & quatre
mineurs. Son rapport est de 5 à 9.

La deuxieme est la *Septieme majeure*,
composée diatoniquement de cinq *Tons*,
trois majeurs & deux mineurs, & d'un
semi-Ton majeur; de sorte qu'il ne faut plus
qu'un semi-Ton majeur pour faire une Octave; comme d'*ut* à *si*; & chromatiquement d'onze semi-Tons, dont six majeurs
& cinq mineurs. Son rapport est de 8
à 15.

La troisieme est la *Septieme diminuée*:
elle est composée de trois *Tons*, deux mineurs & un majeur, & de trois semi-Tons
majeurs, comme de l'*ut* Dièse au *si* Bémol.
Son rapport est de 75 à 128.

La quatrieme est la *Septieme superflue*:
elle est composée de cinq *Tons*, trois mineurs & deux majeurs, un semi-Ton majeur & un semi-Ton mineur, comme du *si*
Bémol au *la* Dièse; de sorte qu'il ne lui
manque qu'un Comma pour faire une Octave. Son rapport est de 81 à 160. Mais
cette derniere espece n'est point usitée en
Musique, si ce n'est dans quelques transitions enharmoniques.

Il y a trois Accords de *Septieme*.

Le premier est fondamental, & porte simplement le nom de *Septieme*: mais quand la
Tierce est majeure & la *Septieme* mineure,
il s'appelle Accord Sensible ou Dominant,

Il fe compofe de la Tierce , de la Quinte &
de la *Septieme*.

Le fecond eft encore fondamental &
s'appelle Accord de *Septieme diminuée*. Il eft
compofé de la Tierce mineure , de la fauffe-
Quinte & de la *Septieme diminuée* dont il
prend le nom ; c'eft-à-dire , de trois Tierces
mineures confécutives , & c'eft le feul Accord qui foit ainfi formé d'Intervalles égaux ;
il ne fe fait que fur la Note fenfible. (Voy.
ENHARMONIQUE.)

Le troifieme s'appelle Accord de *Septieme-
fuperflue*. C'eft un Accord par fuppofition
formé par l'Accord dominant , au-deffous
duquel la Baffe fait entendre la Tonique.

Il y a encore un Accord de *Septieme-&-
Sixte* , qui n'eft qu'un renverfement de l'Accord de Neuvieme. Il ne fe pratique gueres
que dans les Points d'Orgue à caufe de fa
dureté. (Voyez ACCORD.)

SÉRÉNADE , *f. f.* Concert qui fe donne
la nuit fous les fenêtres de quelqu'un. Il
n'eft ordinairement compofé que de Mufique Inftrumentale ; quelquefois cependant
on y ajoute des Voix. On appelle auffi *Sérénades* les Pieces que l'on compofe ou que
l'on exécute dans ces occafions. La mode
des *Sérénades* eft paffée depuis long-tems ,
ou ne dure plus que parmi le Peuple , &
c'eft grand dommage. Le filence de la nuit ,
qui bannit toute diftraction , fait mieux valoir la Mufique & la rend plus délicieufe.

Ce mot, Italien d'origine , vient fans
doute de *Sereno* , ou du Latin *Serum* , le

foir. Quand le Concert fe fait fur le ma-
tin, ou à l'aube du jour, il s'appelle *Au-
bade.*

SERRÉ, *adj.* Les Intervalles *Serrés* dans
les Genres épais de la Mufique Grecque
font le premier & le fecond de chaque Tétracorde. (Voyez EPAIS.)

SESQUI. Particule fouvent employée par
nos anciens Muficiens dans la compofition
des mots fervans à exprimer différentes
fortes de Mefures.

Ils appelloient donc *Sefqui-alteres* les Mefures dont la principale Note valoit une
moitié en fus de plus que fa valeur ordinaire ; c'eft-à-dire, trois des Notes dont
elle n'auroit autrement valu que deux ; ce
qui avoit lieu dans toutes les Mefures triples, foit dans les majeures, où la Breve,
même fans Point, valoit trois femi-Breves;
foit dans les mineures, où la femi-Breve
valoit trois Minimes, &c.

Ils appelloient encore *Sefqui - Octave* le
Triple marqué par ce figne C $\frac{9}{8}$.

Double *Sefqui-Quarte*, le Triple marqué
C $\frac{9}{4}$, & ainfi des autres.

Sefqui-Diton ou *Hémi-Diton*, dans la Mufique Grecque, eft l'Intervalle d'une Tierce
majeure diminuée d'un femi-Ton ; c'eft-à-
dire, une Tierce mineure.

SEXTUPLE, *adj.* Nom donné affez improprement aux Mefures à deux Tems,
compofées de fix Notes égales, trois pour
chaque Tems. Ces fortes de Mefures ont

'été appellées encore plus mal-à-propos par quelques-uns, *Mesures à six Tems.*

On peut compter cinq especes de ces Mesures *Sextuples* ; c'est-à-dire , autant qu'il y a de différentes valeurs de Notes, depuis celle qui est composée de six Rondes ou semi-Breves, appellée en France *Triple de six pour un* , & qui s'exprime par ce chiffre $\frac{6}{1}$, jusqu'à celle appellée *Triple de six pour seize* , composée de six doubles - Croches seulement, & qui se marque ainsi : $\frac{6}{16}$.

La plupart de ces distinctions sont abolies , & en effet elles sont assez inutiles , puisque toutes ces différentes figures de Notes sont moins des Mesures différentes que des modifications de Mouvement dans la même espece de Mesure ; ce qui se marque encore mieux avec un seul mot écrit à la tête de l'Air, qu'avec tout ce fatras de chiffres & de Notes qui ne servent qu'à embrouiller un Art déjà assez difficile en lui - même. (Voyez DOUBLE , TRIPLE , TEMS , MESURE , VALEUR DES NOTES.)

SI. Une des sept syllabes dont on se sert en France pour solfier les Notes. Guy Arétin, en composant sa Gamme, n'inventa que six de ces syllabes , parce qu'il ne fit que changer en Hexacordes les Tétracordes des Grecs, quoiqu'au fond sa Gamme fût, ainsi que la nôtre, composée de sept Notes. Il arriva de-là que, pour nommer la septieme, il falloit à chaque instant changer les noms des autres & les nommer de diverses manieres : embarras que nous n'avons plus depuis l'invention du *Si* , fur la Gamme duquel un Muficien nommé *de Nivers* fit, au commencement du fiecle , un ouvrage exprès.

Broffard, & ceux qui l'ont fuivi, attribuent l'invention du *Si* à un autre Muficien nommé *Le Maire* , entre le milieu & la fin du dernier fiecle ; d'autres en font honneur à un certain *Van-der-Putten* ; d'autres remontent jufqu'à Jean de Muris , vers l'an 1330 ; & le Cardinal Bona dit que dès l'onzieme fiecle , qui étoit celui de l'Arétin, Ericius Dupuis ajouta une Note au fix de Guy , pour éviter les difficultés des Muances & faciliter l'étude du Chant.

Mais, fans s'arrêter à l'invention d'Ericius Dupuis , morte fans doute avec lui , ou fur laquelle Bona , plus récent de cinq fiecles , a pu fe tromper ; il eft même aifé de prouver que l'invention du *Si* eft de beaucoup poftérieure à Jean de Muris , dans les écrits duquel on ne voit rien de femblable. A l'égard de Van-der-Putten , je n'en puis rien dire , parce que je ne le connois point. Refte Le Maire , en faveur duquel les voix femblent fe réunir. Si l'invention confifte à avoir introduit dans la pratique l'ufage de cette fyllabe *Si* , je ne vois pas beaucoup de raifons pour lui en difputer l'honneur. Mais fi le véritable inventeur eft celui qui a vu le premier la néceffité d'une feptieme fyllabe , & qui en a ajouté une en conféquence , il ne faut pas avoir fait beaucoup de recherches pour voir que Le Maire ne mérite nullement ce titre :

car on trouve en plusieurs endroits des écrits du P. Mersenne la nécessité de cette septieme syllabe, pour éviter les Muances ; & il témoigne que plusieurs avoient inventé ou mis en pratique cette septieme syllabe à-peu-près dans le même tems, & entr'autres Gilles Grand-Jean, Maitre Ecrivain de Sens ; mais que les uns nommoient cette syllabe *Ci*, d'autres *Di*, d'autres *Ni*, d'autres *Si*, d'autres *Za*, &c. Même avant le P. Mersenne, on trouve, dans un ouvrage de Banchiéri, Moine Olivétan, imprimé en 1614, & intitulé, *Cartella di Musica*, l'addition de la même septieme syllabe ; il l'appelle *Bi* par Béquarre, *Ba* par Bémol, & il assure que cette addition a été fort approuvée à Rome. De sorte que toute la prétendue invention de Le Maire consiste, tout au plus, à avoir écrit ou prononcé *Si*, au lieu d'écrire ou prononcer *Bi* ou *Ba*, *Ni* ou *Di* ; & voilà avec quoi un homme est immortalisé. Du reste, l'usage du *Si* n'est connu qu'en France, & malgré ce qu'en dit le Moine Banchiéri, il ne s'est pas même conservé en Italie.

SICILIENNE, *s. f.* Sorte d'Air à danser, dans la Mesure à six-quatre ou six-huit, d'un Mouvement beaucoup plus lent, mais encore plus marqué que celui de la Gigue.

SIGNES, *s. m.* Ce sont, en général, tous les divers caracteres dont on se sert pour noter la Musique. Mais ce mot s'entend plus particuliérement des Diéses, Bémols, Béquarres, Points, Reprises, Pauses, Guidons & autres petits caracteres détachés, qui, sans être de véritables Notes, font des modifications des Notes & de la maniere de les exécuter.

SILENCES, *f. m.* Signes répondans aux diverses valeurs des Notes, lesquels, mis à la place de ces Notes, marquent que tout le tems de la valeur doit être passé en silence.

Quoiqu'il y ait dix valeurs de Notes différentes, depuis la Maxime jusqu'à la Quadruple-Croche, il n'y a cependant que neuf caracteres différens pour les *Silences*; car celui qui doit correspondre à la Maxime a toujours manqué, & pour en exprimer la durée, on double le Bâton de quatre Mesures équivalant à la Longue.

Ces divers *Silences* font donc : 1. Le Bâton de quatre Mesures, qui vaut une Longue : 2. le Bâton de deux Mesures, qui vaut une Breve ou Quarrée : 3. la Pause, qui vaut une semi - Breve ou Ronde : 4. la demi-Pause, qui vaut une Minime ou Blanche : 5. le Soupir, qui vaut une Noire : 6. le demi-Soupir, qui vaut une Croche : 7. le quart-de-Soupir, qui vaut une double-Croche : 8. le demi-quart-de-Soupir, qui vaut une triple-Croche : 9. & enfin le seizieme de-Soupir, qui vaut une quadruple-Croche. Voyez les figures de tous ces *Silences* Pl. D. *Fig.* 9.

Il faut remarquer que le Point n'a pas lieu parmi les *Silences* comme parmi les Notes; car bien qu'une Noire & un Soupir

ſoient d'égale valeur, il n'eſt pas d'uſage
de pointer le Soupir pour exprimer la valeur
d'une Noire pointée : mais on doit, après
le Soupir, écrire encore un demi-Soupir.
Cependant, comme quelques-uns pointent
auſſi les *Silences*, il faut que l'Exécutant ſoit
prêt à tout.

SIMPLE, *ſ. f.* Dans les Doubles & dans
les Variations, le premier Couplet ou l'Air
original, tel qu'il eſt d'abord noté, s'appelle le *Simple*. (Voyez DOUBLE, VARIA-
TIONS.)

SIXTE, *ſ. f.* La ſeconde des deux Conſonnances imparfaites, appellée, par les Grecs,
Hexacorde, parce que ſon Intervalle eſt
formé de ſix Sons ou de cinq Degrés diatoniques. La *Sixte* eſt bien une Conſonnance
naturelle, mais ſeulement par combinaiſon ;
car il n'y a point dans l'ordre des Conſonnances de *Sixte* ſimple & directe.

A ne conſidérer les *Sixtes* que par leurs
Intervalles, on en trouve de quatre ſortes ;
deux conſonnantes & deux diſſonantes.

Les Conſonnantes ſont : 1°. La *Sixte mineure*, compoſée de trois *Tons* & de deux
ſemi-Tons majeurs, comme *mi ut* : ſon
rapport eſt de 5 à 8. 2°. La *Sixte majeure*,
compoſée de quatre *Tons* & un ſemi-Ton
majeur, comme *ſol mi* : ſon rapport eſt de
3 à 5.

Les *Sixtes* diſſonantes ſont, 1°. La *Sixte
diminuée*, compoſée de deux *Tons* & trois
ſemi-Tons majeurs ; comme *ut* Dièſe, *la*

Bémol, & dont le rapport eft de 125 à 192. 2°. La *Sixte fuperflue*, compofée de quatre *Tons*, un femi-Ton majeur & un femi - Ton mineur, comme *fi* Bémol & *fol* Dièfe. Le rapport de cette *Sixte* eft de 72 à 125.

Ces deux derniers Intervalles ne s'emploient jamais dans la Mélodie, & la *Sixte diminuée* ne s'emploie point non plus dans l'Harmonie.

Il y a fept Accords qui portent le nom de *Sixte*. Le premier s'appelle fimplement Accord de *Sixte*. C'eft l'Accord parfait dont la Tierce eft portée à la Baffe. Sa place eft fur la Médiante du Ton, ou fur la Note fenfible, ou fur la fixieme Note.

Le fecond s'appelle Accord de *Sixte-Quarte*. C'eft encore l'Accord parfait dont la Quinte eft portée à la Baffe : il ne fe fait gueres que fur la Dominante ou fur la Tonique.

Le troifieme eft appellé Accord de *petite-Sixte*. C'eft un Accord de Septieme, dont la Quinte eft portée à la Baffe. La *petite-Sixte* fe met ordinairement fur la feconde Note du Ton, ou fur la fixieme.

Le quatrieme eft l'Accord de *Sixte - &- Quinte* ou *grande - Sixte*. C'eft encore un Accord de Septieme, mais dont la Tierce eft portée à la Baffe. Si l'Accord fondamental eft dominant, alors l'Accord de *grande Sixte* perd ce nom & s'appelle Accord de *Fauffe - Quinte*. (Voyez Fausse-Quinte.)

La *grande - Sixte* ne se met communément que sur la quatrieme Note du Ton.

Le cinquieme est l'Accord de *Sixte-ajoutée* : Accord fondamental, composé, ainsi que celui de *grande - Sixte*, de Tierce, de Quinte, *Sixte* - majeure, & qui se place de même sur la Tonique ou sur la quatrieme Note. On ne peut donc distinguer ces deux Accords que par la maniere de les sauver ; car si la Quinte descend & que la *Sixte* reste, c'est l'Accord de *grande - Sixte*, & la Basse fait une cadence parfaite ; mais si la Quinte reste & que la *Sixte* monte, c'est l'Accord de *Sixte - ajoutée*, & la Basse-fondamentale fait une cadence irréguliere. Or, comme, après avoir frappé cet Accord, on est maître de le sauver de l'une de ces deux manieres, cela tient l'Auditeur en suspens sur le vrai fondement de l'Accord, jusqu'à ce que la suite l'ait déterminé ; & c'est cette liberté de choisir que M. Rameau appelle *Double - emploi*. (Voyez Dou-ble - Emploi.)

Le sixieme Accord est celui de *Sixte majeure & Fausse - Quinte*, lequel n'est autre chose qu'un Accord de *petite-Sixte* en Mode mineur, dans lequel la *Fausse-Quinte* est substituée à la Quarte : c'est, pour m'exprimer autrement, un Accord de *Septieme diminuée*, dans lequel la Tierce est portée à la Basse. Il ne se place que sur la seconde Note du Ton.

Enfin, le septieme Accord de *Sixte* est

celui de *Sixte superflue*. C'est une espece
de *petite-Sixte* qui ne se pratique jamais
que sur la sixieme Note d'un Ton mineur
descendant sur la Dominante ; comme alors
la *Sixte* de cette sixieme Note est naturellement majeure , on la rend quelquefois superflue en y ajoutant encore un Diese. Alors
cette *Sixte superflue* devient un Accord original , lequel ne se renverse point. (Voyez
Accord.)

SOL. La cinquième des six syllabes inven-
tées par l'Arétin , pour prononcer les Notes
de la Gamme. Le *Sol* naturel répond à la
lettre G. (Voyez Gamme.)

SOLFIER , *v. n.* C'est , en entonnant des
Sons , prononcer en même tems les syllabes
de la Gamme qui leur correspondent. Cet
exercice est celui par lequel on fait toujours
commencer ceux qui apprennent la Musique ;
afin que l'idée de ces différentes syllabes
s'unissant dans leur esprit à celle des Intervalles qui s'y rapportent , ces syllabes leur
aident à se rappeller ces Intervalles.

Aristide Quintilien nous apprend que les
Grecs avoient pour *Solfier* quatre syllabes
ou dénominations des Notes , qu'ils répé-
toient à chaque Tétracorde , comme nous
en répétons sept à chaque Octave. Ces quatre syllabes étoient les suivantes : *Te , Ta ,
Thè , Tho*. La premiere répondoit au premier Son ou à l'Hypate du premier Tétracorde & des suivans ; la seconde , à la Parhypate ; la troisieme , au Lichanos ; la qua-

trieme, à la Nete; & ainfi de fuite en re-
commençant : maniere de *Solfier* qui, nous
montrant clairement que leur modulation
étoit renfermée dans l'étendue du Tétracorde, & que les Sons homologues, gardant
& les mêmes rapports & les mêmes noms
d'un Tétracorde à l'autre, étoient cenfés
répétés de Quarte en Quarte, comme chez
nous d'Octave en Octave, prouve en même
tems que leur génération harmonique n'a-
voit aucun rapport à la nôtre, & s'établif-
foit fur des principes tout différens.

Guy d'Arezzo ayant fubftitué fon Hexacorde au Tétracorde ancien, fubftitua auffi,
pour le *Solfier*, fix autres fyllabes aux quatre
que les Grecs employoient autrefois. Ces
fix fyllabes font les fuivantes : *ut re mi fa fol
la*, tirées, comme chacun fait, de l'Hymne
de Saint Jean - Baptifte. Mais chacun ne fait
pas que l'Air de cette Hymne tel qu'on le
chante aujourd'hui dans l'Eglife Romaine,
n'eft pas exactement celui dont l'Arétin tira
fes fyllabes, puifque les Sons qui les portent
dans cette Hymne ne font pas ceux qui les
portent dans fa Gamme. On trouve dans un
ancien manufcrit confervé dans la Biblio-
theque du Chapitre de Sens, cette Hymne,
telle, probablement, qu'on la chantoit du
tems de l'Arétin, & dans laquelle chacune
des fix fyllabes eft exactement appliquée au
Son correfpondant de la Gamme, com-
me on peut le voir (*Pl. G. Fig. 2.*) où j'ai
tranfcrit cette Hymne en Notes de Plain-
Chant.

Il paroît que l'ufage des fix fyllabes de Guy ne s'étendit pas bien promptement hors de l'Italie, puifque Muris témoigne avoir entendu employer dans Paris les fyllabes *Pro to do no tu a*, au lieu de celles-là. Mais enfin celles de Guy l'emporterent & furent admifes généralement en France comme dans le refte de l'Europe. Il n'y a plus aujourd'hui que l'Allemagne où l'on *Solfie* feulement par les lettres de la Gamme, & non par les fyllabes : en forte que la Note qu'en *Solfiant* nous appellons *la*, ils l'appellent A ; celle que nous appellons *ut*, ils l'appellent C. Pour les Notes Diéfées ils ajoutent un *s* à la lettre & prononcent cet *s*, *is* ; en forte, par exemple, que pour *Solfier re* Dièfe, ils prononcent *Dis*. Ils ont aufli ajouté la lettre H pour ôter l'équivoque du *fi*, qui n'eft B qu'étant Bémol ; lorfqu'il eft Béquarre, il eft H : ils ne connoiffent, en *Solfiant*, de Bémol que celui-là feul ; au lieu du Bémol de toute autre Note, ils prennent le Dièfe de celle qui eft au-deffous ; ainfi pour *la* Bémol ils *Solfient* G*s*, pour *mi* Bémol D*s*, &c. Cette maniere de *Solfier* eft fi dure & fi embrouillée, qu'il faut être Allemand pour s'en fervir, & devenir toutefois grand Muficien.

Depuis l'établiffement de la Gamme de l'Arétin, on a effayé en différens tems de fubftituer d'autres fyllabes aux fiennes. Comme la voix des trois premieres eft affez fourde, M. Sauveur, en changeant la maniere de noter, avoit aufli changé celle de *Solfier*,

&

& il nommoit les huit Notes de l'Octave par les huit syllabes suivantes : *Pa ra ga da fo bo lo do.* Ces noms n'ont pas plus passé que les Notes ; mais pour la syllabe *do* , elle étoit antérieure à M. Sauveur : les Italiens l'ont toujours employée au lieu d'*ut* pour *folfier* , quoiqu'ils nomment *ut* & non pas *do* , dans la Gamme. Quant à l'addition du *fi* , (voyez Si.)

A l'égard des Notes altérées par Dièfe ou par Bémol , elles portent le nom de la Note au naturel , & cela caufe , dans la maniere de *folfier* , bien des embarras auxquels M. de Boifgelou s'eft propofé de remédier en ajoutant cinq Notes pour compléter le fyftême chromatique & donnant un nom particulier à chaque Note. Ces noms avec les anciens font , en tout , au nombre de douze , autant qu'il y a de Cordes dans ce fyftême ; favoir , *ut de re ma mi fa fi fol be la fà fi.* Au moyen de ces cinq Notes ajoutées , & des noms qu'elles portent , tous les Bémols & les Dièfes font anéantis , comme on le pourra voir au mot *Syftême* dans l'expofition de celui de M. de Boifgelou.

Il y a diverfes manieres de *folfier* ; favoir , par Muances , par tranfpofition & au naturel. (Voyez MUANCES , NATUREL & TRANSPOSITION.) La premiere méthode eft la plus ancienne , la feconde eft la meilleure , la troifieme eft la plus commune en France. Plufieurs Nations ont gardé dans les Muances l'ancienne nomenclature des fix syllabes de l'Arétin. D'autres en ont encore retranché, comme les Anglois, qui *sol-fient* sur ces quatre syllabes seulement, *mi fa sol la*. Les François, au contraire, ont ajouté une syllabe pour renfermer sous des noms différens tous les sept Sons diatoniques de l'Octave.

Les inconvéniens de la Méthode de l'Arétin sont considérables ; car faute d'avoir rendu complete la Gamme de l'Octave, les syllabes de cette Gamme ne signifient ni des touches fixes du Clavier, ni des Degrés du Ton, ni même des Intervalles déterminés. Par les Muances, *la fa* peut former un Intervalle de Tierce majeure en descendant, ou de Tierce mineure en montant, ou d'un semi-Ton encore en montant, comme il est aisé de voir par la Gamme, &c. (Voyez GAMME, MUANCES.) C'est encore pis par la méthode Angloise : on trouve à chaque instant différens Intervalles qu'on ne peut exprimer que par les mêmes syllabes ; & les mêmes noms de Notes y reviennent à toutes les Quartes, comme parmi les Grecs ; au lieu de n'y revenir qu'à toutes les Octaves, selon le systême moderne.

La maniere de *solfier* établie en France par l'addition du *si*, vaut assurément mieux que tout cela ; car la Gamme se trouvant complete, les Muances deviennent inutiles, & l'analogie des Octaves est parfaitement observée. Mais les Musiciens ont encore gâté cette méthode par la bizarre imagination de rendre les noms des Notes toujours

fixes & déterminés fur les touches du Clavier ; en forte que ces touches ont toutes
un double nom , tandis que les Degrés d'un
Ton tranfpofé n'en ont point. Défaut qui
charge inutilement la mémoire de tous les
Dièfes ou Bémols de la Clef, qui ôte aux
noms des Notes l'expreſſion des Intervalles
qui leur font propres , & qui efface enfin ,
autant qu'il eſt poſſible , toutes les traces
de la modulation.

Ut ou *re* ne font point ou ne doivent
point être telle ou telle touche du Clavier ;
mais telle ou telle Corde du Ton. Quant
aux touches fixes , c'eſt par des lettres de
l'Alphabet qu'elles s'expriment. La touche
que vous appellez *ut* , je l'appelle C ; celle
que vous appellez *re* , je l'appelle D. Ce ne
font pas des fignes que j'invente , ce font
des fignes tout établis , par lefquels je détermine très-nettement la Fondamentale d'un
Ton. Mais ce Ton une fois déterminé , dites-
moi de grace à votre tour , comment vous
nommez la Tonique que je nomme *ut* , &
la feconde Note que je nomme *re* , & la
Médiante que je nomme *mi* ? Car ces noms
relatifs au Ton & au Mode font eſſentiels
pour la détermination des idées & pour la
juſteſſe des Intonations. Qu'on y réfléchiſſe
bien , & l'on trouvera que ce que les Muficiens François appellent *folfier au naturel*
eſt tout-à-fait hors de la nature. Cette méthode eſt inconnue chez toute autre Nation ,
& fûrement ne fera jamais fortune dans aucune : chacun doit fentir , au contraire , que

rien n'eft plus naturel que de *folfier* par
tranfpofition lorfque le Mode eft tranfpofé.

On a, en Italie, un Recueil de leçons
à *folfier*, appellées *Solfeggi*. Ce Recueil,
compofé par le célebre Léo, pour l'ufage
des commençans, eft très-eftimé.

SOLO, *adj. pris fubftantiv.* Ce mot Italien s'eft francifé dans la Mufique, & s'applique à une Piece ou à un morceau qui
fe chante à Voix feule, ou qui fe joue fur
un feul Inftrument avec un fimple Accompagnement de Baffe ou de Clavecin ; & c'eft
ce qui diftingue le *Solo* du *Récit*, qui peut
être accompagné de tout l'Orcheftre. Dans
les Pieces appellées *Concerto*, on écrit toujours le mot *Solo* fur la Partie principale,
quand elle récite.

SON, *f. m.* Quand l'agitation commu-
niquée à l'air, par la collifion d'un corps
frappé par un autre, parvient jufqu'à l'organe auditif, elle y produit une fenfation
qu'on appelle *Bruit*. (Voyez BRUIT.)
Mais il y a un Bruit réfonnant & appréciable qu'on appelle *Son*. Les recherches fur
le *Son* abfolu appartiennent au Phyficien.
Le Muficien n'examine que le *Son* relatif ;
il l'examine feulement par fes modifications
fenfibles ; & c'eft felon cette derniere idée,
que nous l'envifageons dans cet Article.

Il y a trois objets principaux à confidérer
dans le *Son* ; le Ton, la force & le timbre.
Sous chacun de ces rapports le *Son* fe conçoit comme modifiable : 1°. du grave à
l'aigu : 2°. du fort au foible : 3°. de l'ai-

gre au doux, ou du fourd à l'éclatant , & réciproquement.

Je fuppofe d'abord, quelle que foit la nature du *Son*, que fon véhicule n'eft autre chofe que l'air même : premiérement, parce que l'air eft le feul corps intermédiaire de l'exiftence duquel on foit parfaitement affuré , entre le corps fonore & l'organe auditif ; qu'il ne faut pas multiplier les êtres fans néceffité ; que l'air fuffit pour expliquer la formation du *Son* ; & , de plus , parce que l'expérience nous apprend qu'un corps fonore ne rend pas de *Son* dans un lieu tout-à-fait privé d'air. Si l'on veut imaginer un autre fluide , on peut aifément lui appliquer tout ce que je dis de l'air dans cet Article.

La réfonnance du *Son* , ou , pour mieux dire , fa permanence & fon prolongement ne peut naître que de la durée de l'agitation de l'air. Tant que cette agitation dure , l'air ébranlé vient fans ceffe frapper l'organe auditif & prolonge ainfi la fenfation du *Son*. Mais il n'y a point de maniere plus fimple de concevoir cette durée , qu'en fuppofant dans l'air des vibrations qui fe fuccedent , & qui renouvellent ainfi à chaque inftant l'impreffion. De plus , cette agitation de l'air , de quelque efpece qu'elle foit , ne peut être produite que par une agitation femblable dans les parties du corps fonore : or, c'eft un fait certain que les parties du corps fonore éprouvent de telles vibrations. Si l'on touche le corps d'un Violoncelle dans le tems qu'on en tire du *Son*, on le sent frémir sous la main & l'on voit bien sensiblement durer les vibrations de la Corde jusqu'à ce que le *Son* s'éteigne. Il en est de même d'une cloche qu'on fait sonner en la frappant du batail; on la sent, on la voit même frémir, & l'on voit sautiller les grains de sable qu'on jette sur la surface. Si la Corde se détend, ou que la cloche se fende, plus de frémillement, plus de *Son*. Si donc cette cloche ni cette Corde ne peuvent communiquer à l'air que les mouvemens qu'elles ont elles-mêmes, on ne sauroit douter que le *Son* produit par les vibrations du corps sonore, ne se propage par des vibrations semblables que ce corps communique à l'air.

Tout ceci supposé, examinons premiérement ce qui constitue le rapport des *Sons* du grave à l'aigu.

1. Théon de Smyrne dit que Lasus d'Hermione, de même que le Pythagoricien Hyppase de Métapont, pour calculer les rapports des Consonnances, s'étoient servis de deux vases semblables & résonnans à l'Unisson; que laissant vide l'un des deux, & remplissant l'autre jusqu'au quart, la percussion de l'un & de l'autre avoit fait entendre la Consonnance de la Quarte; que, remplissant ensuite le second jusqu'au tiers, puis jusqu'à la moitié, la percussion des deux avoit produit la Consonnance de la Quinte, puis de l'Octave.

Pythagore, au rapport de Nicomaque & de Censorin, s'y étoit pris d'une autre ma-

...iere pour calculer les mêmes rapports. Il fufpendit, difent-ils, aux mêmes Cordes fonores différens poids, & détermina les rapports des divers *Sons* fur ceux qu'il trouva entre les poids tendans : mais les calculs de Pythagore font trop juftes pour avoir été faits de cette maniere ; puifque chacun fait aujourd'hui, fur les expériences de Vincent Galilée, que les *Sons* font entr'eux, non comme les poids tendans, mais en raifon fous-double de ces mêmes poids.

Enfin l'on inventa le Monocorde, appellé par les Anciens, *Canon harmonicus*, parce qu'il donnoit la regle des divifions harmoniques. Il faut en expliquer le principe.

Deux Cordes de même métal égales & également tendues forment un Uniffon parfait en tout fens : fi les longueurs font inégales, la plus courte donnera un *Son* plus aigu, & fera auffi plus de vibrations dans un tems donné ; d'où l'on conclud que la différence des *Sons* du grave à l'aigu ne procede que de celle des vibrations faites dans un même efpace de tems par les Cordes ou corps fonores qui les font entendre ; ainfi l'on exprime les rapports des *Sons* par les nombres des vibrations qui les donnent.

On fait encore, par des expériences non moins certaines, que les vibrations des Cordes, toutes chofes d'ailleurs égales, font toujours réciproques aux longueurs. Ainfi, une Corde double d'une autre ne fera, dans le même tems, que la moitié du nombre des vibrations de celle-ci ; & le rapport des

Sons qu'elles feront entendre s'appelle *Octave*. Si les Cordes font comme 3 & 2, les vibrations feront comme 2 & 3, & le rapport des *Sons* s'appellera *Quinte*, &c. (*Voy.* INTERVALLE.)

On voit par-là qu'avec des chevalets mobiles il eft aifé de former fur une feule Corde des divifions qui donnent des *Sons* dans tous les rapports poffibles, foit entreeux, foit avec la Corde entiere. C'eft le Monocorde dont je viens de parler. (*Voyez* MONOCORDE.)

On peut rendre des *Sons* aigus ou graves par d'autres moyens. Deux Cordes de longueurs égales ne forment pas toujours l'Uniffon; car fi l'une eft plus groffe ou moins tendue que l'autre, elle fera moins de vibrations en tems égaux, & conféquemment donnera un *Son* plus grave. (*Voyez* CORDE.)

Il eft aifé d'expliquer fur ces principes la conftruction des Inftrumens à Cordes, tels que le Clavecin, le Tympanon, & le jeu des Violons & Baffes, qui, par différens accourciffemens des Cordes fous les doigts ou chevalets mobiles, produit la diverfité des *Sons* qu'on tire de ces Inftrumens. Il faut raifonner de même pour les Inftrumens à vent: les plus longs forment des *Sons* plus graves, fi le vent eft égal. Les trous, comme dans les Flûtes & Hautbois, fervent à les raccourcir pour rendre les *Sons* plus aigus. En donnant plus de vent on les fait octavier, & les *Sons* deviennent plus aigus encore. La colonne d'air forme alors le corps fonore, & les divers Tons de la Trompette & du Cor-de-chaffe ont les mêmes principes que les *Sons* harmoniques du Violoncelle & du Violon, &c. (Voyez SONS HARMONIQUES.)

Si l'on fait réfonner avec quelque force une des groffes Cordes d'une Viole ou d'un Violoncelle, en paffant l'archet un peu plus près du chevalet qu'à l'ordinaire, on entendra diftinctement, pour peu qu'on ait l'oreille exercée & attentive, outre le *Son* de la Corde entiere, au moins celui de fon Octave, celui de l'Octave de fa Quinte, & celui de la double-Octave de fa Tierce : on verra même frémir & l'on entendra réfonner toutes les Cordes montées à l'Uniffon de ces *Sons*-là. Ces *Sons* acceffoires accompagnent toujours un *Son* principal quelconque, mais quand ce *Son* principal eft aigu, les autres y font moins fenfibles. On appelle ceux-ci les Harmoniques du *Son* principal : c'eft par eux, felon M. Rameau, que tout *Son* eft appréciable, & c'eft en eux que lui & M. Tartini ont cherché le principe de toute Harmonie, mais par des routes directement contraires. (Voyez HARMONIE, SYSTEME.)

Une difficulté qui refte à expliquer dans la théorie du *Son*, eft de favoir comment deux ou plufieurs *Sons* peuvent fe faire entendre à la fois. Lorfqu'on entend, par exemple, les deux *Sons* de la Quinte dont l'un fait deux vibrations, tandis que l'autre en fait trois, on ne conçoit pas bien comment la même maſſe d'air peut fournir dans un même tems ces différens nombres de vibrations diſtinĉts l'un de l'autre, & bien moins encore lorſqu'il ſe fait enſemble plus de deux *Sons* & qu'ils ſont tous diſſonans entr'eux. Mengoli & les autres ſe tirent d'affaire par des comparaiſons. Il en eſt, diſent-ils, comme de deux pierres qu'on jette à la fois dans l'eau, & dont les diffé-rens cercles qu'elles produiſent ſe croiſent ſans ſe confondre. M. de Mairan donne une explication plus philoſophique. L'air, ſelon lui, eſt diviſé en particules de diverſes gran-deurs, dont chacune eſt capable d'un Ton particulier & n'eſt ſuſceptible d'aucun autre : de ſorte qu'à chaque *Son* qui ſe forme, les particules d'air qui lui ſont analogues s'ébranlent ſeules, elles & leurs Harmoni-ques, tandis que toutes les autres reſtent tranquilles juſqu'à ce qu'elles ſoient émues à leur tour par les *Sons*, qui leur correſ-pondent : de ſorte qu'on entend à la fois deux *Sons*, comme on voit à la fois deux couleurs, parce qu'étant produits par diffé-rentes parties ils affeĉtent l'organe en diffé-rens points.

Ce ſyſtême eſt ingénieux, mais l'ima-gination ſe prête avec peine à l'infinité de particules d'air différentes en grandeur & en mobilité, qui devroient être répandues dans chaque point de l'eſpace, pour être tou-jours prêtes, au beſoin, à rendre en tout lieu l'infinité de tous les *Sons* poſſibles. Quand elles ſont une fois arrivées au tympan de l’oreille, on conçoit encore moins comment, en le frappant, plusieurs ensemble, elles peuvent y produire un ébranlement capable d’envoyer au cerveau la sensation de chacune en particulier. Il semble qu’on a éloigné la difficulté plutôt que de la résoudre : on allegue en vain l’exemple de la lumiere dont les rayons se croisent dans un point sans confondre les objets : car, outre qu’une difficulté n’en résout pas une autre, la parité n’est pas exacte, puisque l’objet est vu sans exciter dans l’air un mouvement semblable à celui qu’y doit exciter le corps sonore pour être ouï. Mengoli sembloit vouloir prévenir cette objection, en disant que les masses d’air chargées, pour ainsi dire, de différens *Sons*, ne frappent le tympan que successivement, alternativement, & chacune à son tour ; sans trop songer à quoi il occuperoit celles qui sont obligées d’attendre que les premieres aient achevé leur office, ou sans expliquer comment l’oreille, frappée de tant de coups successifs, peut distinguer ceux qui appartiennent à chaque *Son*.

A l’égard des Harmoniques qui accompagnent un *Son* quelconque, ils offrent moins une nouvelle difficulté qu’un nouveau cas de la précédente ; car si-tôt qu’on expliquera comment plusieurs *Sons* peuvent être entendus à la fois, on expliquera facilement le phénomene des Harmoniques. En effet, supposons qu’un *Son* mette en mouvement les particules d’air susceptibles

du même *Son*, & les particules fufcepti-
bles de *Sons* plus aigus à l'infini ; de ces
diverfes particules, il y en aura dont les
vibrations commençant & finiffant exactement avec celles du corps fonore, feront
fans ceffe aidées & renouvellées par les
fiennes : ces particules feront celles qui donneront l'uniffon. Vient enfuite l'Octave, dont
deux vibrations s'accordant avec une du
Son principal, en font aidées & renforcées
feulement de deux en deux ; par conféquent
l'Octave fera fenfible, mais moins que l'U-
niffon : vient enfuite la Douzieme ou l'Octave de la Quinte, qui fait trois vibrations
précifes pendant que le *Son* fondamental
en fait une ; ainfi ne recevant un nouveau
coup qu'à chaque troifieme vibration, la
Douzieme fera moins fenfible que l'Octave,
qui reçoit ce nouveau coup dès la feconde.
En fuivant cette même gradation, l'on trouve
le concours des vibrations plus tardif, les
coups moins renouvellés, & par conféquent
les Harmoniques toujours moins fenfibles ;
jufqu'à ce que les rapports fe compofent au
point que l'idée du concours trop rare s'efface, & que les vibrations ayant le tems de
s'éteindre avant d'être renouvellées, l'Harmonique ne s'entend plus du tout. Enfin
quand le rapport ceffe d'être rationnel, les
vibrations ne concourent jamais ; celles du
Son plus aigu, toujours contrariées, font
bientôt étouffées par celles de la Corde, &
ce *Son* aigu eft abfolument diffonant & nul.
Telle eft la raifon pourquoi les premiers

Harmoniques s'entendent, & pourquoi tous les autres *Sons* ne s'entendent pas. Mais en voilà trop sur la premiere qualité du *Son*; paſſons aux deux autres.

II. La force du *Son* dépend de celle des vibrations du corps ſonore; plus ces vibrations ſont grandes & fortes, plus le *Son* eſt fort & vigoureux & s'entend de loin. Quand la Corde eſt aſſez tendue, & qu'on ne force pas trop la voix ou l'Inſtrument, les vibrations reſtent toujours iſochrones; &, par conſéquent, le Ton demeure le même; ſoit qu'on renfle ou qu'on affoi-bliſſe le *Son*:. mais en raclant trop fort de l'archet, en relâchant trop la Corde, en ſoufflant ou criant trop, on peut faire per-dre aux vibrations l'iſochroniſme néceſſaire pour l'identité du Ton; & c'eſt une des raiſons pourquoi, dans la Muſique Fran-çoiſe où le premier mérite eſt de bien crier, on eſt plus ſujet à chanter faux que dans l'Italienne où la voix ſe modere avec plus de douceur.

La vîteſſe du *Son*, qui ſembleroit dé-pendre de ſa force, n'en dépend point. Cette vîteſſe eſt toujours égale & conſtante, ſi elle n'eſt accélérée ou retardée par le vent: c'eſt-à-dire que le *Son*, fort ou foible, s'étendra toujours uniformément, & qu'il fera toujours dans deux ſecondes le double du chemin qu'il aura fait dans une. Au rapport de Halley & de Flamſtéade, le *Son* parcourt en Angleterre 1070 pieds de France en une ſeconde, & au Pérou 174 toiſes, ſelon M. de la Condamine. Le P. Merſenne & Gaſſendi ont aſſuré que le vent favorable ou contraire n'accéléroit ni ne retardoit le *Son* : depuis les expériences que Derham & l'Académie des Sciences ont faites ſur ce ſujet, cela paſſe pour une erreur.

Sans ralentir ſa marche, le *Son* s'affoiblit en s'étendant, & cet affoibliſſement, ſi la propagation eſt libre, qu'elle ne ſoit gênée par aucun obſtacle ni ralentie par le vent, ſuit ordinairement la raiſon du quarré des diſtances.

III. Quant à la différence qui ſe trouve encore entre les *Sons* par la qualité du Timbre, il eſt évident qu'elle ne tient ni au degré d'élévation, ni même à celui de force. Un Hautbois aura beau ſe mettre à l'Uniſ-ſon d'une Flûte, il aura beau radoucir le *Son* au même degré ; le *Son* de la Flûte aura toujours je ne ſais quoi de moëlleux & de doux ; celui du Hautbois je ne ſais quoi de rude & d'aigre, qui empêchera que l'oreille ne les confonde ; ſans parler de la diverſité du Timbre des voix. (Voyez Voix.) Il n'y a pas un Inſtrument qui n'ait le ſien particulier, qui n'eſt point celui de l'autre, & l'Orgue ſeul a une vingtaine de jeux tous de Timbre différent. Cependant perſonne que je ſache n'a examiné le *Son* dans cette partie ; laquelle, auſſi-bien que les autres, ſe trouvera peut-être avoir ſes difficultés : car la qualité du Timbre ne peut dépendre, ni du nombre des vibra-tions, qui fait le degré du grave à l'aigu, ni de la grandeur ou de la force de ces mêmes vibrations, qui fait le degré du fort au foible. Il faudra donc trouver dans le corps fonore une troifieme caufe différente de ces deux, pour expliquer cette troifieme qualité du *Son* & fes différences ; ce qui, peut-être, n'eft pas trop aifé.

Les trois qualités principales dont je viens de parler entrent toutes, quoiqu'en différentes proportions, dans l'objet de la Mufique, qui eft le *Son* en général.

En effet, le Compofiteur ne confidere pas feulement fi les *Sons* qu'il emploie doivent être hauts ou bas, graves ou aigus ; mais s'ils doivent être forts ou foibles, aigres ou doux, fourds ou éclatans ; & il les diftribue à différens Inftrumens, à diverfes Voix, en Récits ou en Chœurs, aux extrémités ou dans le *Medium* des Inftrumens ou des Voix, avec des *Doux* ou des *Forts*, felon les convenances de tout cela.

Mais il eft vrai que c'eft uniquement dans la comparaifon des *Sons* du grave à l'aigu que confifte toute la fcience Harmonique : de forte que, comme le nombre des *Sons* eft infini, l'on peut dire dans le même fens que cette fcience eft infinie dans fon objet. On ne conçoit point de bornes précifes à l'étendue des *Sons* du grave à l'aigu, & quelque petit que puiffe être l'Intervalle qui eft entre deux *Sons*, on le concevra toujours divifible par un troifieme *Son* : mais la nature & l'art ont limité cette infinité dans la pratique de la Mufique. On trouve bientôt dans les Inſtrumens les bornes des *Sons* praticables, tant au grave qu'à l'aigu. Alongez ou raccourciſſez juſqu'à un certain point une Corde ſonore, elle n'aura plus de *Son*. L'on ne peut pas non plus augmenter ou diminuer à volonté la capacité d'une Flûte ou d'un tuyau d'Orgue ni ſa longueur; il y a des bornes paſſé leſquelles ni l'un ni l'autre ne réſonne plus. L'inſpiration a auſſi ſa meſure & ſes loix. Trop foible, elle ne rend point de *Son*; trop forte, elle ne produit qu'un cri perçant qu'il eſt impoſ-ſible d'apprécier. Enfin il eſt conſtaté par mille expériences que tous les *Sons* ſenſi-bles ſont renfermés dans une certaine lati-tude, paſſé laquelle, ou trop graves ou trop aigus, ils ne ſont plus apperçus ou deviennent inappréciables à l'oreille. M. Euler en a même en quelque ſorte fixé les limites, & ſelon ſes obſervations rapportées par M. Diderot dans ſes principes d'Acouſ-tique, tous les *Sons* ſenſibles ſont compris entre les nombres 30 & 7552 : c'eſt-à-dire que, ſelon ce grand Géometre, le *Son* le plus grave appréciable à notre oreille fait 30 vibrations par ſeconde, & le plus aigu 7552 vibrations dans le même tems : In-tervalle qui renferme à - peu - près 8 Oc-taves.

D'un autre côté l'on voit, par la géné-ration harmonique des *Sons*, qu'il n'y en a dans leur infinité poſſible qu'un très-petit nombre qui puiſſent être admis dans le ſyſ-tême harmonieux. Car tous ceux qui ne

forment

forment pas des Confonnances avec les *Sons*
fondamentaux, ou qui ne naiffent pas, mé-
diatement ou immédiatement, des différences de ces Confonnances, doivent être
profcrits du fyftême. Voilà pourquoi, quelque parfait qu'on fuppofe aujourd'hui le
nôtre, il eft pourtant borné à douze *Sons*
feulement dans l'étendue d'une Octave,
defquels douze toutes les autres Octaves ne
contiennent que des Répliques. Que fi l'on
veut compter toutes ces Répliques pour
autant de *Sons* différens ; en les multipliant
par le nombre des Octaves auquel eft bornée
l'étendue des *Sons* appréciables, on trouvera 96 en tout, pour le plus grand nombre de *Sons* praticables dans notre Mufique
fur un même *Son* fondamental.

On ne pourroit pas évaluer avec la même
précifion le nombre des *Sons* praticables
dans l'ancienne Mufique. Car les Grecs formoient, pour ainfi dire, autant de fyftêmes
de Mufique, qu'ils avoient de manieres différentes d'accorder leurs Tétracordes. Il paroît, par la lecture de leurs traités de Mufique, que le nombre de ces manieres étoit
grand & peut-être indéterminé. Or chaque
Accord particulier changeoit les *Sons* de
la moitié du fyftême, c'eft-à-dire, des deux
Cordes mobiles de chaque Tétracorde. Ainfi,
l'on voit bien ce qu'ils avoient de *Sons*
dans une feule maniere d'Accord ; mais on
ne peut calculer au jufte combien ce nombre fe multiplioit dans tous les changemens

Dict. de Mufique. Tome II, O

de Genre & de Mode qui introduiſoient de
nouveaux *Sons*.

Par rapport à leurs Tétracordes, ils diſtin-
guoient les *Sons* en deux claſſes générales ;
ſavoir, les *Sons* ſtables & fixes dont l'Accord ne changeoit jamais, & les *Sons* mobiles dont l'Accord changeoit avec l'eſpece
du Genre. Les premiers étoient huit en
tout, ſavoir les deux extrêmes de chaque
Tétracorde & la Corde Proſlambanomene ;
les ſeconds étoient auſſi tout au moins au
nombre de huit, quelquefois de néuf ou de
dix, parce que deux *Sons* voiſins quelquefois ſe confondoient en un, & quelquefois
ſe ſéparoient.

Ils diviſoient derechef, dans les Genres
épais, les *Sons* ſtables en deux eſpeces,
dont l'une contenoit trois *Sons* appellés
Apycni ou *non-ſerrés*, parce qu'ils ne formoient au grave ni ſemi-Tons ni moindres
Intervalles ; ces trois *Sons Apycni* étoient la
Proſlambanomene, la Nete - Synnémépon,
& la Nete - Hyperboléon. L'autre eſpece
portoit le nom de *Sons Barypycni* ou *ſous-
ſerrés*, parce qu'ils formoient le grave des
petits Intervalles : les *Sons Barypycni* étoient
au nombre de cinq, ſavoir, l'Hypate-Hypaton, l'Hypate-Méſon, la Meſe, la Parameſe
& la Nete-Diézeugménon.

Les *Sons* mobiles ſe ſubdiviſoient pa-
reillement en *Sons Méſopycni* ou moyens
dans le ſerré, leſquels étoient auſſi cinq
en nombre, ſavoir le ſecond en montant
de chaque Tétracorde ; & en cinq autres

Sons appellés *Oxypycni* ou fur aigus, qui étoient le troiſieme en montant de chaque Tétracorde. (Voyez TÉTRACORDE.)

A l'égard des douze *Sons* du ſyſtême moderne, l'Accord n'en change jamais & ils ſont tous immobiles. Broſſard prétend qu'ils ſont tous mobiles; fondé ſur ce qu'ils peuvent être altérés par Dièſe ou par Bémol; mais autre choſe eſt de changer de Corde, & autre choſe de changer l'Accord d'une Corde.

SON FIXE , *ſ. m.* Pour avoir ce qu'on appelle un *Son fixe*, il faudroit s'aſſurer que ce *Son* feroit toujours le même dans tous les tems & dans tous les lieux. Or il ne faut pas croire qu'il ſuffiſe pour cela d'avoir un tuyau, par exemple, d'une longueur déterminée : car premiérement, le tuyau reſtant toujours le même, la peſanteur de l'air ne reſtera pas pour cela toujours la même ; le *Son* changera & deviendra plus grave ou plus aigu, ſelon que l'air deviendra plus léger ou plus peſant. Par la même raiſon le *Son* du même tuyau changera encore avec la colonne de l'atmoſphere, ſelon que ce même tuyau ſera porté plus haut ou plus bas, dans les montagnes ou dans les vallées.

En ſecond lieu, ce même tuyau, quelle qu'en ſoit la matiere, ſera ſujet aux variations que le chaud ou le froid cauſe dans les dimenſions de tous les corps: le tuyau ſe raccourciſſant ou s'alongeant deviendra proportionnellement plus aigu ou plus grave ; & de ces deux cauſes combinées, vient la difficulté d'avoir un *Son fixe*, & preſque l'impoſſibilité de s'affurer du même *Son* dans deux lieux en même tems, ni dans deux tems en même lieu.

Si l'on pouvoit compter exactement les vibrations que fait un *Son* dans un tems donné, l'on pourroit, par le même nombre de vibrations, s'affurer de l'identité du *Son* ; mais ce calcul étant impoffible, on ne peut s'affurer de cette identité du *Son* que par celle des Inftrumens qui le donnent ; favoir, le tuyau, quant à fes dimenfions, & l'air, quant à fa pefanteur. M. Sauveur propofa pour cela des moyens qui ne réuffirent pas à l'expérience. M. Diderot en a propofé depuis de plus praticables, & qui confiftent à graduer un tuyau d'une longueur fuffifante pour que les divifions y foient juftes & fenfibles, en le compofant de deux parties mobiles par lefquelles on puiffe l'alonger & l'accourcir felon les dimenfions proportionnelles aux altérations de l'air, indiquées par le Thermometre, quant à la température, & par le Barometre, quant à la pefanteur. Voyez là-deffus les principes d'Acouftique de cet Auteur.

SON FONDAMENTAL. (Voyez Fondamental.)

SONS FLUTÉS. (Voyez Sons Harmoniques.)

SONS HARMONIQUES ou SONS FLUTÉS. Efpece finguliere de *Sons* qu'on tire de certains Inftrumens, tels que le Violon & le Violoncelle, par un mouvement particulier de l'archet, qu'on approche davantage du Chevalet, & en pofant

légérement le doigt sur certaines divisions
de la Corde. Ces *Sons* sont fort différens
pour le Timbre & pour le Ton de ce qu'ils
seroient , si l'on appuyoit tout-à-fait le
doigt. Quant au Ton, par exemple , ils donneront la Quinte quand ils donneroient la
Tierce , la Tierce quand ils donneroient la
Sixte , &c. Quant au Timbre , ils sont
beaucoup plus doux que ceux qu'on tire
pleins de la même division , en faisant porter
la Corde sur le manche ; & c'est à cause de
cette douceur qu'on les appelle *Sons flûtés*.
Il faut , pour en bien juger , avoir entendu
M. Mondonville tirer sur son Violon , ou
M. Bertaud sur son Violoncelle des suites
de ces beaux *Sons*. En glissant légérement le
doigt de l'aigu au grave depuis le milieu
d'une Corde qu'on touche en même tems
de l'archet en la maniere susdite , on entend distinctement une succession de *Sons*
harmoniques du grave à l'aigu , qui étonne
fort ceux qui n'en connoissent pas la Théorie.

Le Principe sur lequel cette Théorie est
fondée , est qu'une Corde étant divisée en
deux parties commensurables entr'elles , &
par conséquent avec la Corde entiere , si
l'obstacle qu'on met au point de division
n'empêche qu'imparfaitement la communi-
cation des vibrations d'une partie à l'autre ,
toutes les fois qu'on fera sonner la Corde
dans cet état, elle rendra non le Son de la
Corde entiere , ni celui de sa grande partie,
mais celui de la plus petite partie si elle mesure exactement l'autre ; ou , si elle ne la

mesure pas, le Son de la plus grande aliquote commune à ces deux parties.

Qu'on divise une Corde 6 en deux parties 4 & 2 ; le *Son harmonique* résonnera par
la longueur de la petite partie 2, qui est
aliquote de la grande partie 4 : mais si la
Corde 5 est divisée par 2 & 3 ; alors, comme la petite partie ne mesure pas la grande,
le *Son harmonique* ne résonnera que selon
la moitié 1 de cette même petite partie,
laquelle moitié est la plus grande commune
mesure des deux parties 3 & 2, & de toute
la Corde 5.

Au moyen de cette loi tirée de l'observation, & conforme aux expériences faites
par M. Sauveur à l'Académie des Sciences,
tout le merveilleux disparoît ; avec un calcul
très-simple on assigne pour chaque Degré
le *Son harmonique* qui lui répond. Quant au
doigt glissé le long de la Corde, il ne donne
qu'une suite de *Sons harmoniques* qui se
succedent rapidement dans l'ordre qu'ils doivent avoir selon celui des divisions sur lesquelles on passe successivement le doigt,
& les points qui ne forment pas des divisions exactes, ou qui en forment de trop
composées, ne donnent aucun *Son* sensible
ou appréciable.

On trouvera, *Pl. G. Fig. 3.* une Table des
Sons harmoniques, qui peut en faciliter la
recherche à ceux qui desirent de les pratiquer. La premiere colonne indique les *Sons*
qui rendroient les divisions de l'Instrument
touchées en plein, & la seconde colonne

montre les *Sons flûtés* correfpondans, quand
la Corde eft touchée harmoniquement.

Après la premiere Octave, c'eft-à-dire,
depuis le milieu de la Corde en avançant
vers le Chevalet, on retrouve les mêmes
Sons harmoniques dans le même ordre, fur
les mêmes divifions de l'Octave aiguë; c'eft-
à-dire, la Dix-neuvieme fur la Dixieme
mineure, la Dix-feptieme fur la Dixieme
majeure, &c.

Je n'ai fait, dans cette Table, aucune mention des *Sons harmoniques* relatifs à la Seconde & à la Septieme : premiérement,
parce que les divifions qui les forment n'ayant
entr'elles que des aliquotes fort petites, en
rendroient les *Sons* trop aigus pour être
agréables, & trop difficiles à tirer par le
coup d'archet, & de plus, parce qu'il
faudroit entrer dans des fous-divifions trop
étendues, qui ne peuvent s'admettre dans
la pratique : car le *Son harmonique* du *Ton*
majeur feroit la vingt-troifieme, ou la triple Octave de la Seconde, & l'Harmonique
du *Ton* mineur feroit la vingt-quatrieme,
ou la triple Octave de la Tierce mineure :
mais quelle eft l'oreille affez fine & la main
affez jufte pour diftinguer & toucher à fa
volonté un *Ton* majeur ou un *Ton* mineur ?

Tout le jeu de la Trompette marine eft en
Sons harmoniques ; ce qui fait qu'on n'en
tire pas aifément toutes fortes de *Sons*.

SONATE, *f. f.* Piece de Mufique inftrumentale compofée de trois ou quatre
morceaux confécutifs de caracteres diffé-

rens. La *Sonate* est à-peu-près pour les Instrumens ce qu'est la Cantate pour les Voix.

La *Sonate* est faite ordinairement pour un seul Instrument qui récite accompagné d'une Basse-continue ; & dans une telle composition l'on s'attache à tout ce qu'il y a de plus favorable pour faire briller l'Instrument pour lequel on travaille, soit par le tour des chants, soit par le choix des Sons qui conviennent le mieux à cette espece d'Instrument, soit par la hardiesse de l'exécution. Il y a aussi des *Sonates* en Trio, que les Italiens appellent plus communément *Sinfonie* ; mais quand elles passent trois Parties, ou qu'il y en a quelqu'une récitante, elles prennent le nom de Concerto. (Voyez Concerto.)

Il y a plusieurs sortes de *Sonates*. Les Italiens les réduisent à deux especes principales. L'une qu'ils appellent *Sonate da* Camera, *Sonates* de Chambre, lesquelles sont composées de plusieurs Airs familiers ou à danser, tels à-peu-près que ces recueils qu'on appelle en France des *Suites*. L'autre espece est appellée *Sonate da Chiesa*, *Sonates* d'Eglise, dans la composition desquelles il doit entrer plus de recherche, de travail, d'Harmonie, & des Chants plus convenables à la dignité du lieu. De quelque espece que soient les *Sonates*, elles commencent d'ordinaire par un Adagio, &, après avoir passé par deux ou trois mouvemens différens, finissent par un Allegro ou un Presto.

'Aujourd'hui que les Inftrumens font la partie la plus importante de la Mufique, les *Sonates* font extrêmement à la mode, de même que toute efpece de Symphonie ; le Vocal n'en eft gueres que l'acceffoire, & le Chant accompagne l'accompagnement. Nous tenons ce mauvais goût de ceux qui, voulant introduire le tour de la Mufique Italienne dans une Langue qui n'en eft pas fufceptible, nous ont obligé de chercher à faire avec les Inftrumens ce qu'il nous eft impoffible de faire avec nos Voix. J'ofe prédire qu'un goût fi peu naturel ne durera pas. La Mufique purement Harmonique eft peu de chofe ; pour plaire conftamment, & prévenir l'ennui, elle doit s'élever au rang des Arts d'imitation ; mais fon imitation n'eft pas toujours immédiate comme celles de la Poéfie & de la Peinture ; la parole eft le moyen par lequel la Mufique détermine le plus fouvent l'objet dont elle nous offre l'image, & c'eft par les Sons touchans de la voix humaine que cette image éveille au fond du cœur le fentiment qu'elle y doit produire. Qui ne fent combien la pure Symphonie dans laquelle on ne cherche qu'à faire briller l'Inftrument, eft loin de cette énergie ? Toutes les folies du Violon de M. Mondonville m'attendriront - elles comme deux Sons de la voix de Mademoifelle le Maure ? La Symphonie anime le Chant, & ajoute à fon expreffion, mais elle n'y fupplée pas. Pour favoir ce que veulent dire tous ces fatras de *Sonates* dont on eft accablé , il faudroit faire comme ce Peintre groſſier qui étoit obligé d'écrire au-deſſous de ſes figures ; *c'eſt un arbre, c'eſt un homme, c'eſt un cheval.* Je n'oublierai jamais la ſaillie du célebre Fontenelle , qui ſe trouvant excédé de ces éternelles Symphonies , s'écria tout haut dans un tranſport d'impatience : *Sonate, que me veux-tu ?*

SONNER , *v. a. & n.* On dit en compoſition qu'une Note *Sonne* ſur la Baſſe , lorſqu'elle entre dans l'Accord & fait Harmonie ; à la différence des Notes qui ne ſont que de goût , & ne ſervent qu'à figurer , leſquelles ne *Sonnent* point. On dit auſſi *Sonner* une Note , un Accord , pour dire , frapper ou faire entendre le Son , l'Harmonie de cette Note ou de cet Accord.

SONORE , *adj.* Qui rend du Son. *Un métal ſonore.* De-là , *Corps ſonore.* (Voyez Corps Sonore.)

Sonore ſe dit particuliérement & par excellence de tout ce qui rend des Sons moëlleux , forts, nets, juſtes , & bien timbrés. *Une Cloche Sonore : Une Voix Sonore* , &c.

SOTTO-VOCE , *adv.* Ce mot Italien marque , dans les lieux où il eſt écrit, qu'il ne faut chanter qu'à demi-voix , ou jouer qu'à demi-jeu. *Mezzo-Forte & Mezza-Voce* ſignifient la même choſe.

SOUPIR. Silence équivalent à une Noire, & qui ſe marque par un trait courbe approchant de la figure du 7 de chiffre, mais tourné en ſens contraire , en cette ſorte ɼ. (Voyez Silence , Notes.)

SOURDINE, *f. f.* Petit Inftrument de cuivre ou d'argent, qu'on applique au chevalet du Violon ou du Violoncelle, pour rendre les Sons plus fourds & plus foibles, en interceptant & gênant les vibrations du corps entier de l'Inftrument. La *Sourdine*, en affoibliffant les Sons, change leur timbre & leur donne un caractere extrêmement attendriffant & trifte. Les Muficiens François, qui penfent qu'un jeu doux produit le même effet que la *Sourdine*, & qui n'aiment pas l'embarras de la placer & déplacer, ne s'en fervent point. Mais ou en fait ufage avec un grand effet dans tous les Orcheftres d'Italie, & c'eft parce qu'on trouve fouvent ce mot *Sordini* écrit dans les Symphonies, que j'en ai dû faire un article.

Il y a des *Sourdines* auffi pour les Cors-de-chaffe, pour le Clavecin, &c.

SOUS-DOMINANTE ou SOUDOMINANTE. Nom donné par M. Rameau à la quatrieme Note du Ton, laquelle eft, par conféquent, au même Intervalle de la Tonique en defcendant, qu'eft la Dominante en montant. Cette dénomination vient de l'affinité que cet Auteur trouve par renverfement entre le Mode mineur de la *Sous-Dominante*, & le Mode majeur de la Tonique. (Voyez HARMONIE.) Voyez auffi l'Article qui fuit.

SOUS-MÉDIANTE ou SOUMÉDIANTE. C'eft auffi, dans le Vocabulaire de M. Rameau, le nom de la fixieme Note du Ton. Mais cette *Sous - Médiante* devant être au même Intervalle de la Tonique en deſſous, qu'en eſt la Médiante en deſſus, doit faire Tierce majeure ſous cette Tonique, & par conſéquent Tierce mineure ſur la ſous - Dominante; & c'eſt ſur cette analogie que le même M. Rameau établit le principe du Mode mineur; mais il s'enſuivroit de - là que le Mode majeur d'une Tonique, & le Mode mineur de ſa ſous-Dominante devroient avoir une grande affinité; ce qui n'eſt pas: puiſqu'au contraire il eſt très-rare qu'on paſſe d'un de ces deux Modes à l'autre, & que l'Échelle preſque entiere eſt altérée par une telle Modulation.

Je puis me tromper dans l'acception des deux mots précédens, n'ayant pas ſous les yeux, en écrivant cet Article, les écrits de M. Rameau. Peut- être entend - il ſimplement, par *Sous - Dominante*, la Note qui eſt un Degré au - deſſous de la Dominante; &, par *Sous - Médiante*, la Note qui eſt un Degré au - deſſous de la Médiante. Ce qui me tient en ſuſpens entre ces deux ſens, eſt que, dans l'un & dans l'autre, la *Sous-Dominante* eſt la même Note *fa* pour le Ton d'*ut* : mais il n'en ſeroit pas ainſi de la *Sous - Médiante*; elle ſeroit *la* dans le premier ſens, & *re* dans le ſecond. Le Lecteur pourra vérifier lequel des deux eſt celui de M. Rameau; ce qu'il y a de ſûr eſt que celui que je donne eſt préférable pour l'uſage de la compoſition.

SOUTENIR, *v. a. pris en ſens neut.*

C'eſt faire exactement durer les Sons toute
leur valeur ſans les laiſſer éteindre avant la
fin, comme font très-ſouvent les Muſiciens,
& ſur-tout les Symphoniſtes.

SPICCATO , *adj.* Mot Italien , lequel ,
écrit ſur la Muſique , indique des Sons ſecs
& bien détachés.

SPONDAULA , *ſ. m.* C'étoit , chez les
Anciens , un Joueur de Flûte ou autre ſemblable Inſtrument , qui , pendant qu'on of-
froit le ſacrifice , jouoit à l'oreille du Prêtre
quelque Air convenable pour l'empêcher de
rien écouter qui pût le diſtraire.

Ce mot eſt formé du Grec σπονδὶς , *Li-*
bation , & α'υλὸς , *Flûte.*

SPONDÉASME , *ſ. m.* C'étoit , dans les
plus anciennes Muſiques Grecques , une
altération dans le Genre harmonique , lorſqu'une Corde étoit accidentellement élevée
de trois Dièſes au - deſſus de ſon Accord
ordinaire ; de ſorte que le *Spondéaſme*
étoit préciſément le contraire de l'*Eclyſe.*

STABLES , *adj.* Sons ou Cordes *ſtables* :
c'étoient , outre la Corde Proſlambanomene ,
les deux extrêmes de chaque Tétracorde ,
deſquels extrêmes ſonnant enſemble le Diateſſaron ou la Quarte , l'Accord ne changeoit
jamais , comme faiſoit celui des Cordes du
milieu , qu'on tendoit ou relâchoit ſuivant
les Genres , & qu'on appelloit pour cela *Sons*
ou *Cordes mobiles.*

STYLE , *ſ. m.* Caractere diſtinctif de
compoſition ou d'exécution. Ce caractere
vare beaucoup ſelon les pays , le goût des

Peuples ; le génie des Auteurs : felon les matieres, les lieux, les tems, les fujets, les expreffions, &c.

On dit en France le *Style* de Lully, de Rameau, de Mondonville, &c. En Allemagne, on dit le *Style* de Haffe, de Gluck, de Graun. En Italie, on dit le *Style* de Léo, de Pergolefe, de Jomelli, de Buranello. Le *Style* des Mufiques d'Eglife n'eft pas le même que celui des Mufiques pour le Théâtre ou pour la Chambre. Le *Style* des Compofitions Allemandes eft fautillant, coupé, mais harmonieux. Le *Style* des Compofitions Françoifes eft fade, plat ou dur, mal cadencé, monotone ; celui des Compofitions Italiennes eft fleuri, piquant, énergique.

Style dramatique ou imitatif, eft un *Style* propre à exciter ou peindre les paffions. *Style* d'Eglife, eft un *Style* férieux, majeftueux, grave. *Style* de Mottet, où l'Artifte affecte de fe montrer tel, eft plutôt claffique & favant qu'énergique ou affectueux. *Style* Hyporchématique, propre à la joie, au plaifir, à la danfe, & plein de mouvemens vifs, gais & bien marqués. *Style* fymphonique ou inftrumental. Comme chaque Inftrument a fa touche, fon doigter, fon caractere particulier, il a auffi fon *Style*. *Style* Mélifmatique ou naturel, & qui fe préfente le premier aux gens qui n'ont point appris. *Style* de Fantaifie, peu lié, plein d'idées, libre de toute contrainte. *Style* Choraïque ou danfant, lequel fe divife en autant de branches différentes qu'il y a de caracteres dans la danse , &c.

Les Anciens avoient aussi leurs *Styles* dif-férens. (Voyez MODE & MÉLOPÉE.)

SUJET , *s. f.* Terme de composition : c'est la partie principale du Dessein , l'idée qui sert de fondement à toutes les autres. (Voyez DESSEIN.) Toutes les autres parties ne demandent que de l'art & du travail ; celle - ci seule dépend du génie , & c'est en elle que consiste l'invention. Les principaux *Sujets* en Musique produisent des Rondeaux , des Imitations , des Fugues , &c. Voyez ces mots. Un Compositeur stérile & froid , après avoir avec peine trouvé quelque mince *Sujet* , ne fait que le retourner , & le promener de Modulation en Modulation ; mais l'Artiste qui a de la chaleur & de l'imagination sait , sans laisser oublier son *Sujet* , lui donner un air neuf chaque fois qu'il le représente.

SUITE , *s. f.* (Voyez SONATE.)

SUPER-SUS , *s. m.* Nom qu'on donnoit jadis aux Dessus quand ils étoient très-aigus.

SUPPOSITION , *s. f.* Ce mot a deux sens en Musique.

1°. Lorsque plusieurs Notes montent ou descendent diatoniquement dans une Partie sur une même Note d'une autre Partie ; alors ces Notes diatoniques ne sauroient toutes faire Harmonie ; ni entrer à la fois dans le même Accord : il y en a donc qu'on y compte pour rien , & ce sont ces Notes étrangeres à

l'Harmonie, qu'on appelle Notes *par sup-*
pofition.

La regle générale eft, quand les Notes
font égales, que toutes celles qui frappent
fur le Tems fort portent Harmonie ; celles
qui paffent fur le Tems foible font des Notes
de *Suppofition* qui ne font mifes que pour
le Chant & pour former des Degrés conjoints.
Remarquez que par *Tems fort & Tems foible*,
j'entends moins ici les principaux Tems de
la Mefure que les Parties mêmes de chaque
Tems. Ainfi, s'il y a deux Notes égales dans
un même Tems, c'eft la premiere qui porte
Harmonie ; la feconde eft de *Suppofition.*
Si le Tems eft compofé de quatre Notes
égales, la premiere & la troifieme portent
Harmonie, la feconde & la quatrieme font
les Notes de *Suppofition*, &c.

Quelquefois on pervertit cet ordre ; on
paffe la premiere Note par *Suppofition*, &
l'on fait porter la feconde ; mais alors la valeur de cette feconde Note eft ordinairement
augmentée par un point aux dépens de la
premiere.

Tout ceci fuppofe toujours une marche
diatonique par Degrés conjoints : car quand
les Degrés font disjoints, il n'y a point de
Suppofition, & toutes les Notes doivent entrer dans l'Accord.

2°. On appelle Accords par *Supoofition*
ceux où la Baffe-continue ajoute ou fuppofe un nouveau Son au-deffous de la
Baffe-fondamentale ; ce qui fait que de tels

Accords

Accords excedent toujours l'étendue de l'Octave.

Les diſſonances des Accords par *Suppoſition* doivent toujours être préparées par des ſyncopes, & ſauvées en deſcendant diatoniquement ſur des Sons d'un Accord ſous lequel la même Baſſe *ſuppoſée* puiſſe tenir comme Baſſe - fondamentale, ou du moins comme Baſſe - continue. C'eſt ce qui fait que les Accords par *Suppoſition*, bien examinés, peuvent tous paſſer pour de pures ſuſpenſions. (Voyez SUSPENSION.)

Il y a trois ſortes d'Accords par *Suppoſition* ; tous ſont des Accords de Septieme. La premiere, quand le Son ajouté eſt une Tierce au-deſſous du Son fondamental ; tel eſt l'Accord de Neuvieme : ſi l'Accord de Neuvieme eſt formé par la Médiante ajoutée au - deſſous de l'Accord ſenſible en Mode mineur, alors l'Accord prend le nom de Quinte ſuperflue. La ſeconde eſpece eſt quand le Son ſuppoſé eſt une Quinte au-deſſous du fondamental, comme dans l'Accord de Quarte ou Onzieme : ſi l'Accord eſt ſenſible & qu'on ſuppoſe la Tonique, l'Accord prend le nom de Septieme ſuperflue. La troiſieme eſpece eſt celle où le Son ſuppoſé eſt au-deſſous d'un Accord de Septieme diminuée : s'il eſt une Tierce au - deſſous, c'eſt-à-dire, que le Son ſuppoſé ſoit la Dominante, l'Accord s'appelle Accord de Seconde mineure & Tierce majeure ; il eſt fort peu uſité : ſi le Son ajouté eſt une Quinte au-deſſous, ou que ce Son ſoit la Médiante, l'Accord s'appelle Accord de Quarte & Quinte superflue , & s'il est une Septieme au-dessous, c'est-à-dire la Tonique elle-même, l'Accord prend le nom de Sixte mineure & Septieme superflue. A l'égard des renver-semens de ces divers Accords , où le Son supposé se transporte dans les Parties supé-rieures ; n'étant admis que par licence , ils ne doivent être pratiqués qu'avec choix & circonspection. L'on trouvera au mot *Accord* tous ceux qui peuvent se tolérer.

SURAIGUES. Tétracorde des *suraiguës* ajouté par l'Arétin. (Voyez SYSTEME.)

SURNUMÉRAIRE ou AJOUTÉE , *s. f.* C'étoit le nom de la plus basse corde du Systême des Grecs ; ils l'appelloient en leur langue Proslambanoménos. (Voyez ce mot.)

SUSPENSION , *s. f.* Il y a *Suspension* dans tout Accord sur la Basse duquel on soutient un ou plusieurs Sons de l'Accord précédent, avant que de passer à ceux qui lui appar-tiennent : comme si, la Basse passant de la Tonique à la Dominante , je prolonge encore quelques instans sur cette Dominante l'Ac-cord de la Tonique qui la précede avant de le résoudre sur le sien , c'est une *Sus-pension.*

Il y a des *Suspensions* qui se chiffrent & entrent dans l'Harmonie. Quand elles sont dissonantes , ce sont toujours des Accords par *Supposition.* (Voyez SUPPOSITION.) D'autres *Suspensions* ne font que de goût ; mais de quelque nature qu'elles soient , on doit toujours les aſſujettir aux trois regles ſuivantes.

I. La *Suſpenſion* doit toujours ſe faire ſur le frappé de la Meſure ou du moins ſur un Tems fort.

II. Elle doit toujours ſe réſoudre diatoniquement, ſoit en montant, ſoit en deſcendant ; c'eſt -à-dire, que chaque Partie qui a ſuſpendu, ne doit enſuite monter ou deſcendre que d'un Degré pour arriver à l'Accord naturel de la Note de Baſſe qui a porté la *Suſpenſion*.

III. Toute *Suſpenſion* chiffrée doit ſe ſauver en deſcendant, excepté la ſeule Note ſenſible qui ſe ſauve en montant.

Moyennant ces précautions il n'y a point de *Suſpenſion* qu'on ne puiſſe pratiquer avec ſuccès, parce qu'alors l'oreille, preſſentant ſur la Baſſe la marche des Parties, ſuppoſe d'avance l'Accord qui ſuit. Mais c'eſt au goût ſeul qu'il appartient de choiſir & diſtribuer à propos les *Suſpenſions* dans le Chant & dans l'Harmonie.

SYLLABE, *ſ. f.* Ce nom a été donné par quelques Anciens, & entr'autres par Nicomaque, à la Conſonnance de la Quarte qu'ils appelloient communément Diateſſaron. Ce qui prouve encore par l'étymologie, qu'ils regardoient le Tétracorde, ainſi que nous regardons l'Octave, comme comprenant tous les Sons radicaux ou compoſans.

SYMPHONIASTE, *ſ. m.* Compoſiteur de Plain - Chant. Ce terme eſt devenu tech=

nique depuis qu'il a été employé par M. l'Abbé le Beuf.

SYMPHONIE, *s. f.* Ce mot, formé du Grec σύν, *avec*, & φωνὴ, *Son*, signifie, dans la Musique ancienne, cette union des Sons qui forment un Concert. C'est un sentiment reçu & , je crois, démontré, que les Grecs ne connoissoient pas l'Harmonie dans le sens que nous donnons aujourd'hui à ce mot. Ainsi, leur *Symphonie* ne formoit pas des Accords, mais elle résultoit du concours de plusieurs Voix ou de plusieurs Instrumens, ou d'Instrumens mêlés aux Voix, chantant ou jouant la même Partie. Cela se faisoit de deux manieres : ou tout concertoit à l'unisson, & alors la *Symphonie* s'appelloit plus particuliérement *Homophonie* ; ou la moitié des Concertans étoit à l'Octave ou même à la double Octave de l'autre, & cela se nommoit *Antiphonie.* On trouve la preuve de ces distinctions dans les Problêmes d'Aristote, Section 19.

Aujourd'hui le mot de *Symphonie* s'applique à toute Musique instrumentale, tant des Pieces qui ne sont destinées que pour les Instrumens, comme les Sonates & les Concerto, que de celles où les Instrumens se trouvent mêlés avec les Voix, comme dans nos Opéra & dans plusieurs autres sortes de Musiques. On distingue la Musique vocale en Musique sans *Symphonie*, qui n'a d'autre Accompagnement que la Basse-continue ; & Musique avec *Symphonie*, qui a au moins un Dessus d'Instrumens, Violons,

Flûtes ou Hautbois. On dit d'une Piece qu'elle eſt en grande *Symphonie*, quand, outre la Baſſe & les Deſſus, elle a encore deux autres Parties Inſtrumentales ; ſavoir, Taille & Quinte de Violon. La Muſique de la Chapelle du Roi, celle de pluſieurs Égliſes, & celle des Opéra ſont preſquè toujours en grande *Symphonie.*

SYNAPHE, *ſ. ſ.* Conjonction de deux Tétracordes, ou, plus préciſément, réſonnance de Quarte ou Diateſſaron, qui ſe fait entre les Cordes homologues de deux Tétracordes conjoints. Ainſi, il y a trois *Synaphes* dans le Syſtême des Grecs : l'une entre le Tétracorde des Hypates & celui des Meſes ; l'autre entre le Tétracorde des Meſes & celui des Conjointes ; & la troiſieme, entre le Tétracorde des Disjointes & celui des Hyperbolées. (Voyez SYSTEME, TÉTRACORDE.)

SYNAULIE, *ſ. ſ.* Concert de pluſieurs Muſiciens, qui, dans la Muſique ancienne, jouoient & ſe répondoient alternativement ſur des Flûtes ſans aucun mêlange de Voix.

M. Malcolm, qui doute que les Anciens euſſent une Muſique compoſée uniquement pour les Inſtrumens, ne laiſſe pas de citer cette *Synaulie* après Athénée, & il a raiſon : car ces *Synaulies* n'étoient autre choſe qu'une Muſique vocale jouée par des Inſtrumens.

SYNCOPE, *ſ. ſ.* Prolongement ſur le Tems fort d'un Son commencé ſur le Tems foible ; ainſi, toute Note *Synçopée* eſt à contre-tems, & toute ſuite de Notes Syncopées eſt une marche à contre - tems.

Il faut remarquer que la *Syncope* n'exiſte pas moins dans l'Harmonie, quoique le Son qui la forme, au lieu d'être continu, ſoit refrappé par deux ou pluſieurs Notes, pourvu que la diſpoſition de ces Notes qui répetent le même Son, ſoit conforme à la définition.

La *Syncope* a ſes uſages dans la Mélodie pour l'expreſſion & le goût du Chant; mais ſa principale utilité eſt dans l'Harmonie pour la pratique des Diſſonances. La premiere partie de la *Syncope* ſert à la préparation: la Diſſonance ſe frappe ſur la Seconde; &, dans une Succeſſion de Diſſonances, la premiere partie de la *Syncope* ſuivante ſert en même tems à ſauver la Diſſonance qui précede, & à préparer celle qui ſuit.

Syncope, de σὺν, *avec*, & de κόπτω, *je coupe*, je bats; parce que la *Syncope* retranche de chaque Tems, heurtant, pour ainſi dire, l'un avec l'autre. M. Rameau veut que ce mot vienne du choc des Sons qui s'entre-heurtent en quelque ſorte dans la Diſſonance; mais les *Syncopes* ſont antérieures à notre Harmonie, & il y a ſouvent des *Syncopes* ſans Diſſonance.

SYNNÉMÉNON, *gén. plur. fém.* Tétracorde de *Synnéménon* ou des Conjointes. C'eſt le nom que donnoient les Grecs à leur troiſieme Tétracorde, quand il étoit conjoint avec le ſecond, & diviſé d'avec le quatrieme. Quand au contraire il étoit conjoint au quatrieme & diviſé du ſecond, ce même

Tétracorde prenoit le nom de *Diézeugménon* ou des Divisées. (Voyez aussi TÉTRACORDE, SYSTEME.)

SYNNÉMÉNON DIATONOS étoit, dans l'ancienne Musique, la troisieme Corde du Tétracorde *Synnéménon* dans le genre Diatonique ; & comme cette troisieme corde étoit la même que la seconde corde du Tétracorde des Disjointes, elle portoit aussi dans ce Tétracorde le nom de *Trite Diézeugménon.* (Voyez TRITE, SYSTEME, TÉTRACORDE.)

Cette même corde, dans les deux autres Genres, portoit le nom du Genre où elle étoit employée ; mais alors elle ne se confondoit pas avec la Trite Diézeugménon. (Voy. GENRE.)

SYNTONIQUE ou DUR, *adj.* C'est l'épithete par laquelle Aristoxène distingue celle des deux especes du Genre Diatonique ordinaire, dont le Tétracorde est divisé en un semi-*Ton* & deux *Tons* égaux : au lieu que dans le Diatonique mol, après le semi-*Ton*, le premier Intervalle est de trois quarts-de-*Ton*, & le second de cinq. (Voyez GENRES, TÉTRACORDES.)

Outre le Genre *Syntonique* d'Aristoxène, appellé aussi *Diatono-Diatonique*, Ptolomée en établit un autre par lequel il divise le Tétracorde en trois Intervalles : le premier, d'un semi-Ton majeur, le second, d'un *Ton* majeur ; & le troisieme, d'un *Ton* mineur. Ce Diatonique dur ou *Syntonique* de Ptolomée nous est resté, & c'est aussi le

Diatonique unique de Dydime ; à cette différence près , que , Dydime ayant mis ce
Ton mineur au grave , & le *Ton* majeur à
l'aigu , Ptolomée renverfa cet ordre.

On verra d'un coup - d'œil la différence
de ces deux Genres *Syntoniques* par les rapports des Intervalles qui compofent le Tétracorde dans l'un & dans l'autre.

$$\text{Syntonique d'Ariftoxène,} \quad \frac{3}{20} + \frac{6}{20} + \frac{6}{20} = \frac{3}{4}$$

$$\text{Syntonique de Ptolomée,} \quad \frac{15}{16} + \frac{8}{9} + \frac{9}{10} = \frac{3}{4}$$

Il y avoit d'autres *Syntoniques* encore , &
l'on en comptoit quatre efpeces principales ,
favoir , l'Ancien , le Réformé , le Tempéré ,
& l'Égal. Mais c'eft perdre fon tems , &
abufer de celui du Lecteur , que de le promener par toutes ces divifions.

SYNTONO-LYDIEN , *adj*. Nom d'un
des Modes de l'ancienne Mufique. Platon
dit que les Modes Mixo-Lydien , & Syntono-Lydien font propres aux larmes.

On voit dans le premier livre d'Ariftide
Quintilien une lifte des divers Modes qu'il
ne faut pas confondre avec les Tons qui portent le même nom , & dont j'ai parlé fous
le mot *Mode* pour me conformer à l'ufage
Moderne introduit fort mal-à-propos par
Glaréan. Les Modes étoient des manieres
différentes de varier l'ordre des Intervalles.

Les Tons différoient, comme aujourd'hui, par leurs Cordes fondamentales. C'est dans le premier sens qu'il faut entendre le Mode Syntono-Lydien dont parle Platon, & duquel nous n'avons, au reste, aucune explication.

SYSTEME, *s. m.* Ce mot ayant plusieurs acceptions dont je ne puis parler que successivement, me forcera d'en faire un très-long article.

Pour commencer par le sens propre & technique, je dirai d'abord qu'on donne le nom de *Systême* à tout Intervalle composé ou conçu comme composé d'autres Intervalles plus petits, lesquels, considérés comme les élémens du *Systême*, s'appellent *Diastême*. (Voyez DIASTEME.)

. Il y a une infinité d'Intervalles différens, & par conséquent aussi une infinité de *Systêmes* possibles. Pour me borner ici à quelque chose de réel, je parlerai seulement des *Systêmes* harmoniques, c'est-à-dire, de ceux dont les élémens sont ou des Consonnances, ou des différences des Consonnances, ou des différences de ces différences. (Voyez INTERVALLES.)

Les Anciens divisoient les *Systêmes* en généraux & particuliers. Ils appelloient *Systêmes particuliers* tout composé d'au-moins deux Intervalles; tels que sont ou peuvent être conçues l'Octave, la Quinte, la Quarte, la Sixte, & même la Tierce. J'ai parlé des *Systêmes* particuliers au mot *Intervalle*.

Les *Systêmes* généraux, qu'ils appelloient

plus communément *Diagrammes*, étoient formés par la somme de tous les *Syſtêmes* particuliers, & comprenoient, par conſéquent, tous les Sons employés dans la Muſique. Je me borne ici à l'examen de leur *Syſtême* dans le Genre Diatonique; les différences du Chromatique & de l'Enharmonique étant ſuffiſamment expliquées à leurs mots.

On doit juger de l'état & des progrès de l'ancien *Syſtême* par ceux des Inſtrumens deſtinés à l'exécution : car ces Inſtrumens accompagnant à l'uniſſon les Voix, & jouant tout ce qu'elles chantoient, devoient former autant de Sons différens qu'il en entroit dans le *Syſtême*. Or les Cordes de ces premiers Inſtrumens ſe touchoient toujours à vide; il y faloit donc autant de Cordes que le *Syſtême* renfermoit de Sons; & c'eſt ainſi que, dès l'origine de la Muſique, on peut, ſur le nombre des Cordes de l'Inſtrument, déterminer le nombre des Sons du *Syſtême*.

Tout le *Syſtême* des Grecs ne fut donc d'abord compoſé que de quatre Sons tout au plus, qui formoient l'Accord de leur Lyre ou Cythare. Ces quatre Sons, ſelon quelques-uns, étoient par Degrés conjoints: ſelon d'autres ils n'étoient pas Diatoniques; mais les deux extrêmes ſonnoient l'Octave, & les deux moyens la partageoient en une Quarte de chaque côté & un *Ton* dans le milieu; de la maniere ſuivante.

Ut — Trite Diézeugménon.
Sol — Lichanos Méſon.
Fa — Parhypate Méſon.
Ut — Parhypate Hypaton.

C'eſt ce que Boëce appelle le Tétracorde de Mercure, quoique Diodore avance que la Lyre de Mercure n'avoit que trois Cordes. Ce *Syſtéme* ne demeura pas long-tems borné à ſi peu de Sons : Chorebe, fils d'Athis Roi de Lydie, y ajouta une cinquieme Corde ; Hyagnis, une ſixieme ; Terpandre, une ſeptieme pour égaler le nombre des planetes ; & enfin Lychaon de Samos, la huitieme.

Voilà ce que dit Boëce : mais Pline dit que Terpandre, ayant ajouté trois Cordes aux quatre anciennes, joua le premier de la Cythare à ſept Cordes ; que Simonide y en joignit une huitieme, & Timothée une neuvieme. Nicomaque le Géraſénien attribue cette huitieme Corde à Pythagore, la neuvieme à Théophraſte de Piérie, puis une dixieme à Hyſtiée de Colophon, & une onzieme à Timothée de Milet. Phérécrate dans Plutarque fait faire au *Syſtéme* un progrès plus rapide ; il donne douze Cordes à la Cythare de Ménalippide, & autant à celle de Timothée. Et comme Phérécrate étoit contemporain de ces Muſiciens, en ſuppoſant qu'il a dit en effet ce que Plutarque lui fait dire, ſon témoignage eſt d'un grand poids fur un fait qu'il avoit fous les yeux.

Mais comment s'affurer de la vérité parmi tant de contradictions, foit dans la doctrine des Auteurs, foit dans l'ordre des faits qu'ils rapportent ? Par exemple le Tétracorde de Mercure donne évidemment l'Octave ou le Diapafon. Comment donc s'eft-il pu faire qu'après l'addition de trois Cordes, tout le Diagramme fe foit trouvé diminué d'un Degré & réduit à un Intervalle de Septieme ? C'eft pourtant ce que font entendre la plupart des Auteurs, & entr'autres Nicomaque, qui dit que Pythagore trouvant tout le *Syftéme* compofé feulement de deux Tétracordes conjoints, qui formoient entre leurs extrémités un Intervalle diffonant, il le rendit confonnant en divifant ces deux Tétracordes par l'Intervalle d'un *Ton*, ce qui produifit l'Octave.

Quoi qu'il en foit, c'eft du moins une chofe certaine que le *Syftéme* des Grecs s'étendit infenfiblement tant en haut qu'en bas, & qu'il atteignit & paffa même l'étendue du Dis-Diapafon ou de la double Octave : étendue qu'ils appellerent *Syftema perfectum*, *maximum*, *immutatum* ; le grand *Syftéme*, le *Syftéme* parfait, immuable par excellence : à caufe qu'entre fes extrémités, qui formoient entr'elles une Confonnance parfaite, étoient contenues toutes les Confonnances fimples, doubles, directes & renverfées, tous les *Syftémes* particuliers, & felon eux, les plus grands Intervalles qui puiffent avoir lieu dans la Mélodie.

Ce *Systéme* entier étoit composé de quatre Tétracordes, trois conjoints & un disjoint, & d'un *Ton* de plus, qui fut ajouté au-deſſous du tout pour achever la double Oc-tave : d'où la Corde qui le formoit prit le nom de *Proſlambanomene* ou d'*Ajoutée*. Cela n'auroit dû, ce ſemble, produire que quinze Sons dans le Genre Diatonique : il y en avoit pourtant ſeize. C'eſt que la disjonction ſe faiſant ſentir, tantôt entre le ſecond & le troiſieme Tétracorde, tantôt entre le troi-ſieme & le quatrieme, il arrivoit, dans le premier cas, qu'après le Son *la*, le plus ai-gu du ſecond Tétracorde, ſuivoit en mon-tant le *ſi* naturel qui commençoit le troi-ſieme Tétracorde ; ou bien, dans le ſecond cas, que ce même Son *la* commençant lui - même le troiſieme Tétracorde, étoit immédiatement ſuivi du *ſi* Bémol : car le premier Degré de chaque Tétracorde dans le Genre Diatonique, étoit toujours d'un ſemi-Ton. Cette différence produiſoit donc un ſeizieme Son à cauſe du *ſi* qu'on avoit naturel d'un côté & Bémol de l'autre. Les ſeize Sons étoient repréſentés par dix-huit noms : c'eſt-à-dire que l'*ut* & le *re* étant ou les Sons aigus ou les Sons moyens du troi-ſieme Tétracorde, ſelon ces deux cas de disjonction, l'on donnoit à chacun de ces deux Sons un nom qui déterminoit ſa po-ſition.

Mais comme le Son fondamental varioit ſelon le Mode, il s'enſuivoit pour le lieu qu'occupoit chaque Mode dans le *Syſtéme* total une différence du grave à l'aigu qui multiplioit beaucoup les Sons ; car si les divers Modes avoient plusieurs Sons communs, ils en avoient aussi de particuliers à chacun ou à quelques-uns seulement. Ainsi, dans le seul Genre Diatonique, l'étendue de tous les Sons admis dans les quinze Modes dénombrés par Alypius est de trois Octaves, & , comme la différence du Son fondamental de chaque Mode à celui de son voisin étoit seulement d'un semi-Ton, il est évident que tout cet espace gradué de semi-Ton en semi-Ton produisoit, dans le Diagramme général, la quantité de 34 Sons pratiqués dans la Musique ancienne. Que si, déduisant toutes les Répliques des mêmes Sons, on se renferme dans les bornes d'une Octave , on la trouvera divisée chromatiquement en douze Sons différens, comme dans la Musique moderne. Ce qui est manifeste par l'inspection des Tables mises par Meibomius à la tête de l'ouvrage d'Alypius. Ces remarques sont nécessaires pour guérir l'erreur de ceux qui croient, sur la foi de quelques Modernes, que la Musique ancienne n'étoit composée en tout que de seize Sons.

On trouvera (*Pl.* H. *Fig.* 2.) une Table du *Systême* général des Grecs pris dans un seul Mode & dans le Genre Diatonique. A l'égard des Genres Enharmonique & Chromatique , les Tétracordes s'y trouvoient bien divisés selon d'autres proportions ; mais comme ils contenoient toujours également quatre Sons & trois Intervalles consécutifs, de même que le Genre Diatonique, ces Sons portoient chacun dans leur Genre le même nom qui leur correspondoit dans celui-ci : c'est pourquoi je ne donne point de Tables particulieres pour chacun de ces Genres. Les Curieux pourront consulter celles que Meibomius a mises à la tête de l'ouvrage d'Aristoxène. On y en trouvera six ; une pour le Genre Enharmonique, trois pour le Chromatique, & deux pour le Diatonique, selon les dispositions de chacun de ces Genres dans le *Système* Aristoxénien.

Tel fut, dans sa perfection, le *Système* général des Grecs ; lequel demeura à - peuprès dans cet état jusqu'à l'onzieme siecle ; tems où Guy d'Arezzo y fit des changemens considérables. Il ajouta dans le bas une nouvelle Corde qu'il appella *Hypoproslambanomene*, ou *Sous-ajoutée*, & dans le haut un cinquieme Tétracorde, qu'il appella le Tétracorde des Suraiguës. Outre cela, il inventa, dit-on, le Bémol, nécessaire pour distinguer la deuxieme Corde d'un Tétracorde conjoint d'avec la premiere Corde du même Tétracorde disjoint : c'est-à-dire qu'il fixa cette double signification de la lettre B. que Saint Grégoire, avant lui, avoit déjà assignée à la Note *si*. Car puisqu'il est certain que les Grecs avoient, depuis long-tems, ces mêmes conjonctions & disjonctions de Tétracordes, &, par conséquent, des signes pour en exprimer chaque

Degré dans ces deux différens cas, il s'enfuit
que ce n'étoit pas un nouveau Son introduit
dans le *Syftéme* par Guy, mais feulement un
nouveau nom qu'il donnoit à ce Son, rédui-
fant ainfi à un même Degré ce qui en faifoit
deux chez les Grecs. Il faut dire auffi de ces
Hexacordes fubftitués à leurs Tétracordes,
que ce fut moins un changement au *Syftéme*
qu'à la méthode, & que tout celui qui en
réfultoit, étoit une maniere de folfier les
mêmes Sons. (Voyez GAMME, MUANCES,
SOLFIER.)

On conçoit aifément que l'invention du
Contre - point, à quelque Auteur qu'elle
foit due, dut bientôt reculer encore les
bornes de ce *Syftéme*. Quatre Parties doivent avoir plus d'étendue qu'une feule. Le
Syftéme fut fixé à quatre Octaves, & c'eft
l'étendue du Clavier de toutes les anciennes
Orgues. Mais on s'eft enfin trouvé gêné par
des limites, quelque efpace qu'elles puffent
contenir ; on les a franchies, on s'eft étendu
en haut & en bas ; on a fait des Claviers
à ravalement ; on a démanché fans ceffe ;
on a forcé les Voix, & enfin l'on s'eft tant
donné de carriere à cet égard, que le *Syftéme* moderne n'a plus d'autres bornes dans
le haut que le chevalet du Violon. Comme
on ne peut pas de même démancher pour
defcendre, la plus baffe Corde des Baffes
ordinaires ne paffe pas encore le C *fol ut* :
mais on trouvera également le moyen de
gagner de ce côté-là en baiffant le Ton du
Syftéme général : c'eft même ce qu'on a déjà
commencé

commencé de faire, & je tiens pour certain qu'en France le Ton de l'Opéra est plus bas aujourd'hui qu'il ne l'étoit du tems de Lully. Au contraire, celui de la Musique instrumentale est monté comme en Italie, & ces différences commencent même à devenir assez sensibles pour qu'on s'en apperçoive dans la pratique.

Voyez (*Planche* I. *Fig.* 1.) une Table générale du grand Clavier à ravalement, & de tous les Sons qui y sont contenus dans l'étendue de cinq Octaves.

SYSTEME est encore, ou une méthode de calcul pour déterminer les rapports des Sons admis dans la Musique, ou un ordre de signes établis pour les exprimer. C'est dans le premier sens que les Anciens distinguoient le *Systéme* Pythagoricien & le *Systéme* Aristoxénien. (Voyez ces mots.) C'est dans le second que nous distinguons aujourd'hui le *Systéme* de Guy, le *Systéme* de Sauveur, de Démos, du P. Souhaitti, &c. desquels il a été parlé au mot *Note*.

Il faut remarquer que quelques-uns de ces *Systémes* portent ce nom dans l'une & dans l'autre acception : comme celui de M. Sauveur, qui donne, à la fois, des regles pour déterminer les rapports des Sons, & des Notes pour les exprimer ; comme on peut le voir dans les Mémoires de cet Auteur, répandus dans ceux de l'Académie des Sciences. (Voyez aussi les Mots MÉRIDE, EPTAMÉRIDE, DÉCAMÉRIDE.)

Tel est encore un autre *Systéme* plus nou-

veau , lequel étant demeuré manuscrit &
destiné peut-être à n'être jamais vu du Public en entier , vaut la peine que nous en
donnions ici l'extrait , qui nous a été com-
muniqué par l'Auteur M. Roualle de Boifgelou, Conseiller au Grand-Conseil, déjà cité
dans quelques articles de ce Dictionnaire.

Il s'agit premiérement de déterminer le
rapport exact des Sons dans le Genre Diatonique & dans le Chromatique; ce qui se
faisant d'une maniere uniforme pour tous
les Tons , fait par conséquent évanouir le
Tempérament.

Tout le *Systéme* de M. de Boisgelou est
sommairement renfermé dans les quatre formules que je vais transcrire , après avoir
rappellé au Lecteur les regles établies en
divers endroits de ce Dictionnaire sur la
maniere de comparer & composer les Intervalles ou les rapports qui les expriment. On
se souviendra donc :

1. Que pour ajouter un Intervalle à un
autre , il faut en composer les rapports.
Ainsi , par exemple , ajoutant la Quinte $\frac{2}{3}$,
à la Quarte $\frac{3}{4}$, on a $\frac{6}{12}$, ou $\frac{1}{2}$; savoir l'Octave.

2. Que pour ajouter un Intervalle à lui-
même , il ne faut qu'en doubler le rapport.
Ainsi , pour ajouter une Quinte à une autre
Quinte , il ne faut qu'élever le rapport de la

Quinte à sa seconde puissance $\frac{2^2}{3^2} = \frac{4}{9}$.

3. Que pour rapprocher ou simplifier un
Intervalle redoublé tel que celui-ci $\frac{4}{9}$, il suffit

d'ajouter le petit nombre à lui-même une ou plufieurs fois; c'eft - à - dire, d'abaiffer les Octaves jufqu'à ce que les deux termes, étant auffi rapprochés qu'il eft poffible, donnent un Intervalle fimple. Ainfi, de $\frac{4}{3}$ faifant $\frac{8}{3}$, on a pour le produit de la Quinte redoublée le rapport du *Ton* majeur.

J'ajouterai que dans ce Dictionnaire j'ai toujours exprimé les rapports des Intervalles par ceux des vibrations, au lieu que M. de Boifgelou les exprime par les longueurs des Cordes; ce qui rend fes expreffions inverfes des miennes. Ainfi, le rapport de la Quinte par les vibrations étant $\frac{2}{3}$, eft $\frac{3}{2}$ par les longueurs des Cordes. Mais on va voir que ce rapport n'eft qu'approché dans le *Syftéme* de M. de Boifgelou.

Voici maintenant les quatre formules de cet Auteur avec leur explication.

FORMULES.

$$\left\{ \begin{array}{l} \text{A.} \quad 12 \int - 7r \pm t = 0. \\ \text{B.} \quad 12 x - 5t \pm r = 0. \end{array} \right.$$

$$\left\{ \begin{array}{l} \text{C.} \quad 7 \int - 4r \pm x = 0, \\ \text{D.} \quad 7 x - 4t \pm \int = 0. \end{array} \right.$$

EXPLICATION.

Rapport de l'Octave . . . 2 : 1.
Rapport de la Quinte . . . n : 1.
Rapport de la Quarte . . . 2 : n.

Rapport de l'Intervalle qui vient de Quinte. n^r. 2 .

Rapport de l'Intervalle qui vient de Quarte. 2^s. n^r.

r. Nombre de Quintes ou de Quartes de l'Intervalle.

f. Nombre d'Octaves combinées de l'Intervalle.

s. Nombre de semi-Tons de l'Intervalle.

x. Gradation diatonique de l'Intervalle ; c'eſt-à-dire , nombre des Secondes diatoniques majeures & mineures de l'Intervalle.

$x. \pm 1$. Gradation des termes d'où l'Intervalle tire ſon nom.

Le premier cas de chaque formule a lieu, lorſque l'Intervalle vient de Quintes.

Le ſecond cas de chaque formule a lieu , lorſque l'Intervalle vient de Quartes.

Pour rendre ceci plus clair par des exemples, commençons par donner des noms à chacune des douze touches du Clavier.

Ces noms, dans l'arrangement du Clavier propofé par M. de Boifgelou, (*Pl.* I. *Fig.* 3.) font les fuivans.

Ut de re ma mi fa fi fol be la fa fi.

Tout Intervalle eft formé par la progreffion de Quintes ou par celle de Quartes, ramenées à l'Octave. Par exemple, l'Intervalle *fi ut* eft formé par cette progreffion de 5 Quartes *fi mi la re fol ut*, ou par cette progreffion de 7 Quintes *fi fi de be ma fa fa ut*.

De même l'Intervalle *fa la* eft formé par cette progreffion de 4 Quintes *fa ut fol re la*, ou par cette progreffion de 8 Quartes *fa fa ma be de fi fi mi la*.

De ce que le rapport de tout Intervalle qui vient de Quintes eft $n^r . 2^s$. & que celui qui vient de Quartes eft $2^s : n^r$. il s'enfuit qu'on a pour le rapport de l'Intervalle *fi ut*, quand il vient de Quartes, cette proportion $2^s : n^r :: 2^3 : n^5$. Et fi l'Intervalle *fi ut* vient de Quintes, on a cette proportion $n^r : 2^s :: n^7 : 2^4$. Voici comment on prouve cette analogie.

Le nombre de Quartes, d'où vient l'Intervalle *fi ut*, étant de 5, le rapport de cet Intervalle eft de $2^5 : n^5$. puifque le rapport de la Quarte eft $2 : n$.

Mais ce rapport, $2^5 : n$. défigneroit un Intervalle de 2^5 femi-Tons, puifque chaque Quarte a 5 femi-Tons, & que cet Intervalle a 5 Quartes. Ainfi, l'Octave n'ayant que 12 femi-Tons, l'Intervalle *fi ut* paſſe-roit deux Octaves.

Donc pour que l'Intervalle *fi ut* ſoit moindre que l'Octave, il faut diminuer ce rapport $2^s : n^s$, de deux Octaves; c'eſt-à-dire, du rapport de $2^2 : 1$. Ce qui ſe fait par un rapport compoſé du rapport direct $2^s : n^s$, & du rapport $1 : 2^2$ inverſe de celui $2^2 : 1$, en cette ſorte; $2^s \times 1 : n^s \times 2^2 :: 2^s : 2^2 n^s :: 2^3 : n^s$.

Or, l'Intervalle *fi ut* venant de Quartes, ſon rapport, comme il a été dit ci-devant, eſt $2^s : n^r$. Donc $2^s : n^r. :: 2^3 : n^s$. Donc $s = 3$, & $r = 5$.

Ainſi, réduiſant les lettres du ſecond cas de chaque formule aux nombres correſpondans, on a pour C, $7s - 4r - x = 21 - 20 - 1 = 0$, & pour D, $7x - 4t - s = 7 - 4 - 3 = 0$.

Lorſque le même Intervalle *fi ut* vient de Quintes, il donne cette proportion $n^r : 2^s :: n^7 : 2^4$. Ainſi, l'on a $r = 7$, $s = 4$, & par conſéquent, pour A de la premiere formule, $12^s - 7r \pm t = 48 - 49 + 1 = 0$. Et pour B, $12x - 5t \pm r = 12 - 5 - 7 = 0$.

De même l'Intervalle *fa la* venant de Quintes donne cette proportion $n^r : 2^s :: n^4 : 2^2$, & par conſéquent on a $r = 4$ & $s = 2$. Le même Intervalle venant de Quartes donne cette proportion $2^s : n^r :: 2^s : n^8$, &c. Il ſeroit trop long d'expliquer ici comment on peut trouver les rapports & tout ce qui regarde les Intervalles par le moyen des formules. Ce fera mettre un Lecteur attentif fur la route que de lui donner les valeurs de n & de fes puiffances.

Valeurs des Puiffances de n.

$n^4 = 5$, c'eft un fait d'expérience.
Donc $n^8 = 25$. $n^{12} = 125$. &c.

Valeurs précifes des trois premieres Puiffances de n.

$$n = \sqrt[4]{5}, \quad n = \sqrt[2]{5}, \quad n = \sqrt[4]{125}.$$

Valeurs approchées des trois premieres Puiffances de n.

$$m = \frac{3}{2}, \quad m^2 = \frac{3^2}{2^2}, \quad m^3 = \frac{3^3}{2^3}.$$

Donc le rapport $\frac{3}{2}$, qu'on a cru jufqu'ici être celui de la Quinte jufte, n'eft qu'un rapport d'approximation, & donne une Quinte trop forte, & de-là le véritable principe du Tempérament qu'on ne peut appeller ainfi que par abus, puifque la Quinte doit être foible pour être jufte.

REMARQUES

SUR LES INTERVALLES.

Un Intervalle d'un nombre donné de femi-Tons, a toujours deux rapports diffé-

rens, l'un comme venant de Quintes, &
l'autre comme venant de Quartes. La somme
des deux valeurs de r dans ces deux rapports égale 12, & la somme des deux valeurs de s égale 7. Celui des deux rapports
de Quintes ou de Quartes dans lequel r est
le plus petit, est l'Intervalle diatonique,
l'autre est l'Intervalle chromatique. Ainsi
l'Intervalle *si ut*, qui a ces deux rapports
$2^3 : n^5$ & $n^7 : 2^4$, est un Intervalle diatonique comme venant de Quartes, & son rap-
port est $2^3 : n^5$; mais ce même Intervalle
si ut est chromatique comme venant de
Quintes, & son rapport est $n^7 : 2^4$. parce
que dans le premier cas $r = 5$ est moindre que $r = 7$ du second cas.

Au contraire l'Intervalle *fa la* qui a ces
deux rapports $n^4 : 2^2$ & $2^5 : n^8$, est diatonique dans le premier cas où il vient de
Quintes, & chromatique dans le second où
il vient de Quartes.

L'Intervalle *si ut*, diatonique, est une seconde mineure : l'Intervalle *si ut*, chromatique, ou plutôt l'Intervalle *si si* Dièse (car
alors *ut* est pris pour *si* Dièse) est un Unisson superflu.

L'Intervalle *fa la*, diatonique, est une
Tierce majeure ; l'Intervalle *fa la*, chromatique, ou plutôt l'Intervalle *mi* Dièse *la*,
(car alors *fa* est pris comme *mi* Dièse) est
une Quarte diminuée. Ainsi des autres.

Il est évident, 1°. Qu'à chaque Intervalle
diatonique correspond un Intervalle chromatique d'un même nombre de semi-Tons

& *vice verſâ*. Ces deux Intervalles de même nombre de ſemi-Tons , l'un diatonique & l'autre chromatique , ſont appellés Intervalles correſpondans.

2°. Que quand la valeur de r eſt égale à un de ces nombres 0 , 1 , 2 , 3 , 4 , 5 , 6 , l'Intervalle eſt diatonique ; ſoit que cet Intervalle vienne de Quintes ou de Quartes ; mais que ſi r eſt égal à un de ces nombres , 6 , 7 , 8 , 9 , 10 , 11 , 12 , l'Intervalle eſt chromatique.

3°. Que lorſqu'$r = 6$, l'Intervalle eſt en même tems diatonique & chromatique, ſoit qu'il vienne de Quintes ou de Quartes : tels ſont les deux Intervalles *fa ſi*, appellé Triton , & *ſi fa*, appellé Fauſſe-Quinte. Le Triton *fa ſi* eſt dans le rapport $n^6 : 2^3$. & vient de ſix Quintes ; la Fauſſe-Quinte *ſi fa* eſt dans le rapport $2^4 : n^6$. & vient de ſix Quartes : où l'on voit que dans les deux cas on a $r = 6$. Ainſi le Triton , comme Intervalle diatonique , eſt une Quarte majeure ; & , comme Intervalle chromatique, une Quarte ſuperflue : la Fauſſe-Quinte *ſi fa*, comme Intervalle diatonique , eſt une Quinte mineure ; comme Intervalle chromatique, une Quinte diminuée. Il n'y a que ces deux Intervalles & leurs Répliques qui ſoient dans le cas d'être en même tems diatoniques & chromatiques.

Les Intervalles diatoniques de même nom, & conſéquemment de même gradation , ſe diviſent en majeurs & mineurs. Les Intervalles chromatiques ſe diviſent en diminués & superflus. A chaque Intervalle diatonique mineur correspond un Intervalle chromatique superflu, & à chaque Intervalle diatonique majeur correspond un Intervalle chromatique diminué.

Tout Intervalle en montant, qui vient de Quintes, est majeur ou diminué, selon que cet Intervalle est diatonique ou chromatique ; & réciproquement tout Intervalle majeur ou diminué vient de Quintes.

Tout Intervalle en montant, qui vient de Quartes, est mineur ou superflu, selon que cet Intervalle est diatonique ou chromatique ; & *vice versâ* tout Intervalle mineur ou superflu vient de Quartes.

Ce seroit le contraire si l'Intervalle étoit pris en descendant.

De deux Intervalles correspondans, c'est-à-dire, l'un diatonique & l'autre chromatique, & qui, par conséquent, viennent l'un de Quintes & l'autre de Quartes, le plus grand est celui qui vient de Quartes, & il surpasse celui qui vient de Quintes, quant à la gradation d'une unité ; &, quant à l'intonation d'un Intervalle, dont le rapport est $2^7 : n^{12}$; c'est-à-dire, 128, 125. Cet Intervalle est la Seconde diminuée appellée communément grand Comma ou Quart-de-Ton ; & voilà la porte ouverte au Genre Enharmonique.

Pour achever de mettre les Lecteurs sur la voie des formules propres à perfectionner la théorie de la Musique, je transcrirai, (*Pl.* I. *Fig.* 4.) les deux Tables de progresfions dreffées par M. de Boifgelou, par lefquelles on voit d'un coup-d'œil les rapports de chaque Intervalle & les puiffances des termes de ces rapports felon le nombre de Quartes ou de Quintes qui les compofent.

On voit, dans ces formules, que les femi-Tons font réellement les Intervalles primitifs & élémentaires qui compofent tous les autres; ce qui a engagé l'Auteur à faire, pour ce même *Syftéme*, un changement confidérable dans les caracteres, en divifant chromatiquement la Portée par Intervalles ou Degrés égaux & tous d'un femi-Ton, au lieu que dans la Mufique ordinaire chacun de ces Degrés eft tantôt un Comma, tantôt un femi-Ton, tantôt un Ton, & tantôt un Ton & demi; ce qui laiffe à l'œil l'équivoque & à l'efprit le doute de l'Intervalle, puifque les Degrés étant les mêmes, les Intervalles font tantôt les mêmes & tantôt différens.

Pour cette réforme il fuffit de faire la Portée de dix Lignes au lieu de cinq, & d'affigner à chaque Pofition une des douze Notes du Clavier chromatique ci-devant indiqué, felon l'ordre de ces Notes, lefquelles reftant ainfi toujours les mêmes, déterminent leurs Intervalles avec la derniere précifion, & rendent abfolument inutiles tous les Dièfes, Bémols ou Béquarres, dans quelque Ton qu'on puiffe être, & tant à la Clef qu'accidentellement. Voyez la *Planche* I. où vous trouverez, *Figure 6.*

l'Echelle chromatique fans Dièfe ni Bémol ; &, *Figure* 7. l'Echelle diatonique. Pour peu qu'on s'exerce fur cette nouvelle maniere de noter & de lire la Mufique, on fera furpris de la netteté, de la fimplicité qu'elle donne à la Note, & de la facilité qu'elle apporte dans l'exécution, fans qu'il foit poffible d'y voir aucun autre inconvénient que de remplir un peu plus d'efpace fur le papier , & peut-être de papilloter un peu aux yeux dans les vîteffes par la multitude des Lignes, fur-tout dans la Symphonie.

Mais comme ce Syftême de Notes eft abfolument chromatique, il me paroît que c'eft un inconvénient d'y laiffer fubfifter les dénominations des Degrés diatoniques ; & que, felon M. de Boifgelou, *ut re*, ne devroit pas être une Seconde, mais une Tierce ; ni *ut mi* une Tierce, mais une Quinte ; ni *ut ut* une Octave, mais une Douzieme : puifque chaque femi-Ton formant réellement un Degré fur la Note, devroit en prendre auffi la dénomination ; alors $x + 1$ étant toujours égal à t dans les formules de cet Auteur, ces formules fe trouveroient extrêmement fimplifiées. Du refte, ce Syftême me paroît également profond & avantageux : il feroit à defirer qu'il fût développé & publié par l'Auteur, ou par quelque habile Théoricien.

SYSTÈME, enfin, eft l'affemblage des regles de l'Harmonie, tirées de quelques principes communs qui les raffemblent, qui forment leur liaison, desquels elles découlent, & par lesquels on en rend raison.

Jusqu'à notre siecle l'Harmonie, née successivement & comme par hasard, n'a eu que des regles éparses, établies par l'oreille, confirmées par l'usage, & qui paroissoient absolument arbitraires. M. Rameau est le premier qui, par le *Systême* de la Basse-fondamentale, a donné des principes à ces regles. Son *Systême*, sur lequel ce Dictionnaire a été composé, s'y trouvant suffisamment développé dans les principaux Articles, ne sera point exposé dans celui-ci, qui n'est déjà que trop long, & que ces répétitions superflues alongeroient encore à l'excès. D'ailleurs, l'objet de cet ouvrage ne m'oblige pas d'exposer tous les *Systêmes*, mais seulement de bien expliquer ce que c'est qu'un *Systême*, & d'éclaircir au besoin cette explication par des exemples. Ceux qui voudront voir le *Systême* de M. Rameau, si obscur, si diffus dans ses écrits, exposé avec une clarté dont on ne l'auroit pas cru susceptible, pourront recourir aux élémens de Musique de M. d'Alembert.

M. Serre de Geneve, ayant trouvé les principes de M. Rameau insuffisans à bien des égards, imagina un autre *Systême* sur le sien, dans lequel il prétend montrer que toute l'Harmonie porte sur une double Basse-fondamentale; & comme cet Auteur, ayant voyagé en Italie, n'ignoroit pas les expériences de M. Tartini, il en composa, en les joignant avec celles de M. Rameau, un

Systéme mixte, qu'il fit imprimer à Paris en 1753, sous ce titre : *Essais sur les principes de l'Harmonie*, &c. La facilité que chacun a de consulter cet ouvrage, & l'avantage qu'on trouve à le lire en entier, me dispensent aussi d'en rendre compte au public.

Il n'en est pas de même de celui de l'illustre M. Tartini dont il me reste à parler; lequel étant écrit en langue étrangere, souvent profond & toujours diffus, n'est à portée d'être consulté que de peu de gens, dont même la plupart sont rebutés par l'obscurité du Livre, avant d'en pouvoir sentir les beautés. Je ferai, le plus briévement qu'il me sera possible, l'extrait de ce nouveau *Systéme*, qui, s'il n'est pas celui de la Nature, est au moins, de tous ceux qu'on a publiés jusqu'ici, celui dont le principe est le plus simple, & duquel toutes les loix de l'Harmonie paroissent naître le moins arbitrairement.

SYSTEME DE M. TARTINI.

Il y a trois manieres de calculer les rapports des Sons.

I. En coupant sur le Monocorde la Corde entiere en ses parties par des chevalets mobiles, les vibrations ou les Sons seront en raison inverse des longueurs de la Corde & de ses parties.

II. En tendant, par des poids inégaux, des Cordes égales, les Sons seront comme les racines quarrées des poids.

III. En tendant, par des poids égaux, des Cordes égales en grosseur & inégales en longueur, ou égales en longueur & inégales en grosseur, les Sons seront en raison inverse des racines quarrées de la dimension où se trouve la différence.

En général les Sons sont toujours entre eux en raison inverse des racines cubiques des corps sonores. Or, les Sons des Cordes s'alterent de trois manieres : savoir, en altérant, ou la grosseur, c'est-à-dire le diametre de la grosseur, ou la longueur, ou la tension. Si tout cela est égal, les Cordes sont à l'Unisson. Si l'une de ces choses seulement est altérée, les Sons suivent, en raison inverse, les rapports des altérations. Si deux ou toutes les trois sont altérées, les Sons sont, en raison inverse, comme les racines des rapports composés des altérations. Tels sont les principes de tous les phénomenes qu'on observe en comparant les rapports des Sons & ceux des dimensions des corps sonores.

Ceci compris, ayant mis les regîtres convenables, touchez sur l'Orgue la pédale qui rend la plus basse Note marquée dans la *Planche* I. *Figure* 7. toutes les autres Notes marquées au-dessus résonneront en même tems, & cependant vous n'entendrez que le Son le plus grave.

Les Sons de cette Série confondus dans le Son grave, formeront dans leurs rapports la suite naturelle des fractions $\frac{1}{1}\frac{1}{2}\frac{1}{3}\frac{1}{4}\frac{1}{5}\frac{1}{6}$, &c. laquelle suite est en progression harmonique.

Cette même Série fera celle de Cordes égales tendues par des poids qui feroient comme les quarrés $\frac{1}{1}\ \frac{1}{4}\ \frac{1}{9}\ \frac{1}{16}\ \frac{1}{25}\ \frac{1}{36}$, &c. des mêmes fractions fufdites.

Et les Sons que rendroient ces Cordes font les mêmes exprimés en Notes dans l'exemple.

Ainfi donc, tous les Sons qui font en progreffion harmonique depuis l'unité, fe réuniffent pour n'en former qu'un fenfible à l'oreille, & tout le *Syftême* harmonique fe trouve dans l'unité.

Il n'y a, dans un Son quelconque, que fes aliquotes qu'il faffe réfonner, parce que dans toute autre fraction, comme feroit celle-ci $\frac{3}{5}$, il fe trouve, après la divifion de la Corde en parties égales, un refte dont les vibrations heurtent, arrêtent les vibrations des parties égales, & en font réciproquement heurtées; de forte que des deux Sons qui en réfulteroient, le plus foible eft détruit par le choc de tous les autres.

Or, les aliquotes étant toutes comprifes dans la Série des fractions $\frac{1}{1}\ \frac{1}{2}\ \frac{1}{3}\ \frac{1}{4}$, &c. ci-devant donnée, chacune de ces aliquotes eft ce que M. Tartini appelle Unité ou Monade harmonique, du concours defquelles réfulte un Son. Ainfi, toute l'Harmonie étant néceffairement comprife entre la Monade ou l'Unité compofante & le Son plein ou l'Unité compofée, il s'enfuit que l'Harmonie a, des deux côtés, l'Unité pour terme, & confifte effentiellement dans l'Unité.

L'expérience

· L'expérience fuivante, qui fert de principe à toute l'Harmonie artificielle, met
encore cette vérité dans un plus grand
jour.

Toutes les fois que deux Sons forts, juftes
& foutenus, fe font entendre au même
inftant, il réfulte de leur choc un troifieme
Son, plus ou moins fenfible, à proportion
de la fimplicité du rapport des deux premiers & de la fineffe d'oreille des écoutans.

Pour rendre cette expérience auffi fenfible
qu'il eft poffible, il faut placer deux Hautbois bien d'accord à quelques pas d'Intervalle, & fe mettre entre deux, à égale
diftance de l'un & de l'autre. A défaut de
Hautbois, on peut prendre deux Violons,
qui, bien que le Son en foit moins fort,
peuvent, en touchant avec force & jufteffe,
fuffire pour faire diftinguer le troifieme Son.

La production de ce troifieme Son, par
chacune de nos Confonnances, eft telle que
la montre la Table, (*Pl.* I. *Fig.* 8.) &
l'on peut la pourfuivre au-delà des Confonnances, par tous les Intervalles repréfentés
par les aliquotes de l'Unité.

L'Octave n'en donne aucun, & c'eft le
feul Intervalle excepté.

La Quinte donne l'Uniffon du Son grave,
Uniffon qu'avec de l'attention l'on ne laiffe
pas de diftinguer.

Les troifiemes Sons produits par les autres Intervalles, font tous au grave.

La Quarte donne l'Octave du Son aigu.
La Tierce majeure donne l'Octave du

Son grave, & la Sixte mineure, qui en est renversée, donne la double Octave du Son aigu.

La Tierce mineure donne la Dixieme majeure du Son grave ; mais la Sixte majeure, qui en est renversée, ne donne que la Dixieme majeure du Son aigu.

Le *Ton* majeur donne la Quinzieme ou double-Octave du Son grave.

Le *Ton* mineur donne la Dix-septieme, ou la double-Octave de la Tierce majeure du Son aigu.

Le *semi-Ton* majeur donne la Vingt-deuxieme, ou triple-Octave du Son aigu.

Enfin, le *semi-Ton* mineur donne la Vingt-sixieme du Son grave.

On voit, par la comparaison des quatre derniers Intervalles, qu'un changement peu sensible dans l'Intervalle change très-sensiblement le Son produit ou fondamental. Ainsi, dans le *Ton* majeur, rapprochez l'Intervalle en abaissant le Son supérieur ou élevant l'inférieur seulement d'un $\frac{80}{81}$: aussi-tôt le Son produit montera d'un *Ton*. Faites la même opération sur le *semi-Ton* majeur, & le Son produit descendra d'une Quinte.

Quoique la production du troisieme Son ne se borne pas à ces Intervalles, nos Notes n'en pouvant exprimer de plus composé, il est, pour le présent, inutile d'aller au-delà de ceux-ci.

On voit dans la suite réguliere des Consonnances qui composent cette Table, qu'elles se rapportent toutes à une base commune & produifent toutes exactement le même troifieme Son.

Voilà donc, par ce nouveau phénomene, une démonftration phyfique de l'Unité du principe de l'Harmonie.

Dans les fciences Phyfico-Mathématiques, telles que la Mufique, les démonftrations doivent bien être géométriques ; mais déduites phyfiquement de la chofe démontrée. C'eft alors feulement que l'union du calcul à la Phyfique fournit, dans les vérités établies fur l'expérience & démontrées géométriquement, les vrais principes de l'Art. Autrement la Géométrie feule donnera des Théorêmes certains, mais fans ufage dans la pratique; la Phyfique donnera des faits particuliers, mais ifolés, fans liaifon entre eux & fans aucune loi générale.

Le principe phyfique de l'Harmonie eft un, comme nous venons de le voir, & fe réfout dans la proportion harmonique. Or, ces deux propriétés conviennent au cercle ; car nous verrons bientôt qu'on y retrouve les deux Unités extrêmes de la Monade & du Son; &, quant à la proportion harmonique, elle s'y trouve auffi ; puifque dans quelque point C, (*Pl.* I. *Fig.* 9.) que l'on coupe inégalement le Diametre A B, le quarré de l'Ordonnée C D fera moyen proportionnel harmonique entre les deux rectangles des parties A C & C B du Diametre par le rayon : propriété qui fuffit pour établir la nature harmonique du Cercle. Car, bien que les Ordonnées foient moyennes géométriques entre les parties du Diametre, les quarrés de ces Ordonnées étant moyens harmoniques entre les rectangles, leurs rapports repréfentent d'autant plus exactement ceux des Cordes fonores, que les rapports de ces Cordes ou des poids tendans font auffi comme les quarrés, tandis que les Sons font comme les racines.

Maintenant, du Diametre A B, (*Pl.* I. *Fig.* 10.) divifé felon la férie des fractions $\frac{1}{2}\,\frac{1}{3}\,\frac{1}{4}\,\frac{1}{5}\,\frac{1}{6}$, lefquelles font en progreffion harmonique, foient tirées les Ordonnées C, C C; G, GG; c, cc; e, ee; & g, gg.

Le Diametre repréfente une Corde fonore, qui, divifée en mêmes raifons, donne les Sons indiqués dans l'exemple O de la même *Planche*, *Figure* 11.

Pour éviter les fractions, donnons 60 parties au Diametre, les Sections contiendront ces nombres entiers $BC = \frac{1}{2} = 30$; $BG = \frac{1}{3} = 20$; $Bc = \frac{1}{4} = 15$; $Be = \frac{1}{5} = 12$; $Bg = \frac{1}{6} = 10$.

Des points où les Ordonnées coupent le Cercle, tirons de part & d'autre des Cordes aux deux extrémités du Diametre. La fomme du quarré de chaque Corde & du quarré de la Corde correfpondante, que j'appelle fon complément, fera toujours égale au quarré du Diametre. Les quarrés des Cordes feront entr'eux comme les Abfciffes correfpondantes, par conféquent auffi en progreffion harmonique, & repréfenteront de même l'exemple O, à l'exception du premier Son.

Les quarrés des Complémens de ces

mêmes Cordes feront entr'eux comme les
Complémens des Abfciffes au Diametre,
par conféquent dans les raifons fuivantes :

$$\overline{A\,C}^2 = \tfrac{1}{2} = 50.$$

$$\overline{A\,G}^2 = \tfrac{2}{3} = 40.$$

$$\overline{A\,c}^2 = \tfrac{3}{4} = 45.$$

$$\overline{A\,e}^2 = \tfrac{4}{5} = 48.$$

$$\overline{A\,g}^2 = \tfrac{5}{6} = 50.$$

& repréfenteront les Sons de l'exemple P,
fur lequel on doit remarquer en paffant,
que cet exemple, comparé au fuivant Q &
au précédent O, donne le fondement naturel de la regle des mouvemens contraires.

Les quarrés des Ordonnées feront au
quarré 3600 du Diametre dans les raifons
fuivantes :

R 3

$$\overline{A \quad B} \,{}^{2} = 1 = 3600.$$

$$\overline{C , C} \,{}^{2} = \tfrac{1}{4} = 900.$$

$$\overline{G , G} \,{}^{2} = \tfrac{2}{9} = 800.$$

$$\overline{c , c} \,{}^{2} = \tfrac{3}{16} = 675.$$

$$\overline{e , e} \,{}^{2} = \tfrac{4}{25} = 576.$$

$$\overline{g , g} \,{}^{2} = \tfrac{5}{36} = 500.$$

& repréfenteront les Sons de l'exemple Q.

Or, cette derniere Série, qui n'a point d'homologue dans les divifions du Diametre, & fans laquelle on ne fauroit pourtant compléter le *Syfléme* harmonique, montre la néceffité de chercher dans les propriétés du Cercle les vrais fondemens du *Syfléme*, qu'on ne peut trouver, ni dans la ligne droite, ni dans les feuls nombres abftraits.

Je paffe à deffein toutes les autres propofitions de M. Tartini fur la nature arithmétique, harmonique & géométrique du

Cercle, de même que fur les bornes de la Série harmonique donnée par la raifon fextuple ; parce que fes preuves, énoncées feulement en chiffres, n'établiffent aucune démonftration générale ; que, de plus, comparant fouvent des grandeurs hétérogenes, il trouve des proportions où l'on ne fauroit même voir de rapport. Ainfi, quand il croit prouver que le quarré d'une ligne eft moyen proportionnel d'une telle raifon, il ne prouve autre chofe, finon que tel nombre eft moyen proportionnel entre deux tels autres nombres : car les furfaces & les nombres abftraits n'étant point de même nature, ne peuvent fe comparer. M. Tartini fent cette difficulté, & s'efforce de la prévenir ; on peut voir fes raifonnemens dans fon Livre.

Cette théorie établie, il s'agit maintenant d'en déduire les faits donnés, & les regles de l'Art Harmonique.

L'Octave, qui n'engendre aucun Son fondamental, n'étant point effentielle à l'Harmonie, peut être retranchée des parties conftitutives de l'Accord. Ainfi, l'Accord, réduit à fa plus grande fimplicité, doit être confidéré fans elle. Alors il eft compofé feulement de ces trois termes $1 \frac{1}{3} \frac{1}{5}$, lefquels font en proportion harmonique, & où les deux Monades $\frac{1}{3} \frac{1}{5}$ font les feuls vrais élémens de l'Unité fonore, qui porte le nom d'Accord parfait : car, la fraction $\frac{1}{4}$ eft élément de l'Octave $\frac{1}{2}$, & la fraction $\frac{1}{6}$ eft Octave de a Monade $\frac{1}{3}$.

R 4.

Cet Accord parfait, $1\ \frac{1}{3}\ \frac{1}{5}$, produit par une seule Corde & dont les termes sont en proportion harmonique, est la loi générale de la Nature, qui sert de base à toute la science des Sons ; loi que la Physique peut tenter d'expliquer, mais dont l'explication est inutile aux regles de l'Harmonie.

Les calculs des Cordes & des poids tendans servent à donner en nombre les rapports des Sons qu'on ne peut considérer comme des quantités qu'à la faveur de ces calculs.

Le troisieme Son, engendré par le concours de deux autres, est comme le produit de leurs quantités ; & quand, dans une ca-thégorie commune, ce troisieme Son se trouve toujours le même, quoiqu'engendré par des Intervalles différens, c'est que les produits des générateurs sont égaux entr'eux.

Ceci se déduit manifestement des propositions précédentes.

Quel est, par exemple, le troisieme Son qui résulte de C B & de G B ? (*Pl.* I. *Fig.* 10.) C'est l'Unisson de C B. Pourquoi ? Parce que dans les deux proportions harmoniques dont les quarrés des deux Ordonnées C, CC, & G, GG, sont moyens proportionnels, les sommes des extrêmes sont égales entr'elles, & par conséquent produisent le même Son commun C B, ou C, CC.

En effet, la Somme des deux rectangles de BC par C, CC, & de A C par C, CC, est égale à la Somme des deux rectangles de B G par C, CC, & de G A par C, CC : car chacune de ces deux sommes est égale à deux fois le quarré du rayon. D'où il fuit que le Son C, CC ou CB, doit être commun aux deux Cordes : or, ce Son eft précifément la Note Q de l'exemple O.

Quelques Ordonnées que vous puiffiez prendre dans le Cercle pour les comparer deux à deux, ou même trois à trois, elles engendreront toujours le même troifieme Son repréfenté par la Note Q ; parce que les rectangles des deux parties du Diametre par le rayon donneront toujours des fommes égales.

Mais l'Octave X Q n'engendre que des Harmoniques à l'aigu, & point de Son fondamental, parce qu'on ne peut élever d'Ordonnée fur l'extrémité du Diametre, & que par conféquent le Diametre & le rayon ne fauroient, dans leurs proportions harmoniques, avoir aucun produit commun.

Au lieu de divifer harmoniquement le Diamètre par les fractions $\frac{1}{2} \frac{1}{3} \frac{1}{4} \frac{1}{5} \frac{1}{6}$, qui donnent le *Syftéme* naturel de l'Accord majeur, fi on le divife arithmétiquement en fix parties égales, on aura le *Syftéme* de l'Accord majeur renverfé, & ce renverfement donne exactement l'Accord mineur : car (*Pl.* I, *Fig.* 12.) une de ces parties donnera la Dix - neuvieme, c'eft-à-dire, la double Octave de la Quinte ; deux donneront la Douzieme, ou l'Octave de la Quinte ; trois donneront l'Octave, quatre la Quinte, & cinq la Tierce mineure.

Mais, fi-tôt qu'uniffant deux de ces Sons, on cherchera le troifieme Son qu'ils engendrent, ces deux Sons fimultanés, au lieu du Son C, (*Figure* 13), ne produiront jamais pour fondamentale, que le Son E b; ce qui prouve que, ni l'Accord mineur, ni fon Mode, ne font donnés par la Nature. Que fi l'on fait confonner deux ou plufieurs Intervalles de l'Accord mineur, les Sons fondamentaux fe multiplieront; &, relativement à ces Sons, on entendra plufieurs Accords majeurs à la fois, fans aucun Accord mineur.

Ainfi, par expérience faite en préfence de huit célebres Profeffeurs de Mufique, deux Hautbois & un Violon fonnant enfemble les Notes blanches marquées dans la Portée A, (*Pl. G. Fig.* 5.) on entendoit diftinctement les Sons marqués en noir dans la même Figure; favoir, ceux qui font marqués à part dans la Portée B pour les Intervalles qui font au-deffus, & ceux marqués dans la Portée C, auffi pour les Intervalles qui font au - deffus.

En jugeant de l'horrible cacophonie qui devoit réfulter de cet enfemble, on doit conclure que toute Mufique en Mode mineur feroit infupportable à l'oreille, fi les Intervalles étoient affez juftes & les Inftrumens affez forts pour rendre les Sons engendrés auffi fenfibles que les générateurs.

On me permettra de remarquer en paffant, que l'inverfe de deux Modes, marquée dans la Figure 13 , ne fe borne pas à l'Accord fondamental qui les conftitue, mais qu'on peut l'étendre à toute la fuite d'un Chant & d'une Harmonie qui, notée en fens direct dans le Mode majeur, lorfqu'on renverfe le papier & qu'on met des clefs à la fin des Lignes devenues le commencement, préfente à rebours une autre fuite de Chant & d'Harmonie en Mode mineur, exactement inverfe de la premiere où les Baffes deviennent les Deffus, *& vice verfâ*. C'eft ici la clef de la maniere de compofer ces doubles Canons dont j'ai parlé au mot *Canon*. M. Serre, ci-devant cité, lequel a très-bien expofé dans fon Livre cette curiofité harmonique, annonce une Symphonie de cette efpece, compofée par M. de Morambert, qui avoit dû la faire graver : c'étoit mieux fait affurément que de la faire exécuter. Une compofition de cette nature doit être meilleure à préfenter aux yeux qu'aux oreilles.

Nous venons de voir que de la divifion harmonique du Diametre réfulte le Mode majeur, & de la divifion arithmétique le Mode mineur. C'eft d'ailleurs un fait connu de tous les Théoriciens, que les rapports de l'Accord mineur fe trouvent dans la divifion arithmétique de la Quinte. Pour trouver le premier fondement du Mode mineur dans le *Syftême* harmonique, il fuffit donc de montrer dans ce *Syftême* la divifion arithmétique de la Quinte.

Tout le *Syftême* harmonique eft fondé fur la raifon double, rapport de la Corde entiere à fon Octave, ou du Diametre au rayon; & fur la raifon fefquialtere qui donne le premier Son harmonique ou fondamental auquel fe rapportent tous les autres.

Or, si, (*Pl.* I. *Fig.* 11.) dans la raison double on compare successivement la deuxieme Note G, & la troisieme F de la Série P au Son fondamental Q, & à son Octave grave qui est la Corde entiere, on trouvera que la premiere est moyenne harmonique, & la seconde moyenne arithmétique entre ces deux termes.

De même, si dans la raison sesquialtere on compare successivement la quatrieme Note *e*, & la cinquieme *e b* de la même Série à la Corde entiere & à sa Quinte G, on trouvera que la quatrieme *e* est moyenne harmonique, & la cinquieme *e b* moyenne arithmétique entre les deux termes de cette Quinte. Donc le Mode mineur étant fondé sur la division arithmétique de la Quinte, & la Note *e b*, prise dans la Série des Complémens du *Système* harmonique donnant cette division, le Mode mineur est fondé sur cette Note dans le *Système* harmonique.

Après avoir trouvé toutes les Consonnances dans la division harmonique du Diametre donnée par l'exemple O, le Mode majeur dans l'ordre direct de ces Consonnances, le Mode mineur dans leur ordre rétrograde, & dans leurs Complémens représentés par l'exemple P, il nous reste à examiner le troisieme exemple Q, qui exprime en Notes les rapports des quarrés des Ordonnées, & qui donne le *Système* des Dissonances.

Si l'on joint, par Accords simultanés, c'est - à - dire par Consonnances, les Intervalles fucceffifs de l'exemple O, comme on a fait dans la *Figure* 8. même *Planche*, l'on trouvera que quarrer les Ordonnées c'eft doubler l'Intervalle qu'elles repréfentent. Ainfi, ajoutant un troifieme Son qui repréfente le quarré, ce Son ajouté doublera toujours l'Intervalle de la Confonnance, comme on le voit *Figure* 4. de la *Planche G.*

Ainfi, (*Pl.* I. *Fig.* 11.) la premiere Note K de l'exemple Q double l'Octave, premier Intervalle de l'exemple O; la deuxieme Note L double la Quinte, fecond Intervalle ; la troifieme Note M double la Quarte, troifieme Intervalle, &c. & c'eft ce doublement d'Intervalles qu'exprime la *Figure* 4 de la *Planche* G.

Laiffant à part l'Octave du premier Intervalle, qui, n'engendrant aucun Son fondamental, ne doit point paffer pour harmonique, la Note ajoutée L forme, avec les deux qui font au-deffous d'elle, une proportion continue géométrique en raifon fefquialtere ; &, les fuivantes, doublant toujours les Intervalles, forment auffi toujours des proportions géométriques.

Mais les proportions & progreffions harmonique & arithmétique qui conftituent le *Syftéme* confonnant majeur & mineur font oppofées, par leur nature, à la progreffion géométrique ; puifque celle-ci réfulte effentiellement des mêmes rapports, & les autres de rapports toujours différens. Donc, fi les deux proportions harmonique & arithmétique font confonnantes, la proportion géométrique fera diffonante néceffairement, & par conféquent, le *Syftéme* qui réfulte de l'exemple Q , fera le *Syftéme* des Diffonances. Mais ce *Syftéme* tiré des quarrés des Ordonnées eft lié aux deux précédens tirés des quarrés des Cordes. Donc le *Syftéme* diffonant eft lié de même au *Syftéme* univerfel harmonique.

Il fuit de-là : 1°. Que tout Accord fera diffonant lorfqu'il contiendra deux Intervalles femblables , autres que l'Octave ; foit que ces deux Intervalles fe trouvent conjoints ou féparés dans l'Accord. 2°. Que de ces deux Intervalles, celui qui appartiendra au *Syftéme* harmonique ou arithmétique fera confonnant , & l'autre diffonant. Ainfi , dans les deux exemples S. T. d'Accords diffonans , (*Pl.* G. *Fig.* 6.) les Intervalles G C & *c e* font confonnans , & les Intervalles C F & *e g* diffonans.

En rapportant maintenant chaque terme de la Série diffonante au Son fondamental ou engendré C de la Série harmonique, on trouvera que les Diffonances qui réfulteront de ce rapport feront les fuivantes , & les feules directes qu'on puiffe établir fur le *Syftéme* harmonique.

I. La premiere eft la Neuvieme ou double Quinte L. (*Fig.* 4.)

II. La feconde eft l'Onzieme qu'il ne faut pas confondre avec la fimple Quarte, attendu que la premiere Quarte ou Quarte fimple G C, étant dans le *Syftéme* harmonique particulier , eft confonnante ; ce que n'eft pas la deuxieme Quarte ou Onzieme C M , étrangere à ce même *Syftême*.

III. La troifieme eft la Douzieme ou Quinte fuperflue que M. Tartini appelle *Accord de nouvelle invention*, ou parce qu'il en a le premier trouvé le principe, ou parce que l'Accord fenfible fur la Médiante en Mode mineur, que nous appellons Quinte fuperflue , n'a jamais été admis en Italie à caufe de fon horrible dureté. Voyez (*Pl.* K. *Fig.* 3.) la pratique de cet Accord à la Françoife , & (*Figure* 5.) la pratique du même Accord à l'Italienne.

Avant que d'achever l'énumération commencée , je dois remarquer que la même diftinction des deux Quartes , confonnante & diffonante, que j'ai faite ci - devant , fe doit entendre de même des deux Tierces majeures de cet Accord & des deux Tierces mineures de l'Accord fuivant.

IV. La quatrieme & derniere Diffonance donnée par la Série eft la Quatorzieme H , (*Pl.* G. *Fig.* 4.) c'eft - à - dire , l'Octave de la Septieme ; Quatorzieme qu'on ne réduit au fimple que par licence & felon le droit qu'on s'eft attribué dans l'ufage de confondre indifféremment les Octaves.

Si le *Syftême* diffonant fe déduit du *Syftême* harmonique , les regles de préparer & fauver les Diffonances ne s'en déduifent pas moins , & l'on voit , dans la Série harmonique & confonnante , la préparation de tous les Sons de la Série arithmétique. En effet , comparant les trois Séries O. P. Q.

on trouve toujours dans la progreſſion ſuc-
ceſſive des Sons de la Série O, non - ſeulement, comme on vient de voir, les raiſons
ſimples qui, doublées, donnent les Sons de
la Série Q, mais encore les mêmes Intervalles que forment entr'eux les Sons des
deux P & Q. De ſorte que la Série O prépare toujours antérieurement ce que donnent
enſuite les deux Séries P. & Q.

Ainſi, le premier Intervalle de la Série O,
eſt celui de la Corde à vide à ſon Octave, &
l'Octave eſt auſſi l'Intervalle ou Accord que
donne le premier Son de la Série Q, comparé
au premier Son de la Série P.

De même, le ſecond Intervalle de la Série
O, (comptant toujours de la Corde entiere)
eſt une Douzieme; l'Intervalle ou Accord du
ſecond Son de la Série Q, comparé au ſecond Son de la Série P, eſt auſſi une Douzieme. Le troiſieme, de part & d'autre,
eſt une double Octave, & ainſi de ſuite.

De plus, ſi l'on compare la Série P à
la Corde entiere, (*Pl.* K. *Fig.* 6,) on trouvera exactement les mêmes Intervalles que
donne antérieurement la Série O, ſavoir
Octave, Quinte, Quarte, Tierce majeure,
& Tierce mineure.

D'où il ſuit que la Série harmonique particuliere donne avec préciſion, non-ſeulement l'exemplaire & le modele des deux
Séries arithmétique & géométrique, qu'elle
engendre, & qui complétent avec elle le
Syſtême harmonique univerſel; mais auſſi
preſcrit à l'une l'ordre de ſes Sons, & pré-

pare

pare à l'autre l'emploi de ses Dissonances.

Cette préparation , donnée par la Série harmonique , est exactement la même qui est établie dans la pratique : car la Neuvieme , doublée de la Quinte , se prépare aussi par un mouvement de Quinte ; l'Onzieme , doublée de la Quarte , se prépare par un mouvement de Quarte ; la Douzieme ou Quinte superflue , doublée de la Tierce majeure , se prépare par un mouvement de Tierce majeure ; enfin la Quatorzieme ou la Fausse-Quinte , doublée de la Tierce mineure , se prépare aussi par un mouvement de Tierce mineure.

Il est vrai qu'il ne faut pas chercher ces préparations dans des marches appellées fondamentales dans le Systême de M. Rameau , mais qui ne sont pas telles dans celui de M. Tartini ; & il est vrai encore qu'on prépare les mêmes Dissonances de beaucoup d'autres manieres , soit par des Renversemens d'Harmonie , soit par des Basses substituées ; mais tout découle toujours du même principe , & ce n'est pas ici le lieu d'entrer dans le détail des regles.

Celle de résoudre & sauver les Dissonances naît du même principe que leur préparation : car comme chaque Dissonance est préparée par le rapport antécédent du *Systême* harmonique , de même elle est sauvée par le rapport conséquent du même *Systême.*

Ainsi, dans la Série harmonique le rapport $\frac{1}{2}$ où le progrès de Quinte étant celui dont la Neuvieme est préparée & doublée ; le rapport suivant $\frac{3}{4}$ ou progrès de Quarte, est celui dont cette même Neuvieme doit être sauvée : la Neuvieme doit donc descendre d'un degré pour venir chercher dans la Série harmonique l'unisson de ce deuxieme progrès, & par conséquent l'Octave du Son fondamental, (*Pl. G. Fig.* 7.)

En suivant la même méthode, on trouvera que l'Onzieme F doit descendre de même d'un Degré sur l'Unisson E de la Série harmonique selon le rapport correspondant $\frac{4}{5}$, que la Douzieme ou Quinte superflue G Dièse doit redescendre sur le même G naturel selon le rapport $\frac{5}{6}$; où l'on voit la raison jusqu'ici tout-à-fait ignorée, pourquoi la Basse doit monter pour préparer les Dissonances, & pourquoi le Dessus doit descendre pour les sauver. On peut remarquer aussi que la Septieme, qui, dans le Systême de M. Rameau, est la premiere & presque l'unique Dissonance, est la derniere en rang dans celui de M. Tartini ; tant il faut que ces deux Auteurs soient opposés en toute chose !

Si l'on a bien compris les générations & analogies des trois Ordres ou Systêmes, tous fondés sur le premier, donné par la nature, & tous représentés par les parties du cercle ou par leurs puissances, on trouvera 1°. Que le *Systême* harmonique particulier, qui donne le Mode majeur, est produit par la division sextuple en progression harmonique du Diametre ou de la Corde entiere, considérée

comme l'unité. 2°. Que le *Syſtême* arithmétique, d'où réſulte le Mode mineur, eſt
produit par la Série arithmétique des Complémens , prenant le moindre terme pour
l'unité , & l'élevant de terme en terme juſqu'à la raiſon ſextuple , qui donne enfin le
Diametre ou la Corde entiere. 3°. Que le
Syſtême géométrique ou diſſonant eſt auſſi
tiré du *Syſtême* harmonique particulier, en
doublant la raiſon de chaque Intervalle ; d'où
il ſuit que le *Syſtême* harmonique du Mode
majeur , le ſeul immédiatement donné par
la nature , ſert de principe & de fondement
aux deux autres.

Par ce qui a été dit juſqu'ici , on voit
que le *Syſtême* harmonique n'eſt point compoſé de parties qui ſe réuniſſent pour former un tout ; mais qu'au contraire , c'eſt
de la diviſion du tout ou de l'unité inté-
grale que ſe tirent les parties ; que l'Accord
ne ſe forme point des Sons , mais qu'il les
donne ; & qu'enfin par-tout où le *Syſtême*
harmonique a lieu , l'Harmonie ne dérive
point de la Mélodie , mais la Mélodie de
l'Harmonie.

Les élémens de la Mélodie diatonique ſont
contenus dans les Degrés ſucceſſifs de l'É-
chelle ou Octave commune du Mode majeur commençant par C , de laquelle ſe tire
auſſi l'Échelle du Mode mineur commençant par A.

Cette Échelle n'étant pas exactement dans
l'ordre des aliquotes , n'eſt pas non plus
celle que donnent les diviſions naturelles

des Cors, Trompettes marines & autres Inſtrumens ſemblables ; comme on peut le voir dans la Figure 1. de la Planche K. par la comparaiſon de ces deux Echelles, comparaiſon qui montre en même tems la cauſe des Tons faux donnés par ces Inſtrumens. Cependant l'Echelle commune, pour n'être pas d'accord avec la Série des aliquotes, n'en a pas moins une origine phyſique & naturelle qu'il faut développer.

La portion de la premiere Série O, (*Pl. I. Fig.* 10.), qui détermine le *Syſtême* harmonique, eſt la ſeſquialtere ou Quinte CG ; c'eſt-à-dire l'Octave harmoniquement diviſée. Or, les deux termes qui correſpondent à ceux-là dans la Série P des Complémens (*Fig.* 11.) ſont les Notes GF. Ces deux Cordes ſont moyennes, l'une harmonique, & l'autre arithmétique, entre la Corde entiere & ſa moitié, ou entre le Diametre & le rayon ; & ces deux moyennes G & F ſe rapportant toutes deux à la même Fondamentale, déterminent le Ton & même le Mode, puiſque la proportion harmonique y domine & qu'elles paroiſſent avant la génération du Mode mineur : n'ayant donc d'autre loi que celle qui eſt déterminée par la Série harmonique dont elles dérivent, elles doivent en porter l'une & l'autre le caractere ; ſavoir, l'Accord parfait majeur compoſé de Tierce majeure & de Quinte.

Si donc on rapporte & range ſucceſſivement, ſelon l'ordre le plus rapproché, les Notes qui conſtituent ces trois Accords, on aura très-exactement, tant en Notes muficales qu'en rapports numériques, l'Octave ou Echelle diatonique ordinairè rigoureufement établie.

En Notes, la chofe eft évidente par la feule opération.

En rapports numériques, cela fe prouve prefque auffi facilement : car fuppofant 360 pour la longueur de la Corde entiere, ces trois Notes C, G, F, feront comme 180, 240, 270; leurs Accords feront comme dans la Figure 8. Planche G, l'Echelle entiere qui s'en déduit fera dans les rapports marqués *Planche* K. *Figure* 2 ; où l'on voit que tous les Intervalles font juftes, excepté l'Accord parfait D F A, dans lequel la Quinte D A eft foible d'un Comma, de même que la Tierce mineure D F, à caufe du *Ton* mineur D E ; mais dans tout *Syftéme* ce défaut ou l'équivalent eft inévitable.

Quant aux autres altérations que la néceffité d'employer les mêmes touches en divers Tons introduit dans notre Echelle, voyez Tempérament.

L'Échelle une fois établie, le principal ufage des trois Notes C, G, F, dont elle eft tirée, eft la formation des Cadences qui, donnant un progrès de Notes fondamentales de l'une à l'autre, font la baffe de toute la Modulation. G étant moyen harmonique, & F moyen arithmétique entre les deux termes de l'Octave, le paffage du moyen à l'extrême forme une Cadence qui tire fon nom du moyen qui la produit. G C eft

donc une Cadence harmonique, F C une
Cadence arithmétique, & l'on appelle Cadence mixte celle qui, du moyen arithmétique paſſant au moyen harmonique, ſe
compoſe des deux avant de ſe réſoudre
ſur l'extrême. (*Pl. K. Fig.* 4.)

De ces trois Cadences, l'harmonique eſt
la principale & la premiere en ordre : ſon
effet eſt d'une Harmonie mâle, forte &
terminant un ſens abſolu. L'arithmétique
eſt foible, douce, & laiſſe encore quelque
choſe à deſirer. La Cadence mixte ſuſpend
le ſens & produit à peu-près l'effet du
point interrogatif & admiratif.

De la ſucceſſion naturelle de ces trois Cadences, telle qu'on la voit même Planche,
Figure 7 , réſulte exactement la Baſſe-
fondamentale de l'Échelle ; & de leurs divers
entrelacemens ſe tire la maniere de traiter
un Ton quelconque, & d'y moduler une
ſuite de Chants; car chaque Note de la
Cadence eſt ſuppoſée porter l'Accord parfait, comme il a été dit ci-devant.

A l'égard de ce qu'on appelle *la Regle
de l'Octave*, (voyez ce mot), il eſt évident que, quand même on admettroit
l'Harmonie qu'elle indique pour pure &
réguliere, comme on ne la trouve qu'à
force d'art & de déductions, elle ne peut
jamais être propoſée en qualité de principe
& de loi générale.

Les Compoſiteurs du quinzieme ſiecle ,
excellens Harmoniſtes pour la plupart ,
employoient toute l'Echelle comme Baſſe-

fondamentale d'autant d'Accords parfaits qu'elle avoit de Notes, excepté la Septieme, à cause de la Quinte fausse ; & cette Harmonie bien conduite eût fait un fort grand effet, si l'Accord parfait sur la Médiante n'eût été rendu trop dur par ses deux fausses Relations avec l'Accord qui le precéde & avec celui qui le suit. Pour rendre cette suite d'Accords parfaits aussi pure & douce qu'il est possible, il faut la réduire à cette autre Basse - fondamentale, (*Fig*. 8.), qui fournit, avec la précédente, une nouvelle source de variétés.

Comme on trouve dans cette formule deux Accords parfaits en Tierce mineure, savoir D & A, il est bon de chercher l'analogie que doivent avoir entr'eux les *Tons* majeurs & mineurs dans une Modulation réguliere.

Considérons (*Pl*. I. *Fig*. 11.) la Note *e b* de l'exemple P unie aux deux Notes correspondantes des exemples O & Q : prise pour Fondamentale, elle se trouve ainsi base ou fondement d'un Accord en Tierce majeure ; mais prise pour moyen arithmétique entre la Corde entiere & sa Quinte, comme dans l'exemple X (*Fig*. 13.), elle se trouve alors Médiante ou seconde base du Mode mineur ; ainsi cette même Note considérée sous deux rapports différens, & tous deux déduits du *Système*, donne deux Harmonies : d'où il suit que l'Echelle du Mode majeur est d'une Tierce mineure au-dessus de l'Echelle analogue du

Mode mineur. Ainsi le Mode mineur analogue à l'Echelle d'*ut* est celui de *la*, & le Mode mineur analogue à celui de *fa* est celui de *re*. Or, *la* & *re* donnent exactement, dans la Basse-fondamentale de l'Echelle diatonique, les deux Accords mineurs analogues aux deux Tons d'*ut* & de *fa* déterminés par les deux Cadences harmoniques d'*ut* à *fa* & de *sol* à *ut*. La Basse-fondamentale où l'on fait entrer ces deux Accords est donc aussi réguliere & plus variée que la précédente, qui ne renferme que l'Harmonie du Mode majeur.

A l'égard des deux dernieres Dissonnances N & R de l'exemple Q, comme elles sortent du Genre Diatonique, nous n'en parlerons que ci-après.

L'origine de la Mesure, des Périodes, des Phrases & de tout Rhythme musical, se trouve aussi dans la génération des Cadences, dans leur suite naturelle, & dans leurs diverses combinaisons. Premiérement, le moyen étant homogene à son extrême, les deux membres d'une Cadence doivent, dans leur premiere simplicité, être de même nature & de valeurs égales : par conséquent les huit Notes qui forment les quatre Cadences, Basse-fondamentale de l'Echelle, sont égales entr'elles ; & formant aussi quatre Mesures égales, une pour chaque Cadence, le tout donne un sens complet & une période harmonique. De plus, comme tout le *Systême* harmonique est fondé sur la raison double & sur la sesquialtere, qui à cause de l'Octave, se confond avec la raison triple; de même toute Mesure bonne & sensible se résout en celle à deux tems ou en celle à trois, tout ce qui est au-delà, souvent tenté & toujours sans succès, ne pouvant produire aucun bon effet.

Des divers fondemens d'Harmonie donnés par les trois sortes de Cadences, & des diverses manieres de les entrelacer, naît la variété des sens, des phrases & de toute la Mélodie dont l'habile Musicien exprime toute celle des phrases du discours, & ponctue les Sons aussi correctement que le Grammairien les paroles. De la Mesure donnée par les Cadences résulte aussi l'exacte expression de la prosodie & du Rhythme : car comme la syllabe breve s'appuie sur la longue, de même la Note qui prépare la cadence en levant s'appuie & pause sur la Note qui la résout en frappant ; ce qui divise les Tems en forts & en foibles, comme les syllabes en longues & en breves : cela montre comment on peut, même en observant les quantités, renverser la prosodie & tout mesurer à contretems, lorsqu'on frappe les syllabes breves & qu'on leve les longues, quoiqu'on croye observer leurs durées relatives & leurs valeurs musicales.

L'usage des Notes dissonantes par Degrés conjoints dans les Tems foibles de la Mesure, se déduit aussi des principes établis ci-dessus : car supposons l'Echelle diatonique & mesurée, marquée *Fig. 9. Pl. K.* il est évident que la Note soutenue ou rebattuë dans la Baſſe X, au lieu des Notes de la Baſſe Z, n'eſt ainſi tolérée que parce que, revenant toujours dans les Tems forts, elle échappe aiſément à notre attention dans les Tems foibles, & que les Cadences dont elle tient lieu n'en ſont pas moins ſuppoſées ; ce qui ne pourroit être ſi les Notes diſſonantes changeoient de lieu & ſe frappoient ſur les Tems forts.

Voyons maintenant quels Sons peuvent être ajoutés ou ſubſtitués à ceux de l'Échelle diatonique, pour la formation des Genres Chromatique & Enharmonique.

En inſérant dans leur ordre naturel les Sons donnés par la Série des Diſſonances, on aura premierement la Note *ſol* Dièſe N. (*Pl.* I. *Fig.* 11.) qui donne le Genre Chromatique & le paſſage régulier du Ton majeur d'*ut* à ſon mineur correſpondant *la*. (Voyez *Pl.* K. *Fig.* 10.)

Puis on a la Note R ou *ſi* Bémol, laquelle, avec celle dont je viens de parler, donne le Genre Enharmonique. (*Fig.* 11.)

Quoique, eu égard au Diatonique, tout le *Syſtéme* harmonique ſoit, comme on a vu, renfermé dans la raiſon ſextuple ; cependant les diviſions ne ſont pas tellement bornées à cette étendue qu'entre la Dix-neuvieme ou triple Quinte $\frac{1}{6}$, & la Vingt-deuxieme ou quadruple Octave $\frac{1}{8}$, on ne puiſſe encore inſérer une moyenne harmonique $\frac{1}{7}$, priſe dans l'ordre des aliquotes, donnée d'ailleurs par la Nature dans les Cors-de-chaſſe & Trompettes marines, & d'une intonation très-facile ſur le Violon.

Ce terme $\frac{1}{7}$, qui divise harmoniquement l'Intervalle de la Quarte *sol ut* ou $\frac{6}{8}$, ne forme pas avec le *sol* une Tierce mineure juste, dont le rapport feroit $\frac{5}{6}$, mais un Intervalle un peu moindre, dont le rapport eft $\frac{6}{7}$; de forte qu'on ne fauroit exactement l'exprimer en Note; car le *la* Dièfe eft déjà trop fort: nous le répréfenterons par la Note *fi* précédée du figne |♭, un peu différent du Bémol ordinaire.

L'Échelle augmentée, ou, comme difoient les Grecs, le Genre épaiffi de ces trois nouveaux Sons placés dans leur rang, fera donc comme l'exemple 12, Planche K. Le tout pour le même Ton, ou du moins pour les Tons naturellement analogues.

De ces trois Sons ajoutés, dont, comme le fait voir M. Tartini, le premier conftitue le Genre Chromatique, & le troifieme l'Enharmonique, le *fol* Dièfe & le *fi* Bémol font dans l'ordre des Diffonances : mais le *fi* |♭ ne laiffe pas d'être Confonnant, quoi qu'il n'appartienne pas au Genre Diatonique, étant hors de la progreffion fextuple qui renferme & détermine ce Genre : car puifqu'il eft immédiatement donné par la Série harmonique des aliquotes, puifqu'il eft moyen harmonique entre la Quinte & l'Octave du Son fondamental, il s'enfuit qu'il eft Confonnant comme eux, & n'a befoin d'être ni préparé ni fauvé ; c'eft auffi ce que l'oreille confirme parfaitement dans l'emploi régulier de cette efpece de Septieme.

A l'aide de ce nouveau Son, la Baffe de l'Échelle diatonique retourne exactement fur elle-même, en defcendant, felon la Nature du cercle qui la repréfente; & la Quatorzieme ou Septieme redoublée fe trouve alors fauvée régulierement par cette Note fur la Baffetonique ou fondamentale, comme toutes les autres Diffonances.

Voulez-vous, des principes ci-devant pofés, déduire les regles de la Modulation, prenez les trois Tons majeurs relatifs, *ut*, *fol*, *fa*, & les trois Tons mineurs analogues, *la*, *mi*, *re*; vous aurez fix Toniques: & ce font les feules fur lefquelles on puiffe moduler en fortant du Ton principal; Modulations qu'on entrelace à fon choix, felon le caractere du Chant & l'expreffion des paroles: non, cependant, qu'entre ces Modulations il n'y en ait de préférables à d'autres; même ces préférences, trouvées d'abord par le fentiment, ont auffi leurs raifons dans les principes, & leurs exceptions, foit dans les impreffions diverfes que veut faire le Compofiteur, foit dans la liaifon plus ou moins grande qu'il veut donner à fes phrafes. Par exemple, la plus naturelle & la plus agréable de toutes les Modulations en Mode majeur, eft celle qui paffe de la Tonique *ut* au Ton de fa Dominante *fol*; parce que le Mode majeur étant fondé fur des divifions harmoniques, & la Dominante divifant l'Octave harmoniquement, le paffage du premier terme au moyen eft le plus naturel. Au contraire, dans le Mode mineur *la*, fondé fur la proportion arithmétique , le passage au Ton de la quatrieme Note *re* ; qui divise l'Octave arithmétiquement , est beaucoup plus naturel que le passage au Ton *mi* de la Dominante , qui divise harmoniquement la même Octave ; & si l'on y regarde attentivement , on trouvera que les Modulations plus ou moins agréables dépendent toutes des plus grands ou moindres rapports établis dans ce *Systême*.

Examinons maintenant les Accords ou Intervalles particuliers au Mode mineur , qui se déduisent des Sons ajoutés à l'Échelle. (*Pl.* I. *Fig.* 12.)

L'analogie entre les deux Modes donne les trois Accords marqués *Fig.* 14. de la Planche K. dont tous les Sons ont été trouvés Consonnans dans l'établissement du Mode majeur. Il n'y a que le Son ajouté *g* 𝄪 , dont la Consonnance puisse être disputée.

Il faut remarquer d'abord que cet Accord ne se résout point en l'Accord dissonant de Septieme diminuée qui auroit *sol* Dièse pour Basse , parce qu'outre la Septieme diminuée *sol* Dièse & *fa* naturel , il s'y trouve encore une Tierce diminuée *sol* Dièse & *si* Bémol , qui rompt toute proportion ; ce que l'expérience confirme par l'insurmontable rudesse de cet Accord. Au contraire , outre que cet arrangement de Sixte superflue plaît à l'oreille & se résout très - harmonieusement , M. Tartini prétend que l'Intervalle est réellement bon , régulier & même consonnant.

1°. Parce que cette Sixte eſt à très - peti
près Quatrieme harmonique aux trois Notes
B *b*, *d*, *f*, repréſentées par les fractions $\frac{1}{4}\frac{1}{5}\frac{1}{6}$,
dont $\frac{1}{7}$ eſt la Quatrieme proportionnelle har-
monique exacte. 2°. Parce que cette même
Sixte eſt à très - peu près moyenne harmonique de la Quarte *fa*, *ſi* Bémol, formée
par la Quinte du Son fondamental & par
ſon Octave. Que ſi l'on emploie en cette
occaſion la Note marquée *ſol* Dièſe plutôt
que la Note marquée *la* Bémol qui ſemble
être le vrai moyen harmonique, c'eſt non-
ſeulement que cette diviſion nous rejetteroit
fort loin du Mode, mais encore que cette
même Note *la* Bémol n'eſt moyenne harmonique qu'en apparence; attendu que la Quarte
fa, *ſi* Bémol, eſt altérée & trop foible
d'un Comma; de ſorte que *ſol* Dièſe, qui
a un moindre rapport à *fa*, approche
plus du vrai moyen harmonique que *la*
Bémol, qui a un plus grand rapport au
même *fa*.

Au reſte, on doit obſerver que tous les
Sons de cet Accord qui ſe réuniſſent ainſi
en une Harmonie réguliere & ſimultanée,
ſont exactement les quatre mêmes Sons
fournis ci - devant dans la Série diſſonante
Q par les complémens des diviſions de la
Sextuple harmonique : ce qui ferme, en
quelque maniere, le cercle harmonieux, &
confirme la liaiſon de toutes les parties du
Syſtême.

A l'aide de cette Sixte & de tous les autres
Sons que la proportion harmonique & l'a-

nalogie fourniſſent dans le Mode mineur,
on a un moyen facile de prolonger & varier
aſſez long - tems l'Harmonie ſans ſortir du
Mode , ni même employer aucune véritable
Diſſonance ; comme on peut le voir dans
l'exemple de Contre - point donné par M.
Tartini , & dans lequel il prétend n'avoir
employé aucune Diſſonance , ſi ce n'eſt la
Quarte & Quinte finale.

Cette même Sixte ſuperflue a encore des
uſages plus importans & plus fins dans les
Modulations détournées par des paſſages enharmoniques , en ce qu'elle peut ſe prendre
indifféremment , dans la pratique , pour la

Septieme Bémoliſée par le ſigne |♭♭| , de la-
quelle cette Sixte diéſée , differe très-peu
dans le calcul & point du tout ſur le Clavier.
Alors cette Septieme ou cette Sixte , toujours conſonnante , mais marquée tantôt par
Dièſe & tantôt par Bémol , ſelon le Ton d'où
l'on ſort , & celui où l'on entre , produit ,
dans l'Harmonie , d'apparentes & ſubites
métamorphoſes dont , quoique régulieres
dans ce *Syſtéme* , le Compoſiteur auroit bien
de la peine à rendre raiſon dans tout autre ;
comme on peut le voir dans les exemples I ,
II , III , de la Planche M , ſur - tout dans
celui marqué ✛ , où le *fa* pris pour naturel ,
& formant une Septieme apparente qu'on
ne ſauve point , n'eſt au fond qu'une Sixte
ſuperflue , formée par un *mi* Dièſe ſur le
ſol de la Baſſe ; ce qui rentre dans la rigueur
des regles. Mais il eſt ſuperflu de s'étendre

fur ces fineſſes de l'Art , qui n'échappent
pas aux grands Harmoniſtes , & dont les
autres ne feroient qu'abuſer en les employant
mal - à - propos. Il ſuffit d'avoir montré que
tout ſe tient par quelque côté , & que le vrai
Syſtéme de la Nature mene aux plus cachés
détours de l'Art.

T. Cette

T.

T. Cette lettre s'écrit quelquefois dans les Partitions pour déligner la Partie de la Taille, lorfque cette Taille prend la place de la Baſſe, & qu'elle eſt écrite ſur la même Portée, la Baſſe gardant le Tacet.

Quelquefois dans les Parties de Symphonie le T ſignifie *Tous* ou *Tutti*, & eſt oppoſé à la lettre S, ou au mot *Seul* ou *Solo*, qui alors doit néceſſairement avoir été écrit auparavant dans la même Partie.

TA. L'une des quatre ſyllabes avec leſquelles les Grecs ſolfioient la Muſique (Voy. Solfier.)

TABLATURE. Ce mot ſignifioit autrefois la totalité des ſignes de la Muſique; de ſorte que, qui connoiſſoit bien la Note & pouvoit chanter à livre ouvert, étoit dit ſavoir la *Tablature*.

Aujourd'hui le mot *Tablature* ſe reſtreint à une certaine maniere de noter par lettres, qu'on emploie pour les Inſtrumens à Cordes qui ſe touchent avec les doigts, tels que le Luth, la Guitarre, le Ciſtre, & autrefois le Théorbe & la Viole.

Pour noter en *Tablature* on tire autant de lignes paralleles que l'Inſtrument a de Cordes. On écrit enſuite ſur ces lignes des lettres de l'alphabet, qui indiquent les diverſes poſitions des doigts ſur la Corde, de ſemi-Ton en femi-Ton. La lettre *a* indique la Corde à vide, *b* indique la premiere Pofition, *c* la feconde, *d* la troifieme, &c.

A l'égard des valeurs des Notes, on les marque par des Notes ordinaires de valeurs femblables, toutes placées fur une même ligne, parce que ces Notes ne fervent qu'à marquer la valeur & non le Degré. Quand les valeurs font toujours femblables; c'eft-à-dire, que la maniere de fcander les Notes eft la même dans toutes les Mefures, on fe contente de la marquer dans la premiere, & l'on fuit.

Voilà tout le myftere de la *Tablature*, lequel achevera de s'éclaircir par l'infpection de la Figure 4 Planche M. où j'ai noté le premier couplet des *folies d'Efpagne* en *Tablature* pour la Guitarre.

Comme les Lnftrumens pour lefquels on employoit la *Tablature* font la plupart hors d'ufage, & que, pour ceux dont on joue encore, on a trouvé la Note ordinaire plus commode, la *Tablature* eft prefque entiérement abandonnée, ou ne fert qu'aux premieres leçons des écoliers.

TABLEAU. Ce mot s'emploie fouvent en Mufique pour défigner la réunion de plufieurs objets formant un tout peint par la Mufique imitative. *Le* Tableau *de cet Air eft bien deffiné; ce Chœur fait* Tableau; *cet Opéra eft plein de* Tableaux *admirables*.

TACET. Mot latin qu'on emploie dans la Mufique pour indiquer le filence d'une Partie. Quand, dans le cours d'un morceau de Musique, on veut marquer un silence d'un certain tems, on l'écrit avec des *Bâtons* ou des *Pauses* : (Voyez ces mots.) Mais quand quelque Partie doit garder le silence durant un morceau entier, on exprime cela par le mot *Tacet* écrit dans cette Partie au-dessous du nom de l'Air ou des premieres Notes du Chant.

TAILLE, anciennement TENOR. La seconde des quatre Parties de la Musique, en comptant du grave à l'aigu. C'est la Partie qui convient le mieux à la voix d'homme la plus commune ; ce qui fait qu'on l'appelle aussi *Voix humaine* par excellence.

La *Taille* se divise quelquefois en deux autres Parties, l'une plus élevée, qu'on appelle *Premiere* ou *haute - Taille ;* l'autre plus basse, qu'on appelle *Seconde* ou *basse - Taille.* Cette derniere est, en quelque maniere, une Partie mitoyenne ou commune entre la *Taille* & la Basse, & s'appelle aussi, à cause de cela, *Concordant.* (Voyez PARTIES.)

On n'emploie presqu'aucun rolle de *Taille* dans les Opéra François : au contraire les Italiens préferent dans les leurs le *Tenor* à la Basse, comme une Voix plus flexible, aussi sonore, & beaucoup moins dure.

TAMBOURIN. Sorte de Danse fort à la mode aujourd'hui sur les Théâtres François. L'air en est très-gai & se bat à deux Tems vifs. Il doit être sautillant & bien cadencé, à l'imitation du Flutet des Provençaux ; & la Basse doit refrapper la même Note, à l'imitation du *Tambourin* ou *Galoubé,* dont celui qui joue du Flutet s'accompagne ordinairement.

TASTO SOLO. Ces deux mots Italiens écrits dans une Baſſe-continue, & d'ordinaire ſous quelque Point-d'Orgue, marquent que l'Accompagnateur ne doit faire aucun Accord de la main droite; mais ſeulement frapper de la gauche la Note marquée, & tout au plus ſon Octave, ſans y rien ajouter, attendu qu'il lui ſeroit preſque impoſſible de deviner & ſuivre la tournure d'Harmonie ou les Notes de goût que le Compoſiteur fait paſſer ſur la Baſſe pendant ce tems-là.

TÉ. L'une des quatre ſyllabes par leſquelles les Grecs ſolfient la Muſique. (Voyez SOLFIER.)

TEMPÉRAMENT. Opération par laquelle, au moyen d'une légere altération dans les Intervalles, faiſant évanouir la différence de deux Sons voiſins, on les confond en un, qui, ſans choquer l'oreille, forme les Intervalles reſpectifs de l'un & de l'autre. Par cette opération l'on ſimplifie l'Échelle en diminuant le nombre des Sons néceſſaires. Sans le *Tempérament*, au lieu de douze Sons ſeulement que contient l'Octave, il en faudroit plus de ſoixante pour moduler tous les Tons.

Sur l'orgue, ſur le Clavecin, ſur tout autre Inſtrument à Clavier, il n'y a, & il ne peut gueres y avoir d'Intervalle parfaitement d'Accord que la ſeule Octave. La raiſon en eſt que trois Tierces majeures ou quatre Tierces mineures devant faire une Octave juste, celles-ci la passent & les autres n'y arrivent pas. Car $\frac{5}{4} \times \frac{5}{4} \times \frac{5}{4} = \frac{125}{64} < \frac{128}{64} = \frac{2}{1}$; & $\frac{6}{5} \times \frac{6}{5} \times \frac{6}{5} \times \frac{6}{5} = \frac{1296}{624} > \frac{1296}{628} = \frac{2}{1}$. Ainsi l'on est contraint de renforcer les Tierces majeures & d'affoiblir les mineures pour que les Octaves & tous les autres Intervalles se correspondent exactement, & que les mêmes touches puissent être employées sous leurs divers rapports. Dans un moment je dirai comment cela se fait.

Cette nécessité ne se fit pas sentir tout-d'un-coup, on ne la reconnut qu'en perfectionnant le système musical. Pythagore, qui trouva le premier les rapports des Intervalles harmoniques, prétendoit que ces rapports fussent observés dans toute la rigueur mathématique, sans rien accorder à la tolérance de l'oreille. Cette sévérité pouvoit être bonne pour son tems où toute l'étendue du système se bornoit encore à un si petit nombre de Cordes. Mais comme la plupart des Instrumens des Anciens étoient composés de Cordes qui se touchoient à vide, & qu'il leur faloit, par conséquent, une Corde pour chaque Son, à mesure que le système s'étendit, ils s'apperçurent que la regle de Pythagore, en trop multipliant les Cordes, empêchoit d'en tirer les usages convenables.

Aristoxène, disciple d'Aristote, voyant combien l'exactitude des calculs nuisoit aux progrès de la Musique & à la facilité de

l’exécution, prit tout-d’un-coup l’autre extrémité; abandonnant presque entiérement
le calcul, il s’en remit au seul jugement de
l’oreille, & rejetta comme inutile tout ce
que Pythagore avoit établi.

Cela forma dans la Musique deux sectes
qui ont long-tems divisé les Grecs, l’une
des Aristoxéniens, qui étoient les Musiciens
de pratique; l’autre des Pythagoriciens, qui
étoient les Philosophes. (Voyez ARISTOXÉ-
NIENS & PYTHAGORICIENS.)

Dans la suite, Ptolomée & Dydime,
trouvant, avec raison, que Pythagore &
Aristoxène avoient donné dans deux excès
également vicieux, & consultant à la fois
les sens & la raison, travaillerent chacun
de leur côté à la réforme de l’ancien systême Diatonique. Mais comme ils ne s’éloi-
gnerent pas des principes établis pour la division du Tétracorde, & que reconnoissant
enfin la différence du *Ton* majeur au *Ton*
mineur, ils n’oserent toucher à celui-ci pour
le partager comme l’autre par une Corde
chromatique en deux Parties réputées égales;
le systême demeura encore long-tems dans
un état d’imperfection qui ne permettoit pas
d’appercevoir le vrai principe du *Tempérament.*

Enfin vint Guy d’Arezzo qui refondit en
quelque maniere, la Musique & inventa,
dit-on, le Clavecin. Or, il est certain que
cet Instrument n’a pu exister, non plus que
l’Orgue, que l’on ait en même tems trouvé
le *Tempérament*, sans lequel il est impossible

de les accorder & il eſt impoſſible au moins que la premiere invention ait de beaucoup précédé la ſeconde; c'eſt-à-peu-près tout ce que nous en ſavons.

Mais quoique la néceſſité du *Tempérament* ſoit connue depuis long-tems, il n'en eſt pas de même de la meilleure regle à ſuivre pour le déterminer. Le ſiecle dernier, qui fut le ſiecle des découvertes en tout genre, eſt le premier qui nous ait donné des lumieres bien nettes ſur ce chapitre. Le P. Merſenne & M. Loulié ont fait des calculs; M. Sauveur a trouvé des diviſions qui fourniſſent tous les *Tempéramens* poſſibles; enfin, M. Rameau, après tous les autres, a cru développer le premier la véritable théorie du *Tempérament*, & a même prétendu, ſur cette théorie, établir comme neuve une pratique très-ancienne dont je parlerai dans un moment.

J'ai dit qu'il s'agiſſoit, pour tempérer les Sons du Clavier, de renforcer les Tierces majeures, d'affoiblir les mineures, & de diſtribuer ces altérations de maniere à les rendre le moins ſenſibles qu'il étoit poſſible. Il faut pour cela répartir ſur l'Accord de l'Inſtrument, & cet Accord ſe fait ordinairement par Quintes; c'eſt donc par ſon effet ſur les Quintes que nous avons à conſidérer le *Tempérament*.

Si l'on accorde bien juſte quatre Quintes de ſuite, comme *ut ſol re la mi*, on trouvera que cette quatrieme Quinte *mi* fera, avec l'*ut* d'où l'on eſt parti, une Tierce majeure diſcordante, & de beaucoup trop forte; & en effet ce *mi*, produit comme Quinte de *la*, n'eſt pas le même Son qui doit faire la Tierce majeure d'*ut*. En voici la preuve.

Le rapport de la Quinte eſt $\frac{2}{3}$ ou $\frac{1}{3}$, à cauſe des Octaves 1 & 2 priſes l'une pour l'autre indifféremment. Ainſi la ſucceſſion des Quintes formant une progreſſion triple, donnera *ut* 1, *ſol* 3, *re* 9, *la* 27, & *mi* 81.

Conſidérons à préſent ce *mi* comme Tierce majeure d'*ut*; ſon rapport eſt $\frac{4}{5}$ ou $\frac{1}{5}$, 4 n'étant que la double Octave d'1. Si d'Octave en Octave nous rapprochons ce *mi* du précédent, nous trouverons *mi* 5, *mi* 10, *mi* 20, *mi* 40, & *mi* 80. Ainſi la Quinte de *la* étant *mi* 81, & la Tierce majeure d'*ut* étant *mi* 80; ces deux *mi* ne ſont pas le même, & leur rapport eſt $\frac{80}{81}$, qui fait préciſément le Comma majeur.

Que ſi nous pourſuivons la progreſſion des Quintes juſqu'à la douzieme puiſſance qui arrive au *ſi* Dièſe, nous trouverons que ce *ſi* excéde l'*ut* dont il devroit faire l'uniſſon, & qu'il eſt avec lui dans le rapport de 531441 à 524288, rapport qui donne le Comma de Pythagore. De ſorte que par le calcul précédent le *ſi* Dièſe devroit excéder l'*ut* de trois Comma majeurs; & par celui-ci il l'excéde ſeulement du Comma de Pythagore.

Mais il faut que le même Son *mi*, qui fait la Quinte de *la*, ſerve encore à faire la Tierce majeure d'*ut*; il faut que le même *si* Dièse, qui forme la douzieme Quinte de ce même *ut*, en fasse aussi l'Octave, & il faut enfin que ces différens Accords concourent à constituer le systême général sans multiplier les Cordes. Voilà ce qui s'exécute au moyen du *Tempérament.*

Pour cela 1°. on commence par l'*ut* du milieu du Clavier, & l'on affoiblit les quatre premieres Quintes en montant, jusqu'à ce que la quatrieme *mi* fasse la Tierce majeure bien juste avec le premier Son *ut*; ce qu'on appelle la premiere preuve. 2°. En continuant d'accorder par Quintes ; dès qu'on est arrivé sur les Dièses on renforce un peu les Quintes, quoique les Tierces en souffrent, & quand on est arrivé au *sol* Dièse, on s'arrête. Ce *sol* Dièse doit faire, avec le *mi*, une Tierce majeure juste ou du moins souffrable ; c'est la seconde preuve. 3°. On reprend l'*ut* & l'on accorde les Quintes au grave ; savoir, *fa*, *si* Bémol, &c. foibles d'abord ; puis les renforçant par Degrés, c'est-à-dire, affoiblissant les Sons jusqu'à ce qu'on soit parvenu au *re* Bémol, lequel, pris comme *ut* Dièse, doit se trouver d'accord & faire Quinte avec le *sol* Dièse, auquel on s'étoit ci-devant arrêté ; c'est la troisieme preuve. Les dernieres Quintes se trouveront un peu fortes, de même que les Tierces majeures ; c'est ce qui rend les Tons majeurs de *si* Bémol & de *mi* Bémol sombres & même un peu durs. Mais cette dureté sera supportable si la Partition est bien faite, & d'ailleurs ces Tierces, par

leur fituation , font moins employées que
les premieres , & ne doivent l'être que par
choix.

Les Organiftes & les Facteurs regardent
ce *Tempérament* comme le plus parfait que
l'on puiffe employer. En effet , les Tons
naturels jouiffent par cette méthode de toute
la pureté de l'Harmonie , & les Tons tranf-
pofés , qui forment des modulations moins
fréquentes , offrent de grandes reffources au
Muficien quand il a befoin d'expreffions
plus marquées : car il eft bon d'obferver ,
dit M. Rameau , que nous recevons des
impreffions différentes des Intervalles à proportion de leurs différentes altérations. Par
exemple , la Tierce majeure , qui nous excite naturellement à la joie , nous imprime
jufqu'à des idées de fureur quand elle eft
trop forte ; & la Tierce mineure , qui nous
porte à la tendreffe & à la douceur , nous
attrifte lorfqu'elle eft trop foible.

Les habiles Muficiens , continue le même
Auteur , favent profiter à propos de ces
différens effets des Intervalles , & font valoir , par l'expreffion qu'ils en tirent , l'altération qu'on y pourroit condamner.

Mais , dans fa *Génération harmonique* , le
même M. Rameau tient un tout autre langage. Il fe reproche fa condefcendance pour
l'ufage actuel , & détruifant tout ce qu'il
avoit établi auparavant , il donne une formule d'onze moyennes proportionnelles entre les deux termes de l'Octave , fur laquelle
formule il veut qu'on regle toute la fuc-

ceſſion du ſyſtême chromatique ; de ſorte que ce ſyſtême réſultant de douze ſemi-Tons parfaitement égaux , c'eſt une néceſ-ſité que tous les Intervalles ſemblables qui en ſeront formés ſoient auſſi parfaitement égaux entr'eux.

Pour la pratique prenez , dit-il , telle touche du Clavecin qu'il vous plaira ; accordez-en d'abord la Quinte juſte , puis diminuez-la ſi peu que rien : procédez ainſi d'une Quinte à l'autre , toujours en montant , c'eſt-à-dire, du grave à l'aigu , juſqu'à la derniere dont le Son aigu aura été le grave de la premiere ; vous pouvez être certain que le Clavecin ſera bien d'accord.

Cette méthode que nous propoſe aujourd'hui M. Rameau , avoit déjà été propoſée & abandonnée par le fameux Couperin. On la trouve auſſi tout au long dans le P. Merſenne , qui en fait Auteur un nommé Gallée , & qui a même pris la peine de calculer les onze moyennes proportionnelles dont M. Rameau nous donne la formule algébrique.

Malgré l'air ſcientifique de cette formule, il ne paroît pas que la pratique qui en réſulte ait été juſqu'ici goûtée des Muſiciens ni des Facteurs. Les premiers ne peuvent ſe réſoudre à ſe priver de l'énergique variété qu'ils trouvent dans les diverſes affections des Tons qu'occaſionne le *Tempérament* établi. M. Rameau leur dit en vain qu'ils ſe trompent , que la variété ſe trouve dans l'entrelacement des Modes ou dans les divers

Degrés des Toniques, & nullement dans l'altération des Intervalles; le Muſicien répond que l'un n'exclud pas l'autre, qu'il ne ſe tient pas convaincu par une aſſertion, & que les diverſes affections des Tons ne ſont nullement proportionnelles aux différens Degrés de leurs finales. Car, diſent-ils, quoiqu'il n'y ait qu'un ſemi-Ton de diſtance entre la finale de *re* & celle de *mi* Bémol, comme entre la finale de *la* & celle de *ſi* Bémol; cependant la même Muſique nous affectera très - différemment en A *la mi re* qu'en B *fa*, & en D *ſol re* qu'en E *la fa;* & l'oreille attentive du Muſicien ne s'y trompera jamais, quand même le Ton général ſeroit hauſſé ou baiſſé d'un ſemi-Ton & plus; preuve évidente que la variété vient d'ailleurs que de la ſimple différente élévation de la Tonique.

A l'égard des Facteurs, ils trouvent qu'un Clavecin accordé de cette maniere n'eſt point auſſi-bien d'accord que l'aſſure M. Rameau. Les Tierces majeures leur paroiſſent dures & choquantes, & quand on leur dit qu'ils n'ont qu'à ſe faire à l'altération des Tierces comme ils s'étoient faits ci-devant à celle des Quintes, ils répliquent qu'ils ne conçoivent pas comment l'Orgue pourra ſe faire à ſupprimer les battemens qu'on y entend par cette maniere de l'accorder, ou comment l'oreille ceſſera d'en être offenſée. Puiſque par la nature des Conſonnances la Quinte peut être plus altérée que la Tierce ſans choquer l'oreille & ſans faire des battemens, n'est-il pas convenable de jetter l'altération du côté où elle est le moins choquante, & de laisser plus justes, par préférence, les Intervalles qu'on ne peut altérer sans les rendre discordans?

Le P. Mersenne assuroit qu'on disoit de son tems que les premiers qui pratiquerent sur le Clavier les semi-Tons, qu'il appelle *feintes*, accorderent d'abord toutes les Quintes à-peu-près selon l'accord égal proposé par M. Rameau; mais que leur oreille ne pouvant souffrir la discordance des Tierces majeures nécessairement trop fortes, ils tempérerent l'Accord en affoiblissant les premieres Quintes pour baisser les Tierces majeures. Il paroît donc que s'accoutumer à cette maniere d'Accord n'est pas, pour une oreille exercée & sensible, une habitude aisée à prendre.

Au reste, je ne puis m'empêcher de rappeller ici ce que j'ai dit au mot CONSON-NANCE, sur la raison du plaisir que les Consonnances font à l'oreille, tirée de la simplicité des rapports. Le rapport d'une Quinte tempérée selon la méthode de M. Rameau

est celui-ci $\dfrac{\sqrt[4]{80} \times \sqrt[3\ 4]{81}}{120}$. Ce rapport cepen-

dant plaît à l'oreille; je demande si c'est par sa simplicité?

TEMS. Mesure du Son, quant à la durée.

Une succession de Sons, quelque bien dirigée qu'elle puisse être dans sa marche, dans ſes Degrés du grave à l'aigu ou de l'aigu au grave, ne produit, ppur ainſi dire, que des effets indéterminés. Ce ſont les durées relatives & proportionnelles de ces même Sons, qui fixent le vrai caractere d'une Muſique, & lui donnent ſa plus grande énergie. Le *Tems* eſt l'ame du Chant; les Airs dont la meſure eſt lente, nous attriſtent naturellement; mais un Air gai, vif & bien cadencé nous excite à la joie, & à peine les pieds peuvent-ils ſe retenir de danſer. Otez la meſure, détruiſez la proportion des *Tems*, les mêmes Airs que cette proportion vous rendoit agréables, reſtés ſans charme & ſans force, deviendront incapables de plaire & d'intéreſſer. Le *Tems*, au contraire, a ſa force en lui-même; elle dépend de lui ſeul, & peut ſubſiſter ſans la diverſité des Sons. Le Tambour nous en offre un exemple, groſſier toutefois & très-imparfait, parce que le Son ne s'y peut ſoutenir.

On conſidere le *Tems* en Muſique, ou par rapport au mouvement général d'un Air, &, dans ce ſens, on dit qu'il eſt lent ou vîte; voyez MESURE, MOUVEMENT.) ou, ſelon les parties aliquotes de chaque Meſure, parties qui ſe marquent par des mouvemens de la main ou du pied & qu'on appelle particuliérement des *Tems*; ou enfin ſelon la valeur propre de chaque Note. (Voyez VALEUR DES NOTES.) J'ai ſuffiſamment parlé, au mot *Rhythme*, des *Tems* de la Muſique Grecque; il me refte à parler ici des *Tems* de la Mufique moderne.

Nos anciens Muficiens ne reconnoiffoient que deux efpeces de Mefure ou de *Tems* ; l'une à trois *Tems*, qu'ils appelloient Mefure parfaite ; l'autre à deux, qu'ils traitoient de Mefure imparfaite : & ils appelloient *Tems*, *Modes* ou *Prolations*, les fignes qu'ils ajoutoient à la Clef pour déterminer l'une ou l'autre de ces Mefures. Ces fignes ne fervoient pas à cet unique ufage comme ils font aujourd'hui ; mais ils fixoient auffi la valeur relative des Notes, comme on a déjà pu voir aux mots *Mode* & *Prolation*, par rapport à la Maxime, à la Longue & à la femi-Breve. A l'égard de la Breve, la maniere de la divifer étoit ce qu'ils appelloient plus précifément *Tems*, & ce *Tems* étoit parfait ou imparfait.

Quand le *Tems* étoit parfait, la Breve ou Quarrée valoit trois Rondes ou femi-Breves ; & ils indiquoient cela par un cercle entier, barré ou non barré, & quelquefois encore par ce chiffre compofé $\frac{3}{1}$.

Quand le *Tems* étoit imparfait, la Breve ne valoit que deux Rondes ; & cela fe marquoit par un demi-cercle ou C. Quelquefois ils tournoient le C à rebours ; & cela marquoit une diminution de moitié fur la valeur de chaque Note. Nous indiquons aujourd'hui la même chofe en barrant le C. Quelques-uns ont auffi appellé *Tems mineurs* cette Mefure du C barré où les Notes ne durent que la moitié de leur valeur ordinaire, & *Tems majeur* celle du C plein ou de la Mesure ordinaire à quatre *Tems.*

Nous avons bien retenu la Mesure triple des anciens, de même que la double; mais par la plus étrange bizarrerie, de leurs deux manieres de diviser les Notes, nous n'avons retenu que la sous-double, quoique nous n'ayons pas moins besoin de l'autre; de sorte que, pour diviser une Mesure ou un *Tems* en trois parties égales, les signes nous manquent, & à peine sait-on comment s'y prendre. Il faut recourir au chiffre 3 & à d'autres expédiens qui montrent l'insuffisance des signes. (Voyez Triple.)

Nous avons ajouté aux anciennes Musiques une combinaison de *Tems*, qui est la Mesure à quatre; mais comme elle se peut toujours résoudre en deux Mesures à deux, on peut dire que nous n'ayons absolument que deux *Tems* & trois *Tems* pour parties aliquotes de toutes nos différentes Mesures.

Il y a autant de différentes valeurs de *Tems* qu'il y a de sortes de Mesures & de modifications de Mouvement. Mais quand une fois la Mesure & le Mouvement sont déterminés, toutes les Mesures doivent être parfaitement égales; & tous les *Tems* de chaque Mesure parfaitement égaux entr'eux. Or, pour rendre sensible cette égalité, on frappe chaque Mesure, & l'on marque chaque *Tems* par un mouvement de la main ou du pied, & sur ces mouvemens on régle exactement les différentes valeurs des Notes, selon le caractere de la Mesure.

C'est

C'eft une chofe étonnante de voir avec quelle précifion l'on vient à bout, à l'aide d'un peu d'habitude, de marquer & de fuivre tous les *Tems* avec une fi parfaite égalité, qu'il n'y a point de pendule qui furpaffe en juftesse la main ou le pied d'un bon Muficien, & qu'enfin le fentiment feul de cette égalité fuffit pour le guider, & fupplée à tout mouvement fenfible ; en forte que dans un Concert chacun fuit la même mefure avec la derniere précifion, fans qu'un autre la marque & fans la marquer foi-même.

Des divers *Tems* d'une Mefure, il y en a de plus fenfibles, de plus marqués que d'autres, quoique de valeurs égales. Le *Tems* qui marque davantage s'appelle *Tems fort* ; celui qui marque moins s'appelle *Tems foible* : c'eft ce que M. Rameau, dans fon *Traité d'Harmonie*, appelle *Tems bon* & *Tems mauvais*. Les *Tems* forts font, le premier dans la Mefure à deux *Tems* ; le premier & le troifieme dans les Mefures à trois & quatre. A l'égard du fecond *Tems*, il eft toujours foible dans toutes les Mefures, & il en eft de même du quatrieme dans la Mefure à quatre *Tems*.

Si l'on fubdivife chaque *Tems* en deux autres parties égales, qu'on peut encore appeller *Tems* ou *demi-Tems*, on aura derechef *Tems fort* pour la premiere moitié, *Tems foible* pour la feconde, & il n'y a point de partie d'un *Tems* qu'on ne puiffe fubdivifer de la même maniere. Toute Note qui commence sur le *Tems foible* & finit sur le *Tems fort* est une Note à *contre-Tems* ; & parce qu'elle heurte & choque e n quelque façon la Mesure, on l'appelle *Syncope*. (Voyez SYNCOPE.)

Ces observations sont nécessaires pour apprendre à bien traiter les Dissonances. Car toute Dissonance bien préparée doit l'être sur le *Tems* foible, & frappée sur le *Tems* fort ; excepté cependant dans des suites de Cadences évitées où cette regle, quoiqu'applicable à la premiere Dissonance, ne l'est pas également aux autres. (Voyez DISSONANCE, PRÉPARER.)

TENDREMENT. Cet adverbe écrit à la tête d'un Air indique un Mouvement lent & doux, des Sons filés gracieusement & animés d'une expression tendre & touchante. Les Italiens se servent du mot *Amorofo* pour exprimer à - peu - près la même chose : mais le caractere de l'*Amorofo* a plus d'accent, & respire je ne sais quoi de moins fade & de plus passionné.

TENEDIUS. Sorte de Nome pour les Flûtes dans l'ancienne Musique des Grecs.

TENEUR, *f. f.* Terme de Plain-Chant qui marque dans la Psalmodie la partie qui regne depuis la fin de l'Intonation jusqu'à la Médiation, & depuis la Médiation jusqu'à la Terminaison. Cette *Teneur*, qu'on peut appeller la Dominante de la Psalmodie, est presque toujours sur le même Ton.

TENOR. (Voyez TAILLE.) Dans les commencemens du Contre-point, on donnoit le nom de *Tenor* à la Partie la plus baſſe.

TENUE , *ſ. f.* Son ſoutenu par une Partie durant deux ou pluſieurs Meſures, tandis que d'autres Parties travaillent. (Voyez Me-SURE , TRAVAILLER.) Il arrive quelque-fois , mais rarement, que toutes les Parties font des *Tenues* à la fois ; & alors il ne faut pas que la *Tenue* ſoit ſi longue que le ſen-timent de la Meſure s'y laiſſe oublier.

TETE. La *Tête* ou le corps d'une Note eſt cette partie qui en détermine la poſi-tion, & à laquelle tient la Queue quand elle en a une. (Voyez QUEUE.)

Avant l'invention de l'Imprimerie les Notes n'avoient que des *Têtes* noires : car la plupart des Notes étant quarrées , il eût été trop long de les faire blanches en écri-vant. Dans l'impreſſion l'on forma des *Têtes* de Notes blanches , c'eſt-à-dire , vides dans le milieu. Aujourd'hui les unes & les autres ſont en uſage ; & , tout le reſte égal, une *Tête* blanche marque toujours une va-leur double de celle d'une *Tête* noire. (Voyez NOTES , VALEUR DES NOTES.)

TÉTRACORDE , *ſ. m.* C'étoit , dans la Muſique ancienne , un ordre ou ſyſtême particulier de Sons dont les Cordes extrê-mes ſonnoient la Quarte. Ce ſyſtême s'ap-pelloit *Tétracorde* , parce que les Sons qui le compoſoient , étoient ordinairement au nombre de quatre ; ce qui pourtant n'étoit pas toujours vrai.

Nicomaque , au rapport de Boëce , dit

que la Musique dans sa premiere simplicité
n'avoit que quatre Sons ou Cordes dont
les deux extrêmes sonnoient le Diapason
entr'elles, tandis que, les deux moyennes
distantes d'un *Ton* l'une de l'autre, sonnoient chacune la Quarte avec l'extrême
dont elle étoit la plus proche, & la Quinte
avec celle dont elle étoit la plus éloignée.
Il appelle cela le *Tétracorde* de Mercure,
du nom de celui qu'on en disoit l'inventeur.

Boëce dit encore qu'après l'addition de
trois Cordes faites par différens Auteurs,
Lychaon Samien en ajouta une huitieme
qu'il plaça entre la Trite & la Paramese,
qui étoient auparavant la même Corde; ce
qui rendit l'Octacorde complet & composé
de deux *Tétracordes* disjoints, de conjoints
qu'ils étoient auparavant dans l'Eptacorde.

J'ai consulté l'ouvrage de Nicomaque,
& il me semble qu'il ne dit point cela. Il
dit au contraire que Pythagore ayant remarqué que, bien que le Son moyen des
deux *Tétracordes* conjoints sonnât la Consonnance de la Quarte avec chacun des extrêmes, ces extrêmes comparés entr'eux
étoient toutefois dissonans : il inséra entre les
deux *Tétracordes* une huitieme Corde, qui,
les divisant par un *Ton* d'Intervalle, substitua le Diapason ou l'Octave à la Septieme
entre leurs extrêmes, & produisit encore
une nouvelle Consonnance entre chacune
des deux Cordes moyennes & l'extrême
qui lui étoit opposée.

Sur la maniere dont se fit cette addition, Nicomaque & Boëce sont tous deux également embrouillés, & non contens de se contredire entr'eux, chacun d'eux se contredit encore lui-même. (Voyez Systeme, Trite, Paramese.)

Si l'on avoit égard à ce que disent Boëce & d'autres plus anciens écrivains, on ne pourroit donner de bornes fixes à l'étendue du *Tétracorde* : mais soit que l'on compte ou que l'on pese les voix, on trouvera que la définition la plus exacte est celle du vieux Bacchius, & c'est aussi celle que j'ai préférée.

En effet, cet Intervalle de Quarte est essentiel au *Tétracorde* ; c'est pourquoi les Sons extrêmes qui forment cet Intervalle sont appellés *immuables* ou *fixes* par les Anciens, au lieu qu'ils appellent *mobiles* ou *changeans* les Sons moyens, parce qu'ils peuvent s'accorder de plusieurs manieres.

Au contraire le nombre de quatre Cordes d'où le *Tétracorde* a pris son nom, lui est si peu essentiel, qu'on voit, dans l'ancienne Musique, des *Tétracordes* qui n'en avoient que trois. Tels furent, durant un tems, les *Tétracordes* enharmoniques. Tel étoit, selon Meibomius, le second *Tétracorde* du système ancien, avant qu'on y eût inséré une nouvelle Corde.

Quant au premier *Tétracorde*, il étoit certainement complet avant Pythagore, ainsi qu'on le voit dans le Pythagoricien Nicomaque ; ce qui n'empêche pas M. Rameau d’affirmer que, selon le rapport unanime, Pythagore trouva le *Ton*, le Diton, le semi-Ton, & que du tout il forma le *Tétracorde* diatonique; (notez que cela feroit un Pentacorde :) au lieu de dire que Pythagore trouva seulement les raisons de ces Intervalles, lesquels, selon un rapport plus unanime, étoient connus long-tems avant lui.

Les *Tétracordes* ne resterent pas long-tems bornés au nombre de deux; il s’en forma bientôt un troisieme, puis un quatrieme; nombre auquel le systême des Grecs demeura fixé.

Tous ces *Tétracordes* étoient conjoints; c’est-à-dire que la derniere Corde du premier servoit toujours de premiere Corde au second, & ainsi de suite, excepté un seul lieu à l’aigu ou au grave du troisieme *Tétracorde*, où il y avoit *Disjonction*, laquelle (Voyez ce mot) mettoit un Ton d’Intervalle entre la plus haute Corde du *Tétracorde* inférieur & la plus basse du *Tétracorde* supérieur. (Voyez SYNAPHE, DIAZEUXIS.) Or, comme cette Disjonction du troisieme *Tétracorde* se faisoit tantôt avec le second, tantôt avec le quatrieme, cela fit approprier à ce troisieme *Tétracorde* un nom particulier pour chacun de ces deux cas. De sorte que, quoiqu’il n’y eût proprement que quatre *Tétracordes*, il y avoit pourtant cinq dénominations. (Voyez *Pl.* H. *Fig.* 2.)

Voici les noms de ces *Tétracordes*. Le plus grave des quatre, & qui se trouvoit placé un *Ton* au-dessus de la Corde Proslambano-

mene, s'ppelloit le *Tétracorde - Hypaton*,
ou des principales ; le fecond en montant,
lequel étoit toujours conjoint au premier,
s'appelloit le *Tétracorde - Méfon*, ou des
moyennes ; le troifieme, quand il étoit conjoint au fecond & féparé du quatrieme,
s'appelloit le *Tétracorde Synnéménon*, ou des
Conjointes ; mais quand il étoit féparé du
fecond & conjoint au quatrieme, alors ce
troifieme *Tétracorde* prenoit le nom de *Diézeugménon*, ou des Divifées. Enfin, le quatrieme s'appelloit le *Tétracorde-Hyperboléon*,
ou des excellentes. L'Arétin ajouta à ce fyftême un cinquieme *Tétracorde* que Meibomius prétend qu'il ne fit que rétablir. Quoi
qu'il en foit, les fyftêmes particuliers des
Tétracordes firent enfin place à celui de l'Octave qui les fournit tous.

Les deux Cordes extrêmes de chacun de
ces *Tétracordes* étoient appellées *immuables*,
parce que leur Accord ne changeoit jamais ;
mais ils contenoient auffi chacun deux Cordes
moyennes, qui, bien qu'accordées femblablement dans tous les *Tétracordes*, étoient
pourtant fujettes, comme je l'ai dit, à être
hauffées ou baiffées felon le Genre & même
felon l'efpece du Genre ; ce qui fe faifoit
dans tous les *Tétracordes* également : c'eft
pour cela que ces Cordes étoient appellées
mobiles.

Il y avoit fix efpeces principales d'Accord,
felon les Ariftoxéniens ; favoir, deux pour le
Genre Diatonique, trois pour le Chromatique, & une feulement pour l'Enharmoni-

que. (Voyez ces mots.) Ptolomée réduit ces six efpeces à cinq. (Voyez *Pl.* M. *Fig.* 5.)

Ces diverfes efpeces, ramenées à la pratique la plus commune, n'en formoient que trois, une par Genre.

I. L'Accord diatonique ordinaire du *Tétracorde* formoit trois Intervalles, dont le premier étoit toujours d'un femi - Ton, & les deux autres d'un *Ton* chacun, de cette maniere : *mi* , *fa* , *fol* , *la*.

Pour le Genre Chromatique, il faloit baiffer d'un femi - Ton la troifieme Corde, & l'on avoit deux femi - Tons confécutifs, puis une Tierce mineure : *mi* , *fa* , *fa* Dièfe , *la*.

Enfin, pour le Genre Enharmonique, il faloit baiffer les deux Cordes du milieu jufqu'à ce qu'on eût deux quarts de *Ton* confécutifs, puis une Tierce majeure : *Mi* , *mi* demi - Dièfe, *fa* , *la* ; ce qui donnoit entre le *mi* Dièfe & le *fa* un véritable Intervalle enharmonique.

Les Cordes femblables, quoiqu'elles fe folfiaffent par les mêmes fyllabes, ne portoient pas les mêmes noms dans tous les *Tétracordes*, mais elles avoient dans les *Tétracordes* graves des dénominations différentes de celles qu'elles avoient dans les *Tétracordes* aigus. On trouvera toutes ces différentes dénominations dans la *Figure* 2 de la *Planche* H.

Les Cordes homologues, confidérées comme telles, portoient des noms génériques qui exprimoient le rapport de leur pofition dans leurs *Tétracordes* respectifs : ainsi l'on donnoit le nom de *Barypycni* aux premiers Sons de l'Intervalle serré, c'est-à-dire, au Son le plus grave de chaque *Tétracorde* ; de *Mésopycni* aux seconds ou moyens ; d'*Oxipycni* aux troisiemes ou aigus ; & d'*Apycni* à ceux qui ne touchoient d'aucun côté aux Intervalles serrés. (Voyez SYSTEME.)

Cette division du système des Grecs par *Tétracordes* semblables, comme nous divisons le nôtre par Octaves semblablement divisées, prouve, ce me semble, que ce système n'avoit été produit par aucun sentiment d'Harmonie, mais qu'ils avoient tâché d'y rendre par des Intervalles plus serrés les inflexions de voix que leur langue sonore & harmonieuse donnoit à leur récitation soutenue, & sur-tout à celle de leur Poésie, qui d'abord fut un véritable Chant ; de sorte que la Musique n'étoit alors que l'Accent de la parole & ne devint un Art séparé qu'après un long trait de tems. Quoi qu'il en soit, il est certain qu'ils bornoient leurs divisions primitives à quatre Cordes, dont toutes les autres n'étoient que les Répliques, & qu'ils ne regardoient tous les autres *Tétracordes* que comme autant de répétitions du premier. D'où je conclus qu'il n'y a pas plus d'analogie entre leur système & le nôtre qu'entre un *Tétracorde* & une Octave, & que la marche fondamentale à notre mode, que nous donnons pour base à leur système, ne s'y rapporte en aucune façon.

1. Parce qu'un *Tétracorde* formoit pour

eux un tout auſſi complet que le forme pour nous une Octave.

2. Parce qu'ils n'avoient que quatre ſyllabes pour ſolfier, au lieu que nous en avons ſept.

3. Parce que leurs *Tétracordes* étoient conjoints ou disjoints à volonté; ce qui marquoit leur entiere indépendance reſpective.

4. Enfin, parce que les diviſions y étoient exactement ſemblables dans chaque Genre, & ſe pratiquoient dans le même Mode; ce qui ne pouvoit ſe faire dans nos idées par aucune Modulation véritablement harmonique.

TÉTRADIAPASON. C'eſt le nom Grec de la quadruple Octave, qu'on appelle auſſi Vingt-neuvieme. Les Grecs ne connoiſſoient que le nom de cet Intervalle; car leur ſyſtême de Muſique n'y arrivoit pas. (Voyez Systeme.)

TÉTRATONON. C'eſt le nom Grec d'un Intervalle de quatre *Tons*, qu'on appelle aujourd'hui *Quinte-ſuperflue*. (Voyez Quinte.)

TEXTE. C'eſt le Poëme, ou ce ſont les paroles qu'on met en Muſique. Mais ce mot eſt vieilli dans ce ſens, & l'on ne dit plus le *Texte* chez les Muſiciens; on dit les paroles. (Voyez Paroles.)

THE. L'une des quatre ſyllabes dont les Grecs ſe ſervoient pour ſolfier. (Voyez Solfier.)

THESIS, *ſ. f.* Abaiſſement ou poſition. C'eſt ainſi qu'on appelloit autrefois le Tems fort ou frappé de la Mesure.

THO. L'une des quatre syllabes dont les Grecs se servoient pour solfier. (Voyez Sol-fier.)

TIERCE. La derniere des Consonnances simples & directes dans l'ordre de leur génération, & la premiere des deux Consonnances imparfaites. (Voyez Consonnance.) Comme les Grecs ne l'admettoient pas pour Consonnante, elle n'avoit point, parmi eux, de nom générique ; mais elle prenoit seulement le nom de l'Intervalle plus ou moins grand, dont elle étoit formée. Nous l'appellons *Tierce*, parce que son Intervalle est toujours composé de deux Degrés ou de trois Sons diatoniques. A ne considérer les *Tierces* que dans ce dernier sens, c'est-à-dire, par leurs Degrés, on en trouve de quatre sortes ; deux Consonnantes & deux Dissonantes.

Les Consonnantes sont : 1°. La *Tierce majeure* que les Grecs appelloient *Diton*, composée de deux *Tons*, comme d'*ut* à *mi*. Son rapport est de 4 à 5. 2°. La *Tierce mineure* appellée par les Grecs *Hémiditon*, & composée d'un Ton & demi, comme *mi sol*. Son rapport est de 5 à 6.

Les *Tierces* dissonantes sont : 1°. La *Tierce* diminuée, composée de deux semi-Tons majeurs, comme *si re* Bémol, dont le rapport est de 125 à 144. 2°. La *Tierce* superflue, composée de deux *Tons* & demi, comme *fa la* Dièse. Son rapport est de 96 à 125.

Ce dernier Intervalle ne pouvant avoir lieu dans un même Mode ne s'emploie jamais, ni dans l'Harmonie, ni dans la Mélodie. Les Italiens pratiquent quelquefois, dans le Chant, la *Tierce* diminuée, mais elle n'a lieu dans aucune Harmonie; & voilà pourquoi l'Accord de Sixte-superflue ne se renverse pas.

Les *Tierces* consonnantes sont l'ame de l'Harmonie, sur-tout la *Tierce* majeure, qui est sonore & brillante: la *Tierce* mineure est plus tendre & plus triste; elle a beaucoup de douceur quand l'Intervalle en est redoublé; c'est-à-dire, qu'elle fait la Dixieme. En général les *Tierces* veulent être portées dans le haut; dans le bas elles sont sourdes & peu harmonieuses: c'est pourquoi jamais *Duo* de Basses n'a fait un bon effet.

Nos anciens Musiciens avoient, sur les *Tierces*, des loix presque aussi séveres que sur les Quintes. Il étoit défendu d'en faire deux de suite, même d'especes différentes, sur-tout par mouvemens semblables. Aujourd'hui qu'on a généralisé par les bonnes Loix du Mode les regles particulieres des Accords, on fait sans faute, par mouvemens semblables ou contraires, par Degrés conjoints ou disjoints, autant de *Tierces* majeures ou mineures consécutives que la Modulation en peut comporter, & l'on a des *Duo* fort agréables qui, du commencement à la fin, ne procédent que par *Tierces*.

Quoique la *Tierce* entre dans la plupart des Accords, elle ne donne son nom à autun, fi ce n'eft à celui que quelques - uns appellent Accord de *Tierce - Quarte*, & que nous connoiffons plus communément fous le nom de Petite - Sixte. (Voyez ACCORD, SIXTE.)

TIERCE *de Picardie*. Les Muficiens appellent ainfi, par plaifanterie, la *Tierce* majeure donnée, au lieu de la mineure, à la finale d'un morceau compofé en Mode mineur. Comme l'Accord parfait majeur eft plus harmonieux que le mineur, on fe faifoit autrefois une loi de finir toujours fur ce premier; mais cette finale, bien qu'harmonieufe, avoit quelque chofe de niais & de malchantant qui l'a fait abandonner. On finit toujours aujourd'hui par l'Accord qui convient au Mode de la Piece, fi ce n'eft lorfqu'on veut paffer du mineur au majeur: car alors la finale du premier Mode porte élégamment la *Tierce* majeure pour annoncer le fecond.

Tierce de Picardie; parce que l'ufage de cette finale eft refté plus long-tems dans la Mufique d'Eglife, &, par conféquent en Picardie, où il y a Mufique dans un grand nombre de Cathédrales, & d'autres Eglifes.

TIRADE, *f. f.* Lorfque deux Notes font féparées par un Intervalle disjoint, & qu'on remplit cet Intervalle de toutes fes Notes diatoniques, cela s'appelle une *Tirade*. La *Tirade* differe de la Fufée, en ce que les Sons intermédiaires qui lient les deux extrémités de la Fufée font très-rapides, & ne font pas fenfibles dans la Mefure; au lieu que ceux de la *Tirade*, ayant une valeur sensible, peuvent être lents & même inégaux.

Les Anciens nommoient en Grec ἀγωγὴ & en latin *ductus*, ce que nous appellons aujourd'hui *Tirade*; & ils en distinguoient de trois sortes. 1°. Si les Sons se suivoient en montant, ils appelloient cela εὐθεῖα *ductus rectus*. 2°. S'ils se suivoient en descendant, c'étoit ἀνακάμπτουσα *ductus revertens*. 3°. Que si, après avoir monté par Bémol, ils redescendoient par Béquarre, ou réciproquement; cela s'appelloit περιφερὴς *ductus circumcurrens*. (Voyez EUTHIA, ANACAMPTOS, PÉRIPHERES.)

On auroit beaucoup à faire aujourd'hui que la Musique est si travaillée, si l'on vouloit donner des noms à tous ses différens passages.

TON. Ce mot a plusieurs sens en Musique.

1°. Il se prend d'abord pour un intervalle qui caractérise le systême & le Genre diatonique. Dans cette acception il y a deux sortes de *Tons*; savoir, le *Ton majeur*, dont le rapport est de 8 à 9, & qui résulte de la différence de la Quarte à la Quinte: & le *Ton mineur*, dont le rapport est de 9 à 10, & qui résulte de la différence de la Tierce mineure à la Quarte.

La génération du *Ton* majeur & celle du *Ton* mineur se trouvent également à la deuxieme Quinte *re* commençant par *ut*: car la quantité dont ce *re* surpasse l'Octave du premier *ut* est justement dans le rapport de

8 à 9, & celle dont ce même *re* est sur-
passé par *mi*, Tierce majeure de cette Octave, est dans le rapport de 9 à 10.

2°. On appelle *Ton* le degré d'élévation
que prennent les Voix ou sur lequel sont
montés les Instrumens, pour exécuter la
Musique. C'est en ce sens qu'on dit, dans
un Concert, que le *Ton* est trop haut ou
trop bas. Dans les Eglises il y a le *Ton* du
Chœur pour le Plain - Chant. Il y a pour
la Musique, *Ton* de Chapelle, & *Ton*
Opé'dra. Ce dernier n'a rien de fixe : mais
en France il est ordinairement plus bas que
l'autre.

3°. On donne encore le même nom à un
Instrument qui sert à donner le *Ton* de
l'Accord à tout un Orchestre. Cet Instrument, que quelques-uns appellent aussi
Choriste, est un sifflet, qui, au moyen d'une
espece de piston gradué, par lequel on
alonge ou racourcit le tuyau à volonté,
donne toujours à peu-près le même Son sous
la même division. Mais cet à-peu-près, qui
dépend des variations de l'air, empêche
qu'on ne puisse s'assurer d'un Son fixe qui
soit toujours exactement le même. Peut-être,
depuis qu'il existe de la Musique, n'a-t-on
jamais concerté deux fois sur le même *Ton*.
M. Diderot a donné dans ses principes d'A-
coustique, les moyens de fixer le *Ton* avec
beaucoup plus de précision, en remédiant
aux effets des variations de l'air.

4°. Enfin, *Ton* se prend pour une regle
de] Modulation relative à une Note ou

Corde principale qu'on appelle *Tonique.*
(Voyez Tonique.)

Sur les *Tons* des anciens, voyez Mode.

Comme notre Syftême moderne eft compofé de douze Cordes ou Sons différens, chacun de ces Sons peut fervir de fondement à un
Ton, c'eft-à-dire, en être la Tonique. Ce font
déjà douze *Tons*; & comme le Mode majeur & le Mode mineur font applicables à
chaque *Ton*, ce font vingt-quatre Modulations dont notre Mufique eft fufceptible fur
ces douze *Tons*. (Voyez Modulation.)

Ces *Tons* different entr'eux par les divers
degrés d'élévation entre le grave & l'aigu
qu'occupent les Toniques. Ils different encore
par les diverfes altérations des Sons & des
Intervalles, produites en chaque *Ton* par le
Tempérament; de forte que, fur un Clavecin bien d'accord, une oreille exercée reconnoît fans peine un *Ton* quelconque dont
on lui fait entendre la Modulation; & ces
Tons fe reconnoiffent également fur des
Clavecins accordés plus haut ou plus bas les
uns que les autres : ce qui montre que cette
connoiffance vient du moins autant des diverfes modifications que chaque *Ton* reçoit
de l'Accord total, que du degré d'élévation
que la Tonique occupe dans le Clavier.

De-là naît une fource de variétés & de
beautés dans la Modulation. De-là naît une
diverfité & une énergie admirable dans l'expreffion. De-là naît enfin la faculté d'exciter
des fentimens différens avec des Accords
femblables frappés en différens *Tons*. Faut-il
du

du majeſtueux, du grave ? L'F *ut fa*, & les *Tons* majeurs par Bémol l'exprimeront no-blement. Faut-il du gai, du brillant ? Pre-nez A *mi la*, D *la re*, les *Tons* majeurs par Dièſes. Faut-il du touchant, du tendre ? Prenez les *Tons* mineurs par Bémol. C *ſol ut* mineur porte la tendreſſe dans l'ame ; F *ut fa* mineur va juſqu'au lugubre & à la douleur. En un mot, chaque *Ton*, chaque Mode, a ſon expreſſion propre qu'il faut ſavoir con-noître, & c'eſt-là un des moyens qui rendent un habile Compoſiteur maître, en quelque maniere, des affections de ceux qui l'écoutent : c'eſt une eſpece d'équivalent aux Modes anciens, quoique fort éloigné de leur variété & de leur énergie.

C'eſt pourtant de cette agréable & riche diverſité que M. Rameau voudroit priver la Muſique, en ramenant une égalité & une monotonie entiere dans l'Harmonie de cha-que Mode, par ſa regle du Tempérament ; regle déjà ſi ſouvent propoſée & abandon-née avant lui. Selon cet Auteur, toute l'Har-monie en ſeroit plus parfaite. Il eſt certain, cependant, qu'on ne peut rien gagner en ceci d'un côté, qu'on ne perde autant de l'autre ; & quand on ſuppoſeroit (ce qui n'eſt pas) que l'Harmonie en général en ſeroit plus pure, cela dédommageroit-il de ce qu'on y perdroit du côté de l'expreſſion ? (Voyez Tempérament.)

TON DU QUART. C'eſt ainſi que les Organiſtes & Muſiciens d'Egliſe ont appellé le Plagal du Mode mineur qui s'arrête &

finit fur la Dominante au lieu de tomber fur la Tonique. Ce nom de *Ton du Quart* lui vient de ce que telle eft fpécialement la Modulation du quatrieme *Ton* dans le Plain-Chant.

TONS DE L'ÉGLISE. Ce font des ma-nieres de Moduler le Plain-Chant fur telle ou telle finale prife dans le nombre prefcrit, en fuivant certaines regles admifes dans toutes les Eglifes où l'on pratique le Chant Grégorien.

On compte huit *Tons* réguliers, dont quatre authentiques ou principaux, & quatre Plagaux ou Collatéraux. On appelle *Tons* authentiques ceux où la Tonique occupe à-peu-près le plus bas Degré du Chant; mais fi le Chant defcend jufqu'à trois Degrés plus bas que la Tonique, alors le *Ton* eft Plagal.

Les quatre *Tons* authentiques ont leurs fi-nales à un Degré l'une de l'autre felon l'ordre de ces quatre Notes, *re mi fa fol*. Ainfi le pre-mier de ces *Tons* répondant au Mode Dorien des Grecs, le fecond répond au Phrygien, le troifieme à l'Eolien (& non pas au Lydien, comme difent les Symphoniaftes), & le der-nier au Mixolydien. C'eft Saint Miroclet, Evê-que de Milan, ou, felon d'autres, Saint Am-broife, qui vers l'an 370, choifit ces quatre *Tons* pour en compofer le Chant de l'Eglife de Milan; & c'eft, à ce qu'on dit, le choix & l'approbation de ces deux Evêques, qui ont fait donner à ces quatre *Tons* le nom d'Authentiques.

Comme les Sons, employés dans ces quatre

Tons, n'occupoient pas tout le Diſdiapaſon ou les quinze Cordes de l'ancien Syſtême, Saint Grégoire forma le projet de les employer tous par l'addition de quatre nouveaux *Tons* qu'on appelle Plagaux, leſquels ayant les mêmes Diapaſons que les précédens, mais leur finale plus élevée d'une Quarte, reviennent proprement à l'Hyper-Dorien, à l'Hyper-Phrygien, à l'Hyper-Mixolydien. D'autres attribuent à Guy d'Arezzo l'invention de ce dernier.

C'eſt de-là que les quatre *Tons* Authentiques ont chacun un Plagal pour collatéral ou ſupplément; de ſorte qu'après le premier *Ton*, qui eſt Authentique, vient le ſecond *Ton*, qui eſt ſon Plagal; le troiſieme Authentique, le quatrieme Plagal, & ainſi de ſuite. Ce qui fait que les Modes ou *Tons* Authentiques s'appellent auſſi impairs, & les Plagaux pairs, eu égard à leur place dans l'ordre des *Tons*.

Le diſcernement des *Tons* Authentiques ou Plagaux eſt indiſpenſable à celui qui donne le *Ton* du Chœur; car ſi le Chant eſt dans un *Ton* Plagal, il doit prendre la finale à-peu-près dans le *Medium* de la Voix; & ſi le *Ton* eſt Authentique, il doit la prendre dans le bas. Faute de cette obſervation, on expoſe les Voix à ſe forcer ou à n'être pas entendues.

Il y a encore des *Tons* qu'on appelle *Mixtes*, c'eſt-à-dire, mêlés de l'Authente & du Plagal, ou qui ſont en partie principaux & en partie collatéraux; on les appelle auſſi *Tons* ou Modes communs. En ces cas, le nom numéral de la dénomination du *Ton* se prend de celui des deux qui domine, ou qui se fait sentir le plus, sur-tout à la fin de la Piece.

Quelquefois on fait dans un *Ton* des transpositions à la Quinte : ainsi, au lieu de *re* dans le premier *Ton*, l'on aura *la* pour finale, *si* pour *mi*, *ut* pour *fa*, & ainsi de suite. Mais si l'ordre & la Modulation ne changent pas, le Ton ne change pas non plus, quoique pour la commodité des Voix la finale soit transposée. Ce sont des observations à faire pour le Chantre ou l'Organiste qui donne l'Intonation.

Pour approprier, autant qu'il est possible, l'étendue de tous ces *Tons* à celle d'une seule Voix, les Organistes ont cherché les *Tons* de la Musique les plus correspondans à ceux-là. Voici ceux qu'ils ont établis.

Premier Ton....   *Re* mineur.

Second Ton.....   *Sol* mineur.

Troisieme Ton...   *La* mineur ou *Sol*.

Quatrieme Ton...   { *La* mineur, finissant sur la Dominante.

Cinquieme Ton...   *Ut* majeur ou *Re*.

Sixieme Ton.....   *Fa* majeur.

Septieme Ton....   *Re* majeur.

Huitieme Ton....   { *Sol* majeur, en faisant sentir le Ton d'*Ut*.

On auroit pu réduire ces huit *Tons* encore
à une moindre étendue, en mettant à l'U-
niſſon la plus haute Note de chaque *Ton*,
ou, ſi l'on veut, celle qu'on rebat le plus,
& qui s'appelle, en terme de Plain-Chant,
Dominante : mais comme on n'a pas trouvé
que l'étendue de tous ces *Tons* ainſi réglés
excédât celle de la voix humaine, on n'a pas
jugé à propos de diminuer encore cette étendue par des Tranſpoſitions plus difficiles &
moins harmonieuſes que celles qui ſont en
uſage.

Au reſte, les *Tons de l'Egliſe* ne ſont point
aſſervis aux loix des *Tons* de la Muſique ; il
n'y eſt point queſtion de Médiante ni de Note
ſenſible, le Mode y eſt peu déterminé, &
on y laiſſe les ſemi-Tons où ils ſe trouvent
dans l'ordre naturel de l'Echelle ; pourvu
ſeulement qu'ils ne produiſent ni Triton ni
Fauſſe-Quinte ſur la Tonique.

TONIQUE, *ſ. f.* Nom de la Corde principale ſur laquelle le Ton eſt établi. Tous
les Airs finiſſent communément par cette
Note, ſur-tout à la Baſſe. C'eſt l'eſpece de
Tierce que porte la *Tonique*, qui détermine
le Mode. Ainſi l'on peut compoſer dans
les deux Modes ſur la même *Tonique*. Enfin
les Muſiciens reconnoiſſent cette propriété
dans la *Tonique*, que l'Accord parfait n'appartient rigoureuſement qu'à elle ſeule. Lorſqu'on frappe cet Accord ſur une autre Note,
ou quelque Diſſonance eſt ſous-entendue,
ou cette Note devient *Tonique* pour le moment.

Par la méthode des Transpositions, la *To-nique* porte le nom d'*ut* en Mode majeur, & de *la* en Mode mineur. (Voyez TON, MODE, GAMME, SOLFIER, TRANSPOSITION, CLEFS TRANSPOSÉES.)

Tonique est aussi le nom donné par Aristoxène à l'une des trois especes de Genre Chromatique dont il explique les divisions, & qui est le Chromatique ordinaire des Grecs, procédant par deux semi-Tons consécutifs, puis une Tierce mineure. (Voyez GENRES.)

Tonique est quelquefois adjectif. On dit Corde *tonique*, Note *tonique*, Accord *tonique*, Echo *tonique*, &c.

TOUS, & en Italien TUTTI. Ce mot s'écrit souvent dans les Parties de Symphonie d'un Concerto, après cet autre mot *Seul*, ou *Solo*, qui marque un Récit. Le mot *Tous* indique le lieu où finit ce Récit, & où reprend tout l'Orchestre.

TRAIT, Terme de Plain-Chant, marquant la Psalmodie d'un Pseaume ou de quelques versets de Pseaume, traînée ou alongée sur un Air lugubre qu'on substitue en quelques occasions aux Chants joyeux de l'*Alleluya* & des Proses. Le Chant des *Traits* doit être composé dans le second ou dans le huitieme Ton; les autres n'y sont pas propres.

TRAIT, *tractus*, est aussi le nom d'une ancienne figure de Note appellée autrement *Plique*. (Voyez PLIQUE.)

TRANSITION. *s. f.* C'est, dans le Chant, une maniere d'adoucir le saut d'un

Intervalle disjoint en inférant des Sons diatoniques entre ceux qui forment cet Intervalle. La *tranfition* eft proprement une Tirade non notée ; quelquefois auffi elle n'eft qu'un Port-de-Voix, quand il s'agit feulement de rendre plus doux le paffage d'un Degré diatonique. Ainfi, pour paffer de l'*ut* au *re* avec plus de douceur, la *Tranfition* fe prend fur l'*ut*.

Tranfition, dans l'Harmonie, eft une marche fondamentale propre à changer de Genre ou de Ton d'une maniere fenfible, réguliere, & quelquefois par des intermédiaires. Ainfi, dans le Genre Diatonique, quand la Baffe marche de maniere à exiger, dans les Parties, le paffage d'un femi-Ton mineur, c'eft une *Tranfition* chromatique. (Voyez Chromatique.) Que fi l'on paffe d'un Ton dans un autre à la faveur d'un Accord de Septieme diminuée, c'eft une *Tranfition* enharmonique. (Voyez Enharmonique.)

TRANSLATION. C'eft, dans nos vieilles Mufiques, le tranfport de la fignification d'un Point à une Note féparée par d'autres Notes de ce même Point. (Voyez Point.)

TRANSPOSER, *v. a. & n.* Ce mot a plufieurs fens en Mufique.

On *Tranfpofe* en exécutant, lorfqu'on tranfpofe une Piece de Mufique dans un autre Ton que celui où elle eft écrite. (Voyez Transposition.)

On *Tranfpofe* en écrivant, lorfqu'on Note

une Piece de Mufique dans un autre Ton que celui où elle a été compofée. Ce qui oblige non-feulement à changer la pofition de toutes les Notes dans le même rapport, mais encore à armer la Clef différemment felon les regles prefcrites à l'article *Clef tranf-pofée.*

Enfin l'on *tranfpofe* en folfiant, lorfque, fans avoir égard au nom naturel des Notes, on leur en donne de relatifs au Ton, au Mode dans lequel on chante. (Voyez SOL-FIER.)

TRANSPOSITION. Changement par lequel on tranfporte un Air ou une Piece de Mufique d'un Ton à un autre.

Comme il n'y a que deux Modes dans notre Mufique, compofer en tel ou tel Ton, n'eft autre chofe que fixer fur telle ou telle Tonique, celui des deux Modes qu'on a choifi. Mais comme l'ordre des Sons ne fe trouve pas naturellement difpofé fur toutes les Toniques, comme il devroit l'être pour y pouvoir établir un même Mode, on corrige ces différences par le moyen des Dièfes ou des Bémols dont on arme la Clef, & qui tranfporte les deux femi-Tons de la place où ils étoient, à celle où ils doivent être pour le Mode & le Ton dont il s'agit, (Voyez CLEF TRANSPOSÉE.)

Quand on veut donc tranfpofer dans un Ton un Air compofé dans un autre, il s'agit premiérement d'en élever ou abaiffer la To-nique & toutes les Notes d'un ou de plufieurs Degrés, felon le Ton que l'on a choifi, puis d'armer la Clef comme l'exige l'analogie de ce nouveau Ton. Tout cela eſt égal pour les Voix : car en appellant toujours *ut* la Tonique du Mode majeur & *la* celle du Mode mineur, elles ſuivent toutes les affections du Mode, ſans même y ſonger. (Voyez SOL-FIER.) Mais ce n'eſt pas pour un Symphoniſte une attention légere de jouer dans un Ton ce qui eſt noté dans un autre ; car, quoiqu'il ſe guide par les Notes qu'il a ſous les yeux, il faut que ſes doigts en ſonnent de toutes différentes, & qu'il les altere tout différemment ſelon la différente maniere dont la Clef doit être armée pour le Ton noté, & pour le Ton tranſpoſé ; de ſorte que ſouvent il doit faire des Dièſes où il voit des Bémols, & *vice verſâ*, &c.

C'eſt, ce me ſemble, un grand avantage du Syſtême de l'Auteur de ce Dictionnaire de rendre la Muſique notée également propre à tous les Tons en changeant une ſeule lettre. Cela fait qu'en quelque Ton qu'on tranſpoſe, les Inſtrumens qui exécutent n'ont d'autre difficulté que celle de jouer la Note, ſans jamais avoir l'embarras de la *Tranſpoſition*. (Voyez NOTES.)

TRAVAILLER, *v. n.* On dit qu'une Partie *travaille* quand elle fait beaucoup de Notes & de Diminutions, tandis que d'autres Parties font des Tenues & marchent plus poſément.

TREIZIEME. Intervalle qui forme l'Octave de la Sixte ou la Sixte de l'Octave. Cet Intervalle s'appelle *Treizieme*, parce qu'il eſt formé de douze Degrés diatoniques, c'est-à-dire de treize Sons.

TREMBLEMENT, *f. m.* Agrément du Chant que les Italiens appellent *Trillo*, & qu'on désigne plus souvent en François par le mot *Cadence*. (Voyez CADENCE.)

On employoit aussi jadis le terme de *Tremblement*, en Italien *Tremolo*, pour avertir ceux qui jouoient des Instrumens à Archet, de battre plusieurs fois la Note du même coup d'Archet, comme pour imiter le *Tremblant* de l'Orgue. Le nom ni la chose ne font plus en usage aujourd'hui.

TRIADE HARMONIQUE, *f. f.* Ce terme en Musique a deux différens sens. Dans le calcul, c'est la proportion harmonique; dans la pratique, c'est l'Accord parfait majeur qui résulte de cette même proportion, & qui est composé d'un Son fondamental, de sa Tierce majeure, & de sa Quinte.

Triade, parce qu'elle est composée de trois Termes.

Harmonique, parce qu'elle est dans la proportion harmonique, & qu'elle est la source de toute Harmonie.

TRIHEMITON. C'est le nom que donnoient les Grecs à l'Intervalle que nous appellons Tierce mineure; ils l'appelloient aussi quelquefois *Hémiditon*. (Voyez HEMI ou SEMI.)

TRILL ou Tremblement. (Voyez CADENCE.)

TRIMELES. Sorte de Nome pour les Flûtes dans l'ancienne Musique des Grecs.

TRIMERES. Nome qui s'exécutoit en

trois Modes confécutifs; favoir, le Phrygien, le Dorien, & le Lydien. Les uns attribuent l'invention de ce Nome compofé
à Sacadas Argien, & d'autres à Clonas Thé-
géate.

TRIO. En Italien *Terzetto*. Mufique à
trois Parties principales ou récitantes. Cette
efpece de Compofition paffe pour la plus excellente, & doit être auffi la plus réguliere
de toutes. Outre les regles générales du
Contre-Point, il y en a pour le *Trio* de plus
rigoureufes, dont la parfaite obfervation
tend à produire la plus agréable de toutes les
Harmonies. Ces regles découlent toutes de
ce principe, que l'Accord parfait étant compofé de trois Sons différens, il faut dans
chaque Accord, pour remplir l'Harmonie,
diftribuer ces trois Sons, autant qu'il fe
peut, aux trois Parties du *Trio*. A l'égard
des Diffonances, comme on ne les doit jamais doubler, & que leur Accord eft compofé de plus de trois Sons; c'eft encore une
plus grande néceffité de les diverfifier, &
de bien choifir, outre la Diffonance, les
Sons qui doivent, par préférence, l'accompagner.

De-là, ces diverfes regles, de ne paffer
aucun Accord fans y faire entendre la Tierce
ou la Sixte, par conféquent d'éviter de
frapper à la fois la Quinte & l'Octave, ou
la Quarte & la Quinte; de ne pratiquer l'Octave qu'avec beaucoup de précaution, & de
n'en jamais fonner deux de fuite, même
entre différentes Parties; d'éviter la Quarte

autant qu'il se peut : car toutes les Parties d'un *Trio*, prises deux à deux, doivent former des Duo parfaits. De-là, en un mot, toutes ces petites regles de détail qu'on pratique même sans les avoir apprises, quand on en sait bien le Principe.

Comme toutes ces regles sont incompatibles avec l'unité de Mélodie, & qu'on n'entendit jamais *Trio* régulier & harmonieux avoir un Chant déterminé & sensible dans l'exécution, il s'ensuit que le *Trio* rigoureux est un mauvais genre de Musique. Aussi ces regles si séveres sont-elles depuis long-tems abolies en Italie, où l'on ne reconnoît jamais pour bonne une Musique qui ne chante point, quelque harmonieuse d'ailleurs qu'elle puisse être, & quelque peine qu'elle ait coûtée à composer.

On doit se rappeller ici ce que j'ai dit au mot *Duo*. Ces termes *Duo* & *Trio* s'entendent seulement des Parties principales & obligées, & l'on n'y comprend ni les Accompagnemens ni les remplissages. De sorte qu'une Musique à quatre ou cinq Parties, peut n'être pourtant qu'un *Trio*.

Les François, qui aiment beaucoup la multiplication des Parties, attendu qu'ils trouvent plus aisément des Accords que des Chants, non contens des difficultés du *Trio* ordinaire, ont encore imaginé ce qu'ils appellent *Double - Trio*, dont les Parties sont doublées & toutes obligées ; ils ont un *Double-Trio* du sieur Duché, qui passe pour un chef-d'œuvre d'Harmonie.

TRIPLE , *adj.* Genre de Mesure dans laquelle les Mesures , les Tems , ou les Aliquotes des Tems se divisent en trois parties égales.

On peut réduire à deux classes générales ce nombre infini de Mesures *Triples* dont Bononcini, Lorenzo Penna, & Brossard après eux, ont surchargé , l'un son *Musico pratico ,* l'autre ses *Alberi Musicali ,* & le troisieme son Dictionnaire. Ces deux Classes sont la Mesure ternaire ou à trois Tems , & la Mesure binaire dont les Tems sont divisés en raison sous - triple.

Nos anciens Musiciens regardoient la Mesure à trois Tems comme beaucoup plus excellente que la binaire , & lui donnoient, à cause de cela , le nom de *Mode parfait.* Nous avons expliqué aux mots *Mode , Tems , Prolation ,* les différens signes dont ils se servoient pour indiquer ces Mesures selon les diverses valeurs des Notes qui les remplissoient ; mais quelles que fussent ces Notes , dès que la Mesure étoit *Triple* ou parfaite , il y avoit toujours une espece de Note qui , même sans Point , remplissoit exactement une Mesure , & se subdivisoit en trois autres Notes égales , une pour chaque Tems. Ainsi dans la *Triple parfaite* , la Breve ou Quarrée valoit , non deux , mais trois semi - Breves ou Rondes ; & ainsi des autres especes de Mesures *Triples.* Il y avoit pourtant un cas d'exception ; c'étoit lorsque cette Breve étoit immédiatement précédée ou suivie d'une semi - Breve ; car alors les deux ensemble ne faisant qu'une Mesure juste, dont la semi-Breve valoit un Tems, c'étoit une nécessité que la Breve n'en valût que deux; & ainsi des autres Mesures.

C'est ainsi que se formoient les Tems de la Mesure *Triple*: mais quant aux subdivisions de ces mêmes Tems, elles se faisoient toujours selon la raison sous-double, & je ne connois point d'ancienne Musique où les Tems soient divisés en raison *sous-Triple*.

Les Modernes ont aussi plusieurs Mesures à trois Tems, de différentes valeurs, dont la plus simple se marque par un trois, & se remplit d'une Blanche pointée, faisant une Noire pour chaque Tems. Toutes les autres sont des Mesures appellées doubles, à cause que leur signe est composé de deux Chiffres. (Voyez MESURE.)

La seconde espece de *Triple* est celle qui se rapporte, non au nombre des Tems de la Mesure, mais à la division de chaque Tems en raison *sous-Triple*. Cette Mesure est, comme je viens de le dire, de moderne invention & se subdivise en deux especes, Mesure à deux Tems & Mesure à trois Tems, dont celles-ci peuvent être considérées comme des Mesures doublement *Triples*; savoir 1°. par les trois Tems de la Mesure, & 2°. par les trois parties égales de chaque Tems. Les *Triples* de cette derniere espece s'expriment toutes en Mesures doubles.

I. *Triples* de la premiere espece; c'est-à-dire, dont la Mesure est à trois Tems, & chaque Tems divisé en raison sous-double.

$$* \tfrac{3}{3.} \quad * \tfrac{3}{1} \quad \tfrac{3}{2} \quad \tfrac{3}{4} \quad \tfrac{3}{8} \quad * \tfrac{3}{16}$$

II. *Triples* de la deuxieme espece ; c'est-à-dire, dont la Mesure est à deux Tems, & chaque Tems divisé en raison *sous-triple*.

$$* \tfrac{6}{2} \quad \tfrac{6}{4} \quad \tfrac{6}{8} \quad \tfrac{12}{8} \quad * \tfrac{12}{16}$$

Ces deux dernieres Mesures se battent à quatre Tems.

III. *Triples* composées ; c'est-à-dire, dont la Mesure est à trois Tems, & chaque Tems encore divisé en trois parties égales.

$$* \tfrac{9}{4} \quad \tfrac{9}{8} \quad * \tfrac{9}{16}$$

Toutes ces Mesures *Triples* se réduisent encore plus simplement à trois especes, en ne comptant pour telles que celles qui se battent à trois Tems ; savoir, la *Triple* de Blanches, qui contient une Blanche par Tems, & se marque ainsi $\tfrac{3}{2}$.

La *Triple* de Noires, qui contient une Noire par Tems, & se marque ainsi $\tfrac{3}{4}$.

Et la *Triple* de Croches, qui contient une Croche par Tems ou une Noire pointée par Mesure, & se marque ainsi $\tfrac{3}{8}$.

Voyez au commencement de la *Planche* B des exemples de ces diverses Mesures *Triples.*

TRIPLÉ, *adj.* Un Intervalle *Triplé* est

celui qui eſt porté à la triple-Octave. (Voyez
INTERVALLE.)

TRIPLUM. C'eſt le nom qu'on don-
noit à la Partie la plus aiguë dans les commencemens du Contre-Point.

TRITE, *ſ. f.* C'étoit, en comptant de
l'aigu au grave, comme faiſoient les Anciens,
la troiſieme Corde du Tétracorde, c'eſt-à-
dire, la ſeconde en comptant du grave à
l'aigu. Comme il y avoit cinq différens Tétracordes, il auroit dû y avoir autant de
Trites ; mais ce nom n'étoit en uſage que
dans les trois Tétracordes aigus. Pour les
deux graves, voyez PARHYPATE.

Ainſi il y avoit *Trite* Hyperboléon, *Trite*
Diézeugménon, & *Trite* Synnéménon. (Voy.
SYSTEME, TÉTRACORDE.)

Boëce dit que, le Syſtême n'étant encore
compoſé que de deux Tétracordes conjoints,
on donna le nom de *Trite* à la cinquieme
Corde qu'on appelloit auſſi *Paramèſe* ; c'eſt-
à-dire, à la ſeconde Corde en montant du
ſecond Tétracorde; mais que, Lychaon Samien ayant inſéré une nouvelle Corde entre la
Sixieme ou *Paranete*, & la *Trite*, celle-ci
garda le ſeul nom de *Trite* & perdit celui
de *Paramèſe*, qui fut donné à cette nouvelle
Corde. Ce n'eſt pas-là tout-à-fait ce que
dit Boëce; mais c'eſt ainſi qu'il faut l'expliquer pour l'entendre.

TRITON. Intervalle diſſonant compoſé
de trois Tons, deux majeurs & un mineur,
& qu'on peut appeller *Quarte-ſuperflue*. (Voy.
QUARTE.) Cet Intervalle eſt égal, ſur le
Clavier,

Clavier, à celui de la fauſſe-Quinte : cependant les rapports numériques n'en ſont point égaux, celui du *Triton* n'étant que de 32 à 45 ; ce qui vient de ce qu'aux Intervalles égaux, de part & d'autre, le *Triton* n'a de plus qu'un *Ton* majeur, au lieu de deux ſemi-Tons majeurs qu'a la fauſſe-Quinte (Voyez FAUSSE-QUINTE.)

Mais la plus conſidérable différence de la fauſſe-Quinte & du *Triton* eſt que celui-ci eſt une Diſſonance majeure que les Parties ſauvent, en s'éloignant ; & l'autre une Diſſonance mineure que les Parties ſauvent, en s'approchant.

L'Accord du *Triton* n'eſt qu'un renverſement de l'Accord ſenſible dont la Diſſonance eſt portée à la Baſſe. D'où il ſuit que cet Accord ne doit ſe placer que ſur la quatrieme Note du Ton, qu'il doit s'accompagner de Seconde & de Sixte, & ſe ſauver de la Sixte. (Voyez SAUVER.)

TYMBRE. On appelle ainſi, par méthaphore, cette qualité du Son par laquelle il eſt aigre ou doux, ſourd ou éclatant, ſec ou moëlleux. Les Sons doux ont ordinairement peu d'éclat, comme ceux de la Flûte & du Luth ; les Sons éclatans ſont ſujets à l'aigreur, comme ceux de la Vielle ou du Hautbois. Il y a même des Inſtrumens, tels que le Clavecin, qui ſont à la fois ſourds & aigres ; & c'eſt le plus mauvais *Tymbre*. Le beau *Tymbre* eſt celui qui réunit la douceur à l'éclat. Tel eſt le *Tymbre* du Violon. (Voyez SON.)

V.

V. Cette lettre majufcule fert à indiquer les parties du Violon ; & quand elle eft double VV , elle marque que le premier & le fecond font à l'Uniffon.

VALEUR DES NOTES. Outre la pofition des Notes , qui en marque le Ton , elles ont toutes quelque figure déterminée qui en marque la durée ou le Tems, c'eft-à-dire , qui détermine la *Valeur* de la Note.

C'eft à Jean de Muris qu'on attribue l'invention de ces figures vers l'an 1330 : car les Grecs n'avoient point d'autre *Valeur de Notes* que la quantité des fyllabes ? ce qui feul prouveroit qu'ils n'avoient pas de Mufique purement inftrumentale. Cependant le P. Merfenne, qui avoit lu les ouvrages de Muris, affure n'y avoir rien vu qui pût confirmer cette opinion, &, après en avoir lu moi-même la plus grande partie, je n'ai pas été plus heureux que lui. De plus, l'examen des manufcrits du quatorzieme fiecle, qui font à la Bibliothéque du Roi, ne porte point à juger que les diverfes figures de Notes qu'on y trouve fuffent de fi nouvelle inftitution. Enfin, c'eft une chofe difficile à croire, que durant trois cents ans & plus, qui fe font écoulés entre Guy Arétin & Jean de Muris, la

Mufique ait été totalement privée du Rhythme & de la Mefure, qui en font l'ame
& le principal agrément.

Quoi qu'il en foit, il eft certain que les
différentes *Valeurs des Notes* font de fort
ancienne invention. J'en trouve, dès les
premiers tems, de cinq fortes de figures,
fans compter la Ligature & le Point. Ces
cinq font, la Maxime, la Longue, la
Breve, la femi-Breve, & la Minime. (*Pl.*
D. *Fig.* 8.) Toutes ces différentes Notes
font noires dans le manufcrit de Guillaume
de Machault; ce n'eft que depuis l'invention de l'imprimerie qu'on s'eft avifé de les
faire blanches, &, ajoutant de nouvelles
Notes, de diftinguer les *Valeurs*, par la
couleur auffi-bien que par la figure.

Les Notes, quoique figurées de même,
n'avoient pas toujours la même *Valeur*.
Quelquefois la Maxime valoit deux Longue, ou la Longue deux Breves; quelquefois elle en valoit trois : cela dépendoit du
Mode; (voyez MODE :) il en étoit de même
de la Breve, par rapport à la femi-Breve,
& cela dépendoit du Tems; (voyez TEMS :)
de même enfin de la femi-Breve, par rapport à la Minime; & cela dépendoit de
la Prolation. (Voyez PROLATION.)

Il y avoit donc Longue double, Longue
parfaite, Longue imparfaite, Breve parfaite,
Breve altérée, femi-Breve majeure, & femi-
Breve mineure : fept différentes *Valeurs* aux-
quelles répondent quatre figures feulement,
fans compter la Maxime ni la Minime, No-

tes de plus moderne invention. (*Voyez ces divers mots.*) Il y avoit encore beaucoup d'autres manieres de modifier les différentes *Valeurs* de ces *Notes*, par le Point, par la Ligature , & par la position de la Queue. (Voyez LIGATURE , PLIQUE , POINT.)

Les figures qu'on ajouta dans la suite à ces cinq ou six premieres, furent la Noire, la Croche, la double-Croche, la triple & même la quadruple-Croche ; ce qui feroit onze figures en tout : mais dès qu'on eut pris l'usage de séparer les Mesures par des Barres, on abandonna toutes les figures de Notes qui valoient plusieurs mesures ; comme la Maxime, qui en valoit huit ; la Longue , qui en valoit quatre ; & la Breve ou quarrée , qui en valoit deux.

La semi-Breve ou Ronde, qui vaut une Mesure entiere , est la plus longue *Valeur de Notes* demeurée en usage, & sur laquelle on a déterminé les *Valeurs* de toutes les autres Notes : & comme la Mesure binaire, qui avoit passé long-tems pour moins parfaite que la ternaire, prit enfin le dessus & servit de base à toutes les autres Mesures ; de même la division sous-double l'emporta sur la sous-triple qui avoit aussi passé pour plus parfaite ; la Ronde ne valut plus quelquefois trois Blanches , mais deux seulement ; la Blanche deux Noires, la Noire deux Croches , & ainsi de suite jusqu'à la quadruple-Croche , si ce n'est dans les cas d'exception, où la division sous-triple fut conservée , & indiquée par le chiffre 3 placé

ou au-deſſus ou au-deſſous des Notes. (Voyez
Pl. F. *Fig.* 8 *& 9* les Valeurs *& les figures de
toutes ces différentes eſpeces de Notes.*)

Les Ligatures furent auſſi abolies en même
tems, du moins quant aux changemens qu'elles produiſoient dans les *Valeurs des Notes.*
Les Queues, de quelque maniere qu'elles
fuſſent placées, n'eurent plus qu'un ſens fixe
& toujours le même; & enfin la ſignification
du Point fut auſſi toujours bornée à la moitié de la Note qui eſt immédiatement avant
lui. Tel eſt l'état où les figures des Notes ont
été miſes, quant à la *Valeur*, & où elles
ſont actuellement. Les Silences équivalens
ſont expliqués à l'article Silence.

L'Auteur de la Diſſertation ſur la Muſique moderne trouve tout cela fort mal
imaginé. J'ai dit, au mot Note, quelques-
unes des raiſons qu'il allegue.

VARIATIONS. On entend ſous ce nom
toutes les manieres de broder & doubler un
Air, ſoit par des Diminutions, ſoit par des
paſſages ou autres agrémens qui ornent &
figurent cet Air. A quelque degré qu'on
multiplie & charge les *Variations*, il faut
toujours qu'à travers ces broderies on re-
connoiſſe le fond de l'Air que l'on appelle
le *ſimple*, & il faut en même tems que le
caractere de chaque *Variation* ſoit marqué
par des différences qui ſoutiennent l'attention & préviennent l'ennui.

Les Symphoniſtes font ſouvent des *Variations* impromptu ou ſuppoſées telles; mais
plus ſouvent on les note. Les divers Cou-

plets des Folies d'Espagne, font autant de *Variations* notées; on en trouve fouvent aussi dans les Chaconnes Françoifes; & dans de petits Airs Italiens pour le Violon ou le Violoncelle. Tout Paris eft allé admirer, au Concert fpirituel, les *Variations* des fieurs Guignon & Mondonville, & plus récemment des fieurs Guignon & Gaviniès, fur des Airs du Pont-neuf qui n'avoient d'autre mérite que d'être ainfi *variés* par les plus habiles Violons de France.

VAUDEVILLE. Sorte de Chanfon à Couplets, qui roule ordinairement fur des fujets badins ou fatyriques. On fait remonter l'origine de ce petit Poëme jufqu'au regne de Charlemagne : mais, felon la plus commune opinion, il fut inventé par un certain Baffelin, Foulon de Vire en Normandie; & comme, pour danfer fur ces Chants, on s'affembloit dans le Val de Vire, ils furent appellés, dit-on, Vaux-de-Vire, puis par corruption *Vaudevilles*.

L'Air des *Vaudevilles* eft communément peu Mufical. Comme on n'y fait attention qu'aux paroles, l'Air ne fert qu'à rendre la récitation un peu plus appuyée; du refte on n'y fent pour l'ordinaire ni goût, ni Chant, ni Mefure. Le *Vaudeville* appartient exclufivement aux François, & ils en ont de très-piquans & de très-plaifans.

VENTRE. Point du milieu de la vibration d'une Corde fonore, où, par cette vibration, elle s'écarte le plus de la ligne de repos. (Voyez Nœud.)

VIBRATION, *s. f.* Le corps fonore en action fort de fon état de repos, par des ébranlemens légers, mais fenfibles, fréquens & fucceffifs, dont chacun s'appelle une *Vibration*. Ces *Vibrations*, communiquées à l'Air, portent à l'oreille, par ce véhicule, la fenfation du Son ; & ce Son eft grave ou aigu, felon que les *Vibrations* font plus ou moins fréquentes dans le même tems. (Voyez SON.)

VICARIER, *v. n.* Mot familier par lequel les Muficiens d'Eglife expriment ce que font ceux d'entr'eux qui courent de Ville en Ville, & de Cathédrale en Cathédrale pour attraper quelques rétributions, & vivre aux dépens des Maîtres de Mufique qui font fur leur route.

VIDE. Corde à *vide*, ou Corde à *jour* ; c'eft, fur les Inftrumens à manche, tels que la Viole ou le Violon, le Son qu'on tire de la Corde dans toute fa longueur, depuis le fillet jufqu'au chevalet, fans y placer aucun doigt.

Le Son des *Cordes à vide* eft non-feulement plus grave, mais plus réfonnant & plus plein que quand on y pofe quelque doigt ; ce qui vient de la molleffe du doigt qui gêne & intercepte le jeu des vibrations. Cette différence fait que les bons joueurs de Violon évitent de toucher les *Cordes à vide* pour ôter cette inégalité de Tymbre qui fait un mauvais effet, quand elle n'eft pas difpenfée à propos. Cette maniere d'exécuter exige des pofitions recherchées, qui augmentent la difficulté du jeu. Mais aussi quand on en a une fois acquis l'habitude, on est vraiment maître de son Instrument, & dans les Tons les plus difficiles, l'exécution marche alors comme dans les plus aisés.

VIF, *vivement*. En Italien *vivace*: ce mot marque un mouvement gai, prompt, animé; une exécution hardie & pleine de feu.

VILLANELLE, *s. f.* Sorte de Danse rustique dont l'Air doit être gai, marqué, d'une Mesure très-sensible. Le fond de cet Air est ordinairement un Couplet assez simple, sur lequel on fait ensuite des Doubles ou Variations. (Voyez DOUBLE, VARIATIONS.)

VIOLE, *s. f.* C'est ainsi qu'on appelle, dans la Musique Italienne, cette partie de remplissage qu'on appelle, dans la Musique Françoise, Quinte ou Taille; car les François doublent souvent cette Partie, c'est-à-dire, en font deux pour une; ce que ne font jamais les Italiens. La *Viole* sert à lier les Dessus aux Basses, & à remplir, d'une maniere harmonieuse, le trop grand vide qui resteroit entre deux. C'est pourquoi la *Viole* est toujours nécessaire pour l'Accord du tout, même quand elle ne fait que jouer la Basse à l'Octave, comme il arrive souvent dans la Musique Italienne.

VIOLON. Symphoniste qui joue du *Violon* dans un Orchestre. Les *Violons* se divisent ordinairement en premiers, qui jouent le premier Dessus; & seconds, qui jouent

le fecond Deffus. Chacune des deux Parties a fon chef ou guide qui s'appelle auffi
le premier ; favoir le premier des premiers,
le premier des feconds. Le premier des premiers *Violons*, s'appelle auffi *Premier Violon*
tout court ; il eft Chef de tout l'Orcheftre :
c'eft lui qui donne l'accord, qui guide tous
les Symphoniftes, qui les remet quand ils
manquent, & fur lequel ils doivent tous fe
régler.

VIRGULE. C'eft ainfi que nos anciens
Muficiens appelloient cette partie de la Note,
qu'on a depuis appellée la Queue. (Voyez
Queue.)

VITE. En Italien *Prefto*. Ce mot, à la
tête d'un Air, indique le plus prompt de
tous les Mouvemens ; & il n'a, après lui,
que fon fuperlatif *Preftiffimo*, ou *Prefto*
affai, très-*Vite*.

VIVACE. (Voyez Vif.)

UNISSON, *f. m.* Union de deux Sons
qui font au même Degré ; dont l'un n'eft
ni plus grave ni plus aigu que l'autre, &
dont l'Intervalle étant nul, ne donne qu'un
rapport d'égalité.

Si deux Cordes font de même matiere,
égales en longueur, en groffeur, & également tendues, elles feront à *l'Uniffon*. Mais
il eft faux de dire que deux Sons à l'*Unif-*
fon fe confondent fi parfaitement, & aient
une telle identité que l'oreille ne puiffe les
diftinguer : car ils peuvent différer de beaucoup quant au Tymbre & quant au degré
de force. Une Cloche peut être à *l'Uniffon*

d'une Corde de Guitarre, une Vielle à l'*Uniſſon* d'une Flûte, & l'on n'en confondra point les Sons.

Le zéro n'eſt pas un nombre, ni l'*Uniſſon* un Intervalle ; mais l'*Uniſſon* eſt à la ſérie des Intervalles, ce qu'eſt le zéro à la ſérie des nombres ; c'eſt le terme d'où ils partent, c'eſt le point de leur commencement.

Ce qui conſtitue l'*Uniſſon*, c'eſt l'égalité du nombre des vibrations faites en tems égaux par deux Sons. Dès qu'il y a inégalité entre les nombres de ces vibrations, il y a Intervalle entre les Sons qui les donnent. (Voyez CORDE, VIBRATION.)

On s'eſt beaucoup tourmenté pour ſavoir ſi l'*Uniſſon* étoit une conſonnance. Ariſtote prétend que non, Muris aſſure que ſi, & le P. Merſenne ſe range à ce dernier avis. Comme cela dépend de la définition du mot *Conſonnance*, je ne vois pas quelle diſpute il peut y avoir là-deſſus. Si l'on n'entend par ce mot *Conſonnance* qu'une union de deux Sons agréables à l'oreille, l'*Uniſſon* ſera Conſonnance aſſurément ; mais ſi l'on y ajoute de plus une différence du grave à l'aigu, il eſt clair qu'il ne le ſera pas.

Une queſtion plus importante, eſt de ſavoir quel eſt le plus agréable à l'oreille de l'*Uniſſon*, ou d'un Intervalle conſonnant, tel, par exemple, que l'Octave ou la Quinte. Tous ceux qui ont l'oreille exercée à l'Harmonie, préferent l'Accord des Conſonnances à l'identité de l'*Uniſſon* ; mais tous ceux qui, ſans habitude de l'Harmonie, n'ont,

ſi j'oſe parler ainſi , nul préjugé dans l'o-
reille, portent un jugement contraire : l'*Uniſ-*
ſon ſeul leur plaît, ou tout au plus l'Octave;
tout autre Intervalle leur paroît diſcordant:
d'où il s'enſuivroit , ce me ſemble, que
l'Harmonie la plus naturelle , & par conſéquent la meilleure, eſt à l'*Uniſſon*. (Voyez
HARMONIE.)

C'eſt une obſervation connue de tous les
Muſiciens, que celle du frémiſſement & de
la réſonnance d'une Corde , au Son d'une
autre Corde montée à l'*Uniſſon* de la premiere, ou même à ſon Octave, ou même
à l'Octave de ſa Quinte, &c.

Voici comme on explique ce phénomene.

Le Son d'une Corde A met l'air en mouvement. Si une autre Corde B ſe trouve
dans la ſphere du mouvement de cet air,
il agira ſur elle. Chaque Corde n'eſt ſuſceptible , dans un tems donné, que d'un certain nombre de Vibrations. Si les Vibrations,
dont la corde B eſt ſuſceptible , ſont égales
en nombre à celles de la Corde A , l'air
ébranlé par l'une agiſſant ſur l'autre, & la
trouvant diſpoſée à un mouvement ſemblable à celui qu'il a reçu , le lui communique. Les deux Cordes marchent ainſi
de pas égal, toutes les impulſions que l'air
reçoit de la Corde A , & qu'il communique
à la Corde B , ſont coïncidentes avec les
vibrations de cette Corde , & par conſéquent augmenteront ſon mouvement loin
de le contrarier : ce mouvement, ainſi
ſucceſſivement augmenté , ira bientôt juſ-

qu'à un frémiſſement ſenſible. Alors la Corde B rendra du Son ; car toute Corde ſonore qui frémit , ſonne , & ce ſon ſera néceſſairement à l'*Uniſſon* de celui de la Corde A.

Par la même raiſon l'Octave aiguë frémira & réſonnera auſſi , mais moins fortement que l'*Uniſſon* ; parce que la coïncidence des Vibrations , & par conſéquent l'impulſion de l'air , y eſt moins fréquente de la moitié ; elle l'eſt encore moins dans la Douzieme ou Quinte redoublée , & moins dans la Dix - ſeptieme ou Tierce majeure triplée , derniere des Conſonnances qui frémiſſe & réſonne ſenſiblement & directement : car quant à la Tierce mineure & aux Sixtes , elles ne réſonnent que par combinaiſon.

Toutes les fois que les nombres des vibrations dont deux cordes ſont ſuſceptibles en tems égal ſont commenſurables , on ne peut douter que le ſon de l'une ne communique à l'autre quelque ébranlement par l'aliquote commune ; mais cet ébranlement n'étant plus ſenſible au - delà des quatre Accords précédens , il eſt compté pour rien dans tout le reſte ; (Voyez Consonnance.)

Il paroît, par cette explication , qu'un Son n'en fait jamais réſonner un autre qu'en vertu de quelque *Uniſſon* ; car un Son quelconque donne toujours l'*Uniſſon* de ſes aliquotes ; mais comme il ne ſauroit donner l'*Uniſſon* de ſes multiples , il s'enſuit qu'une Corde ſonore en mouvement n'en peut jamais faire réſonner ni frémir une plus grave qu'elle. Sur quoi l'on peut juger de la vérité de l'expérience dont M. Rameau tire l'origine du Mode mineur.

UNISSONI. Ce mot Italien écrit tout au long ou en abrégé dans une Partition sur la portée vide du second Violon, marque qu'il doit jouer à l'Unisson sur la Partie du premier; & ce même mot, écrit sur la portée vide du premier Violon, marque qu'il doit jouer à l'Unisson sur la partie du Chant.

UNITÉ DE MÉLODIE. Tous les beaux Arts ont quelque *Unité* d'objet, source du plaisir qu'ils donnent à l'esprit : car l'attention partagée ne se repose nulle part & quand deux objets nous occupent ; c'est une preuve qu'aucun des deux ne nous satisfait. Il y a, dans la Musique, une *Unité* successive qui se rapporte au sujet, & par laquelle toutes les parties, bien liées, composent un seul tout, dont on apperçoit l'ensemble & tous les rapports.

Mais il y a une *Unité* d'objet plus fine, plus simultanée, & d'où naît, sans qu'on y songe, l'énergie de la Musique & la force de ses expressions.

Lorsque j'entends chanter nos Pseaumes à quatre Parties, je commence toujours par être saisi, ravi de cette Harmonie pleine & nerveuse ; & les premiers accords, quand ils sont entonnés bien juste, m'émeuvent jusqu'à frissonner. Mais à peine en ai-je écouté la suite, pendant quelques minutes, que mon attention se relâche, le bruit m'étourdit peu-à-peu ; bientôt il me lasse, & je suis enfin ennuyé de n'entendre que des Accords.

Cet effet ne m'arrive point, quand j'entends de bonne Musique moderne, quoique l'Harmonie en soit moins vigoureuse; & je me souviens qu'à l'Opéra de Venise, loin qu'un bel Air bien exécuté m'ait jamais ennuyé, je lui donnois, quelque long qu'il fût, une attention toujours nouvelle, & l'écoutois avec plus d'intérêt à la fin qu'au commencement.

Cette différence vient de celle du caractere des deux Musiques dont l'une n'est seulement qu'une suite d'Accords, & l'autre est une suite de Chant. Or le plaisir de l'Harmonie n'est qu'un plaisir de pure sensation, & la jouissance des sens est toujours courte, la satiété & l'ennui la suivent de près : mais le plaisir de la Mélodie & du Chant, est un plaisir d'intérêt & de sentiment qui parle au cœur, & que l'Artiste peut toujours soutenir & renouveller à force de génie.

La Musique doit donc nécessaitement chanter pour toucher, pour plaire, pour soutenir l'intérêt & l'attention. Mais comment dans nos Systêmes d'Accords & d'Harmonie, la Musique s'y prendra-t-elle pour chanter ? Si chaque Partie a son Chant propre, tous ces Chants, entendus à la fois, se détruiront mutuellement, & ne feront plus de Chant : si toutes les Parties font le même Chant, l'on n'aura plus d'Harmonie, & le Concert sera tout à l'Unisson.

La maniere, dont un instinct musical, un certain sentiment sourd du génie, a levé cette difficulté sans la voir, & en a même tiré

avantage , eſt bien remarquable. L'Harmonie , qui devroit étouffer la Mélodie , l'a-
nime , la renforce , la détermine : les diverſes
Parties , ſans ſe confondre , concourent au même effet ; & , quoique chacune d'elles paroiſſe
avoir ſon chant propre , de toutes ces Parties
réunies on n'entend ſortir qu'un ſeul & même Chant. C'eſt-là ce que j'appelle *Unité
de Mélodie*.

Voici comment l'Harmonie concourt elle-
méme à cette *Unité*, loin d'y nuire. Ce ſont
nos Modes qui caractériſent nos Chants , &
nos Modes ſont fondés ſur notre Harmonie.
Toutes les fois donc que l'Harmonie renforce
ou détermine le ſentiment du Mode & de
la Modulation , elle ajoute à l'expreſſion du
Chant , pourvu qu'elle ne le couvre pas.

L'Art du Compoſiteur eſt donc , relativement à l'*Unité de Mélodie* , 1°. Quand le
Mode n'eſt pas aſſez déterminé par le Chant ,
de le déterminer mieux par l'Harmonie.
2°. De choiſir & tourner ſes Accords
de maniere que le Son le plus ſaillant
ſoit toujours celui qui chante , & que
celui qui le fait mieux ſortir ſoit à la Baſſe.
3°. D'ajouter à l'énergie de chaque paſſage
par des Accords durs ſi l'expreſſion eſt dure ,
& doux ſi l'expreſſion eſt douce. 4°. D'avoir
égard dans la tournure de l'accompagnement
au *Forte-piano* de la Mélodie. 5°. Enfin ,
de faire en ſorte que le Chant des autres
Parties , loin de contrarier celui de la Partie
principale , le ſoutienne , le ſeconde , & lui
donne un plus vif accent.

M. Rameau pour prouver que l'énergie de la Musique vient toute de l'Harmonie, donne l'exemple d'un même Intervalle qu'il appelle un même Chant, lequel prend des caracteres tout différens, selon les diverses manieres de l'accompagner. M. Rameau n'a pas vu qu'il prouvoit tout le contraire de ce qu'il vouloit prouver ; car dans tous les exemples qu'il donne, l'Accompagnement de la Basse ne sert qu'à déterminer le Chant. Un simple Intervalle n'est pas un Chant, il ne devient Chant que quand il a sa place assignée dans le Mode ; & la Basse, en déterminant le Mode & le lieu du Mode qu'occupe cet Intervalle, détermine alors cet Intervalle à être tel ou tel Chant : de sorte que si, par ce qui précede l'Intervalle dans la même Partie, on détermine bien le lieu qu'il a dans sa Modulation, je soutiens qu'il aura son effet sans aucune Basse : ainsi l'Harmonie n'agit, dans cette occasion, qu'en déterminant la Mélodie à être telle ou telle, & c'est purement comme Mélodie que l'Intervalle a différentes expressions selon le lieu du Mode où il est employé.

L'*Unité de Mélodie* exige bien qu'on n'entende jamais deux Mélodies à la fois, mais non pas que la Mélodie ne passe jamais d'une Partie à l'autre ; au contraire, il y a souvent de l'élégance & du goût à ménager à propos ce passage, même du Chant à l'Accompagnement, pourvu que la parole soit toujours entendue. Il y a même des Harmonies savantes & bien ménagées, où la Mé-

lodie,

lodie, sans être dans aucune Partie, résulte seulement de l'effet du tout. On en trouvera (*Pl. M. Fig. 7.*) un exemple, qui, bien que grossier, suffit pour faire entendre ce que je veux dire.

Il faudroit un Traité pour montrer en détail l'application de ce principe aux *Duo* ; *Trio* , *Quatuor* ; aux Chœurs, aux Pieces de symphonie. Les hommes de génie en découvriront suffisamment l'étendue & l'usage, & leurs Ouvrages en instruiront les autres. Je concluds donc, & je dis, que du principe que je viens d'établir, il s'ensuit : premiérement, que toute Musique qui ne chante point est ennuyeuse, quelque Harmonie qu'elle puisse avoir : secondement, que toute Musique où l'on distingue plusieurs Chants simultanés est mauvaise ; & qu'il en résulte le même effet que de deux ou plusieurs discours prononcés à la fois sur le même Ton. Par ce jugement, qui n'admet nulle exception, l'on voit ce qu'on doit penser de ces merveilleuses Musiques où un Air sert d'Accompagnement à un autre Air.

C'est dans ce principe de l'*Unité* de Mélodie que les Italiens ont senti & suivi sans le connoître, mais que les François n'ont ni connu ni suivi ; c'est, dis-je, dans ce grand principe que consiste la différence essentielle des deux Musiques : & c'est, je crois, ce qu'en dira tout juge impartial qui voudra donner à l'une & à l'autre la même attention ; si toutefois la chose est possible.

Lorsque j'eus découvert ce principe, je

voulus, avant de le proposer, en essayer l'application par moi-même ; cet essai produisit le *Devin du Village* ; après le succès, j'en parlai dans ma *Lettre sur la Musique Françoise*. C'est aux Maîtres de l'Art à juger si le principe est bon, & si j'ai bien suivi les regles qui en découlent.

UNIVOQUE, *adj.* Les Consonnances *Univoques* sont l'Octave & ses répliques, parce que toutes portent le même nom. Ptolomée fut le premier qui les appella ainsi.

VOCAL, *adj.* Qui appartient au Chant des Voix. Tour de Chant *Vocal* ; Musique *Vocale*.

VOCALE. On prend quelquefois substantivement cet adjectif pour exprimer la partie de la Musique qui s'exécute par des Voix. *Les Symphonies d'un tel Opéra sont assez bien faites ; mais la* Vocale *est mauvaise.*

VOIX, *s. f.* La somme de tous les Sons qu'un homme peut, en parlant, en chantant, en criant, tirer de son organe, forme ce qu'on appelle sa *Voix*, & les qualités de cette *Voix* dépendent aussi de celles des Sons qui la forment. Ainsi, l'on doit d'abord appliquer à la *Voix* tout ce que j'ai dit du Son en général. (Voyez Son.)

Les Physiciens distinguent dans l'homme différentes sortes de *Voix* ; ou, si l'on veut, ils considerent la même *Voix* sous différentes faces.

1. Comme un simple Son, tel que le cri des enfans.

2. Comme un Son articulé, tel qu'il est dans la parole.

3. Dans le Chant, qui ajoute à la parole la Modulation & la variété des Tons.

4. Dans la déclamation, qui paroît dépendre d'une nouvelle modification dans le Son & dans la subſtance même de la *Voix* ; Modification différente de celle du Chant & de celle de la parole, puiſqu'elle peut s'unir à l'une & à l'autre, ou en être retranchée.

On peut voir, dans l'Encyclopédie, à l'article *Déclamation des Anciens*, d'où ces diviſions ſont tirées, l'explication que donne M. Duclos de ces différentes ſortes de *Voix*. Je me contenterai de tranſcrire ici ce qu'il dit de la *Voix* chantante ou muſicale, la ſeule qui ſe rapporte à mon ſujet.

« Les anciens Muſiciens ont établi, après
» Ariſtoxène : 1°. Que la *Voix* de Chant paſſe
» d'un degré d'élévation ou d'abaiſſement
» à un autre degré ; c'eſt-à-dire, d'un Ton
» à l'autre, par ſaut, ſans parcourir l'Inter-
» valle qui les ſépare ; au lieu que celle du
» diſcours s'éleve & s'abaiſſe par un mou-
» vement continu. 2°. Que la *Voix* de
» Chant ſe ſoutient ſur le même Ton, con-
» ſidéré comme un point indiviſible ; ce qui
» n'arrive pas dans la ſimple prononciation.
» Cette marche par ſauts & avec des repos,
» eſt en effet celle de la *Voix* de Chant ;
» mais n'y a-t-il rien de plus dans le Chant ?
» Il y a eu une Déclamation tragique qui
» admettoit le paſſage par ſaut d'un Ton
» à l'autre, & le repos ſur un Ton. On re-
» marque la même choſe dans certains Ora-
» teurs. Cependant cette Déclamation eſt

» encore différente de la *Voix* de Chant.
» M. Dodart, qui joignoit à l'efprit de
» difcuffion & de recherche la plus grande
» connoiffance de la Phyfique, de l'Ana-
» tomie, & du jeu des parties du corps hu-
» main, avoit particuliérement porté fon
» attention fur les organes de la *Voix*. Il
» obferve, 1°. que tel homme, dont la *Voix*
» de parole eft déplaifante, a le Chant très-
» agréable, & au contraire : 2°. que fi nous
» n'avons pas entendu chanter quelqu'un,
» quelque connoiffance que nous ayons de
» fa *Voix* de parole, nous ne le reconnoîtrons
» pas à fa *Voix* de Chant.

» M. Dodart, en continuant fes recher-
» ches, découvrit que, dans la *Voix* de
» Chant, il y a de plus que dans celle de
» la parole, un mouvement de tout le
» larynx ; c'eft-à-dire, de la partie de la tra-
» chée-artere qui forme comme un nouveau
» canal qui fe termine à la glotte, qui en
» enveloppe & foutient les mufcles. La dif-
» férence entre les deux *Voix* vient donc de
» celle qu'il y a entre le larynx affis & en
» repos fur fes attaches, dans la parole,
» & ce même larynx fufpendu fur fes atta-
» ches, en action & mû par un balancement
» de haut en bas & de bas en haut. Ce ba-
» lancement peut fe comparer au mouve-
» ment des oifeaux qui planent, ou des
» poiffons qui fe foutiennent à la même place
» contre le fil de l'eau. Quoique les ailes
» des uns & les nageoires des autres pa-
» roiffent immobiles à l'œil, elles font de

» continuelles vibrations , mais si courtes
» & si promptes qu'elles sont imperceptibles.
» Le balancement du larynx produit,
» dans la *Voix* de Chant , une espece d'on-
» dulation qui n'est pas dans la simple parole.
» L'ondulation soutenue & modérée dans
» les belles *Voix* se fait trop sentir dans
» les *Voix* chevrotantes ou foibles. Cette
» ondulation ne doit pas se confondre avec
» les Cadences & les Roulemens qui se
» font par des mouvemens très-prompts &
» très-délicats de l'ouverture de la glotte ,
» & qui sont composés de l'Intervalle d'un
» Ton ou d'un demi-Ton.

» La *Voix* , soit du Chant , soit de la
» parole, vient toute entiere de la glotte
» pour le Son & pour le Ton ; mais l'on-
» dulation vient entiérement du balance-
» ment de tout le larynx ; elle ne fait point
» partie de la *Voix* , mais elle en affecte la
» totalité.

» Il résulte de ce qui vient d'être exposé,
» que la *Voix* de Chant consiste dans la
» marche par saut d'un Ton à un autre ,
» dans le séjour sur les Tons , & dans cette
» ondulation du larynx qui affecte la tota-
» lité & la substance même du Son ».

Quoique cette explication soit très-nette
& très-philosophique, elle laisse , à mon
avis , quelque chose à desirer , & ce caractere d'ondulation, donné par le balancement du larynx , à la *Voix* de Chant , ne
me paroît pas lui être plus essentiel que la
marche par sauts , & le séjour sur les Tons,

qui, de l'aveu de M. Duclos, ne font pas pour cette *Voix* des caracteres fpécifiques.

Car, premiérement, on peut, à volonté, donner ou ôter à la *Voix* cette ondulation quand on chante, & l'on n'en chante pas moins quand on file un Son tout uni fans aucune efpece d'ondulation. Secondement, les Sons des Inftrumens ne different en aucune forte de ceux de la *Voix* chantante, quant à leur nature de Sons muficaux, & n'ont rien par eux-mêmes de cette ondulation. Troifiémement, cette ondulation fe forme dans le Ton & non dans le Timbre; la preuve en eft que, fur le Violon & fur d'autres Inftrumens, on imite cette ondulation, non par aucun balancement femblable au mouvement fuppofé du larynx, mais par un balancement du doigt fur la Corde, laquelle, ainfi raccourcie & ralongée alternativement & prefque imperceptiblement, rend deux Sons alternatifs à mefure que le doigt fe recule ou s'avance. Ainfi, l'ondulation, quoiqu'en dife M. Dodart, ne confifte pas dans un balancement très-léger du même Son, mais dans l'alternation plus ou moins fréquente de deux Sons très-voifins, & quand les Sons font trop éloignés, & que les fecouffes alternatives font trop rudes, alors l'ondulation devient chevrotement.

Je penferois que le vrai caractere diftinctif de la *Voix* de Chant eft de former des Sons appréciables dont on peut prendre ou fentir l'Uniffon, & de paffer de l'un à l'autre par des Intervalles harmoniques & commensurables, au lieu que, dans la *Voix* parlante, ou les Sons ne sont pas assez soutenus, &, pour ainsi dire, assez uns pour pouvoir être appréciés, ou les Intervalles qui les séparent ne sont point assez harmoniques, ni leurs rapports assez simples.

Les observations qu'a fait M. Dodart sur les différences de la *Voix* de parole, & de la *Voix* de Chant dans le même homme, loin de contrarier cette explication, la confirment; car, comme il y a des Langues plus ou moins harmonieuses, dont les Accens sont plus ou moins Musicaux, on remarque aussi, dans ces Langues, que les *Voix* de parole & de Chant se rapprochent ou s'éloignent dans la même proportion. Ainsi, comme la Langue Italienne est plus Musicale que la Françoise, la parole s'y éloigne moins du Chant; & il est plus aisé d'y reconnoître, au Chant, l'homme qu'on a entendu parler. Dans une Langue qui seroit toute harmonieuse, comme étoit au commencement la Langue Grecque, la différence de la *Voix* de parole à la *Voix* de Chant seroit nulle; on n'auroit que la même *Voix* pour parler & pour chanter; peut-être est-ce encore aujourd'hui le cas des Chinois.

En voilà trop, peut-être, sur les différens genres de *Voix*; je reviens à la *Voix* de Chant, & je m'y bornerai dans le reste de cet article.

Chaque Individu a sa *Voix* particuliere

qui se distingue de toute autre *Voix* par quelque différence propre, comme un visage se distingue d'un autre; mais il y a aussi de ces différences qui sont communes à plusieurs, & qui, formant autant d'especes de *Voix*, demandent pour chacune une dénomination particuliere.

Le caractere le plus général qui distingue les *Voix*, n'est pas celui qui se tire de leur Timbre ou de leur Volume; mais du degré qu'occupe ce Volume dans le Systême général des Sons.

On distingue donc généralement les *Voix* en deux Classes; savoir, les *Voix* aiguës & les *Voix* graves. La différence commune des unes aux autres, est à-peu-près d'une Octave; ce qui fait que les *Voix* aiguës chantent réellement à l'Octave des *Voix* graves, quand elles semblent chanter à l'Unisson.

Les *Voix* graves sont les plus ordinaires aux hommes faits; les *Voix* aiguës sont celles des femmes : les Eunuques & les enfans ont aussi à-peu-près le même Diapason de *Voix* que les femmes; tous les hommes en peuvent même approcher en chantant le Faucet. Mais de toutes les *Voix* aiguës, il faut convenir, malgré la prévention des Italiens pour les Castrati, qu'il n'y en a point d'espece comparable à celle des femmes, ni pour l'étendue ni pour la beauté du Timbre. La *Voix* des enfans a peu de consistance & n'a point de bas; celle des Eunuques, au contraire, n'a d'éclat que dans le haut; & pour le Faucet, c'est le plus désagréable de

tous les Timbres de la *Voix* humaine : il
suffit, pour en convenir, d'écouter à Paris
les Chœurs du Concert Spirituel, & d'en
comparer les Deſſus avec ceux de l'Opéra.

Tous ces différens Diapaſons, réunis &
mis en ordre, forment une étendue générale d'à-peu-près trois Octaves, qu'on a di-
viſées en quatre Parties, dont trois, appellées *Haute-Contre*, *Taille* & *Baſſe*, appartiennent aux *Voix* graves, & la quatrieme
ſeulement, qu'on appelle *Deſſus*, eſt aſſi-
gnée aux *Voix* aiguës. Sur quoi voici quelques remarques qui ſe préſentent.

I. Selon la portée des *Voix* ordinaires,
qu'on peut fixer à-peu-près à une Dixieme
majeure, en mettant deux Degrés d'Intervalle entre chaque eſpece de *Voix* & celle
qui la ſuit, ce qui eſt toute la différence
qu'on peut leur donner, le Syſtême général des *Voix* humaines dans les deux ſexes,
qu'on fait paſſer trois Octaves, ne devroit
enfermer que deux Octaves & deux Tons.
C'étoit en effet à cette étendue que ſe bor-
nerent les quatre Parties de la Muſique,
long - tems après l'invention du Contre-
Point, comme on le voit dans les Compoſitions du quatorzieme ſiecle, où la même
Clef, ſur quatre poſitions ſucceſſives de
Ligne en Ligne, ſert pour la Baſſe qu'ils
appelloient *Tenor*, pour la Taille qu'ils appelloient *Contratenor*, pour la Haute-Contre
qu'ils appelloient *Mottetus*, & pour le Deſſus qu'ils appelloient *Triplum*. Cette diſtribution devoit rendre, à la vérité, la Com-

poſition plus difficile ; mais en même tems
l'Harmonie plus ſerrée & plus agréable.

II. Pour pouſſer le Syſtême vocal à l'é-
tendue de trois Octaves avec la gradation
dont je viens de parler, il faudroit ſix Parties au lieu de quatre ; & rien ne ſeroit
plus naturel que cette diviſion ; non par
rapport à l'Harmonie, qui ne comporte
pas tant de Sons différens ; mais par rapport aux *Voix*, qui ſont actuellement aſſez
mal diſtribuées. En effet, pourquoi trois
Parties dans les *Voix* d'hommes, & une
ſeulement dans les *Voix* de femmes, ſi la
totalité de celles-ci renferme une auſſi grande étendue que la totalité des autres ? Qu'on
meſure l'Intervalle des Sons les plus aigus
des *Voix* féminines les plus aiguës, aux
Sons les plus graves des *Voix* féminines les
plus graves ; qu'on faſſe la même choſe pour
les *Voix* d'hommes ; & non-ſeulement on
n'y trouvera pas une différence ſuffiſante pour
établir trois Parties d'un côté & une ſeule
de l'autre ; mais cette différence même, s'il
y en a, ſe réduira à très-peu de choſe.
Pour juger ſainement de cela, il ne faut pas
ſe borner à l'examen des choſes telles qu'elles
ſont ; mais voir encore ce qu'elles pour-
roient être, & conſidérer que l'uſage con-
tribue beaucoup à former les Voix ſur le
caractere qu'on veut leur donner. En France,
où l'on veut des Baſſes, des Hautes-Contres,
& où l'on ne fait aucun cas des Bas-Deſ-
ſus, les *Voix* d'hommes prennent différens
caracteres, & les *Voix* de femmes n'en gar-

dent qu'un feul : mais en Italie, où l'on fait autant de cas d'un beau Bas-Deffus que de la *Voix* la plus aiguë, il fe trouve par mi les femmes de très-belles *Voix* graves qu'ils appellent *Contr'alti*, & de très-belles *Voix* aiguës qu'ils appellent *Soprani*; au contraire, en *Voix* d'hommes récitantes, ils n'ont que des *Tenori* : de forte que s'il n'y a qu'un caractere de *Voix* de femmes dans nos Opéra, dans les leurs il n'y a qu'un caractere de *Voix* d'hommes.

A l'égard des Chœurs, fi généralement les Parties en font diftribuées en Italie comme en France, c'eft un ufage univerfel, mais arbitraire, qui n'a point de fondement naturel. D'ailleurs n'admire-t-on pas en plufieurs lieux, & finguliérement à Venife, de très-belles Mufiques à grand Chœur, exécutées uniquement par de jeunes filles?

III. Le trop grand éloignement des *Voix* entr'elles, qui leur fait à toutes excéder leur portée, oblige fouvent d'en fubdivifer plufieurs. C'eft ainfi qu'on divife les Baffes en Baffe - Contres & Baffe-Tailles, les Tailles en Haute-Tailles & Concordans, les Deffus en premiers & feconds : mais dans tout cela on n'apperçoit rien de fixe, rien de réglé fur quelque principe. L'efprit général des Compofiteurs François eft toujours de forcer les *Voix* pour les faire crier plutôt que chanter : c'eft pour cela qu'on paroît aujourd'hui fe borner aux Baffes & Haute-Contres qui font dans les deux extrêmes. A l'égard de la Taille, partie fi naturelle à l'homme qu'on l'appelle *Voix humaine* par excellence, elle eſt déjà bannie de nos Opéra, où l'on ne veut rien de naturel ; & par la même raiſon elle ne tardera pas à l'être de toute la Muſique Françoiſe.

On diſtingue encore les *Voix* par beaucoup d'autres différences que celles du grave à l'aigu. Il y a des *Voix* fortes dont les Sons ſont forts & bruyans ; des *Voix* douces dont les Sons ſont doux & flûtés ; de grandes *Voix* qui ont beaucoup d'étendue, de belles *Voix* dont les Sons ſont pleins, juſtes & harmonieux ; il y a auſſi les contraires de tout cela. Il y a des *Voix* dures & peſantes ; il y a des *Voix* flexibles & légeres ; il y en a dont les beaux Sons ſont inégalement diſtribués, aux unes dans le haut, à d'autres dans le *Medium*, à d'autres dans le bas ; il y a auſſi des *Voix* égales, qui font ſentir le même Timbre dans toute leur étendue. C'eſt au Compoſiteur à tirer parti de chaque *Voix*, par ce que ſon caractere a de plus avantageux. En Italie, où chaque fois qu'on remet au Théâtre un Opéra, c'eſt toujours de nouvelle Muſique, les Compoſiteurs ont toujours grand ſoin d'approprier tous les rôles aux *Voix* qui les doivent chanter. Mais en France, où la même Muſique dure des ſiecles, il faut que chaque rôle ſerve toujours à toutes les *Voix* de même eſpece, & c'eſt peut-être une des raiſons pourquoi le Chant François, loin d'acquérir aucune perfection, devient de jour en jour plus traînant & plus lourd.

La *Voix* la plus étenduë, la plus flexible, la plus douce, la plus harmonieuse qui peut-être ait jamais exifté, paroît avoir été celle du Chevalier Balthafar Ferri, Péroufin, dans le fiecle dernier. Chanteur unique & prodigieux, que s'arrachoient tour-à-tour les Souverains de l'Europe, qui fut comblé de biens & d'honneurs durant fa vie, & dont toutes les Mufes d'Italie célébrerent à l'envi les talens & la gloire après fa mort. Tous les écrits faits à la louange de ce Muficien célebre refpirent le raviffement, l'enthoufiafme, & l'accord de tous fes contemporains montre qu'un talent fi parfait & fi rare étoit même au-deffus de l'envie. Rien, difent-ils, ne peut exprimer l'éclat de fa *Voix* ni les graces de fon Chant; il avoit, au plus haut degré, tous les caracteres de perfection dans tous les genres; il étoit gai, fier, grave, tendre à fa volonté, & les cœurs fe fondoient à fon pathétique. Parmi l'infinité de tours de force qu'il faifoit de fa *Voix*, je n'en citerai qu'un feul. Il montoit & redefcendoit tout d'une haleine deux Octaves pleines par un Trill continuel marqué fur tous les Degrés chromatiques avec tant de jufteffe, quoique fans Accompagnement, que fi l'on venoit à frapper brufquement cet Accompagnement fous la Note où il fe trouvoit, foit Bémol, foit Dièfe, on fentoit à l'inftant l'Accord d'une jufteffe à furprendre tous les Auditeurs.

On appelle encore *Voix* les parties vocales & récitantes pour lesquelles une Piece de Musique est composée; ainsi l'on dit un Mottet à *Voix* seule, au lieu de dire un Mottet en récit; une Cantate à deux *Voix*, au lieu de dire une Cantate en Duo ou à deux Parties, &c. (Voy. Duo, Trio, &c.)

VOLTE, *s. f.* Sorte d'Air à trois Tems propre à une Danse de même nom, laquelle est composée de beaucoup de tours & retours, d'où lui est venu le nom de *Volte.* Cette Danse étoit une espece de Gaillarde, & n'est plus en usage depuis long-tems.

VOLUME. Le *Volume* d'une Voix est l'étendue ou l'Intervalle qui est entre le Son le plus aigu & le Son le plus grave qu'elle peut rendre. Le *Volume* des Voix les plus ordinaires est d'environ huit à neuf Tons; les plus grandes Voix ne passent gueres les deux Octaves en Sons bien justes & bien pleins.

UPINGE. Sorte de Chanson consacrée à Diane parmi les Grecs. (Voy. Chanson.)

UT. La premiere des six syllabes de la Gamme de l'Arétin, laquelle répond à la lettre C.

Par la méthode des Transpositions on appelle toujours *Ut* la Tonique des Modes majeurs & la Médiante des Modes mineurs. (Voyez Gamme, Transposition.)

Les Italiens trouvant cette syllabe *Ut* trop sourde, lui substituent, en solfiant, la syllabe *Do.*

Z.

ZA. Syllabe par laquelle on distingue,
dans le Plain-Chant, le *Si* Bémol du *Si*
naturel auquel on laisse le nom de *Si*.

F I N.

TABLE GÉNÉRALE
De tous les Tons et de touttes les Clefs

	X	A	B	C	D
Clef de Fa	1 2 3 4 5 6 7	1 2 3 4 5 6 7	1 2 3 5 6 7	1 2 3 4 5 6 7	1 2 3 4 5 6 7 1
de Mi	2 3 4 5 6 7	1 2 3 4 5 6 7	1 2 3 4 5 6 7	1 2 3 4 5 6 7	1 2 3 4 5 6 7 1
de Mi B	2 3 4 5 6 7	1 2 3 4 5 6 7	1 2 3 4 6 7	1 2 3 4 5 6 7	1 2 3 4 5 6 7 1 2
de Ré	3 4 5 6 7	1 2 3 4 5 6 7	1 2 3 4 5 6 7	1 2 3 4 5 6 7	1 2 3 4 5 6 7 1 2
d'Ut D	3 4 5 6 7	1 2 3 4 5 6 7	1 2 3 4 5 6 7	1 2 3 4 5 6 7	1 2 3 4 5 6 7 1 2 3
d'Ut	4 5 6 7	1 2 3 4 5 6 7	1 2 3 4 5 6 7	1 2 3 4 5 6 7	1 2 3 4 5 6 7 1 2 3 4
de Si	5 6 7	1 2 3 4 5 6 7	1 2 3 4 5 6 7	1 2 3 4 5 6 7	1 2 3 4 5 6 7 1 2 3 4
de Si B	5 6 7	1 2 3 4 5 6 7	1 2 3 4 5 6 7	1 2 3 4 5 6 7	1 2 3 4 5 6 7 1 2 3 4 5
de la	6 7	1 2 3 4 5 6 7	1 2 3 4 5 6 7	1 2 3 4 5 6 7	1 2 3 4 5 6 7 1 2 3 4 5
de la B	6 7	1 2 3 4 5 6 7	1 2 3 4 5 6 7	1 2 3 4 5 6 7	1 2 3 4 5 6 7 1 2 3 4 5 6
de Sol	7	1 2 3 4 5 6 7	1 2 3 4 5 6 7	1 2 3 4 5 6 7	1 2 3 4 5 6 7 1 2 3 4 5 6
de Fa D	7	1 2 3 4 5 6 7	1 2 3 4 5 6 7	1 2 3 4 5 6 7	1 2 3 4 5 6 7 1 2 3 4 5 6 7

	A	B	C	D	E

1. Exemple Page 92
2. Ex. Page 92
3. Ex. des Intervalles directs Page 94
4. Ex. des Interv. renversés Page 95
5. Ex. des Int. Simples Page 95
6. Ex. des Int. redoublés Page 95
7. Ex. pour le Mode Majeur de Sol Page 114
8. Ex. pour le Mode Mineur de Sol Page 114
9. Ex. du passage d'un Ton à un autre Page 117
10. Ex. du passage du Majeur au Mineur et vice versa Page 117
11. Ex. Page 124
12. Ex. de la T. transcrit par la p.re Méthode Page 149

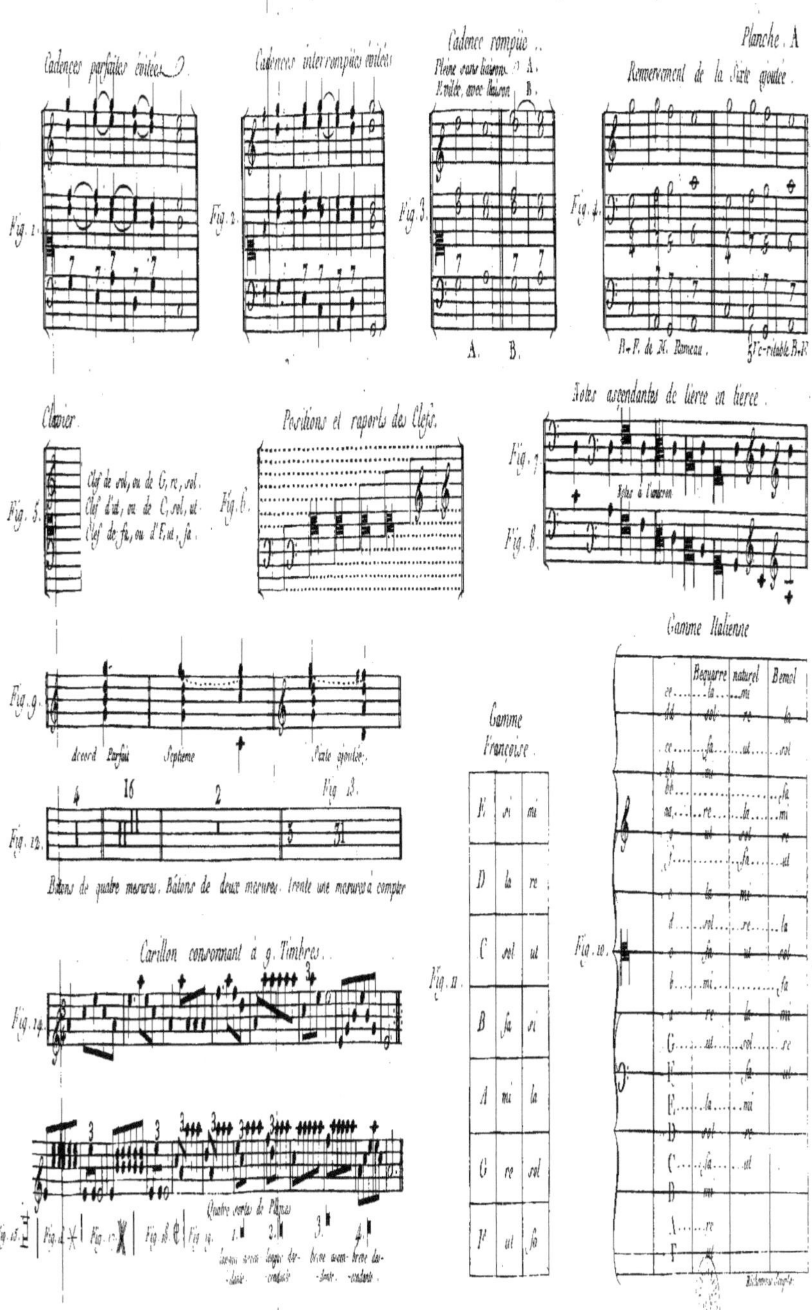

Cadences parfaites émitées.
Cadences interrompües émitées.
Cadence rompüe.
Pleine sans baßeq.
Émitée avec liaison.
Planche. A
Renversement de la Sixte ajoutée.
Fig. 1.
Fig. 2.
Fig. 3.
Fig. 4.
A. B.
B.-F. de M. Rameau.
Véritable B.-F.
Clavier
Positions et raports des Clefs.
Notes ascendantes de tierce en tierce.
Clef de sol, ou de G, re, sol.
Clef d'ut, ou de C, sol, ut.
Clef de fa, ou d'F, ut, fa.
Fig. 5.
Fig. 6.
Fig. 7.
Notes à l'unisson.
Fig. 8.
Gamme Italienne
Fig. 9.
Accord Parfait
Septieme
Sixte ajoutée.
Fig. 13.
Fig. 12.
4   16   2
5   31
Bâtons de quatre mesures. Bâtons de deux mesures. trente une mesures à compter
Carillon consonnant à 9. Timbres.
Fig. 14.
Fig. 15.
Fig. 1.
Fig. 17.
Fig. 18.
Fig. 19.
Quatre sortes de Plumes
Gamme
Françoise.
Fig. 11.
Gamme
Bequarre naturel Bemol
Fig. 10.
E   si   mi
D   la   re
C   sol   ut
B   fa   si
A   mi   la
G   re   sol
F   ut   fa

Fig. 1.
Deux-tems. Deux-quatre. Six-quatre. Trois-huit. Six-huit. Six-seize.
à deux tems. à deux tems. à deux tems. à un tems ou à trois. à deux tems. à deux tems.
Trois-tems. Trois-deux. Neuf-quatre. Neuf-huit. Trois-
à Trois tems. à Trois tems. à Trois tems. à Trois tems. à Trois
quatre. Trois-seize. Quatre-tems. Douze-quatre. Douze-huit. Douze-seize.
tems. à un tems. à quatre tems. à quatre tems. à quatre tems. à quatre tems.
Exemple d'une mesure Sesqui-altère, à deux tems inégaux.
Fig. X
Anciens caractéres de quantité.
Mode majeur parfait. Mode majeur imparfait. Mode mineur parfait. Mode mineur imparfait. Prolation majeure parfaite. Idem imparfaite. Prolation mineure parfaite. Idem imparfaite.
Fig. 2.
Fig. 3. Fig. 4. Fig. 5. Fig. 9. Fig. 10. Fig. 11. Fig. 12.
Table de toutes les modulations immediates.
En sortant du Mode Majeur. En sortant du Mode Mineur.
Fig. 6.
Fig. 7.
Transitions de Basse fondamentale pour tous les changemens de Ton.
Fig. 8.
A. B. C. D. E. F. G. H. I. K.
En sortant du Mode Majeur. En sortant du Mode Mineur.
Majeur. Mineur.
Agrémens du Chant François.
Fig. 13. Accent. Cadence pleine. Cadence brisée. Coulé. Martellement. Flatté. Port de voix. Port de voix jetté.
Effet
Ton de La { Dominante .... A
Sixième note .... B
Médiante C
Sousdominante ..... D
Seconde note .... E
Ton de La { Médiante .... F
Dominante .... G
Sousdominante ..... H
Sixième note I
Idem .... K

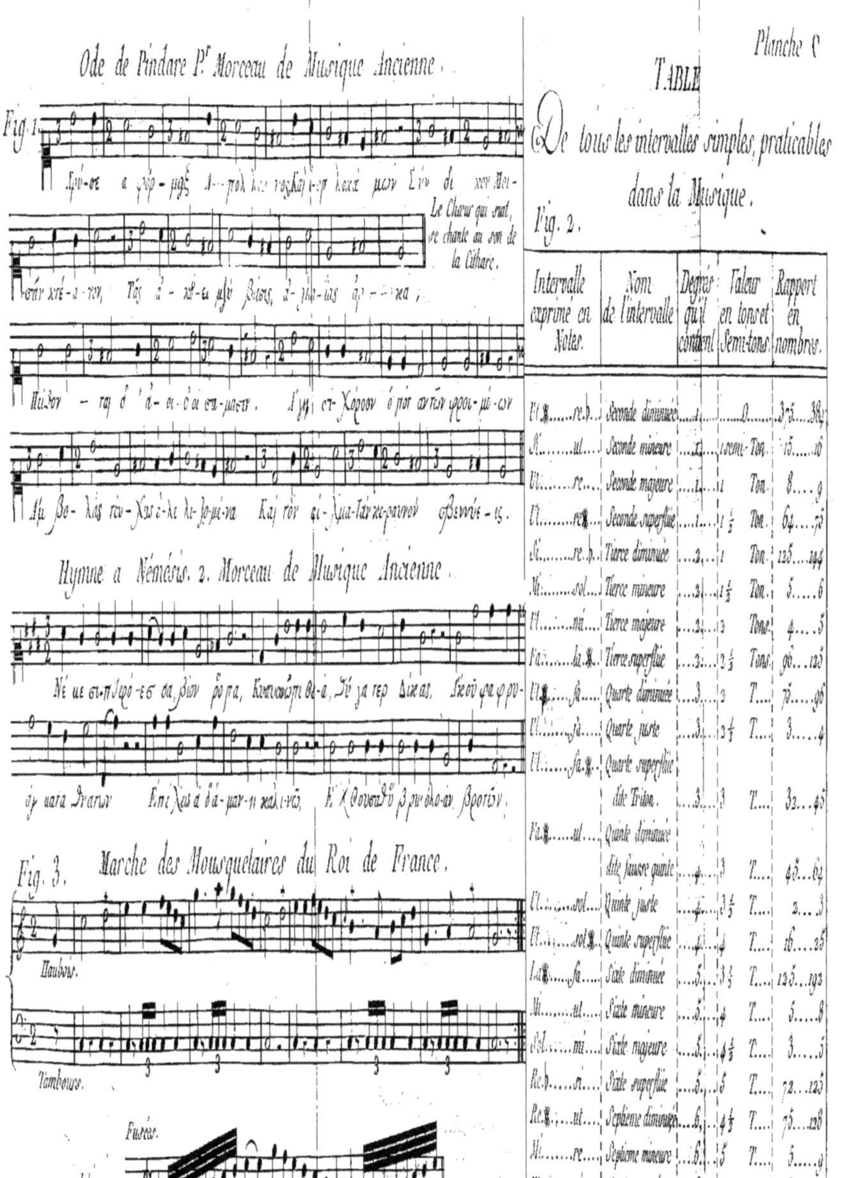

TABLE

De tous les intervalles simples, praticables dans la Musique.

Fig. 2.

Intervalle exprimé en Notes.	Nom de l'intervalle	Degrés qu'il contient	Valeur en tons et Semi-tons	Rapport en nombres.
Fa♯......re.♭	Seconde diminuée	1	0	375...384
Si......ut	Seconde mineure	1	1 semi-Ton	15......16
Ut......re	Seconde majeure	1	1 Ton	8.....9
Ut......re♯	Seconde superflue	1	1½ Ton	64....75
Si......re.♭	Tierce diminuée	2	1 Ton	125...144
Mi......sol	Tierce mineure	2	1½ Ton	5.....6
Ut......mi	Tierce majeure	2	2 Tons	4....5
Fa......la♯	Tierce superflue	2	2½ Tons	96...125
Ut♯......fa	Quarte diminuée	3	2 T	75......96
Ut......fa	Quarte juste	3	2½ T	3.....4
Ut......fa♯	Quarte superflue dite Triton	3	3 T	32...45
Fa♯......ut	Quinte diminuée dite fausse quinte	4	3 T	45...64
Ut......sol	Quinte juste	4	3½ T	2...3
Ut......sol♯	Quinte superflue	4	4 T	16....25
La♯......fa	Sixte diminuée	5	3½ T	125...192
Mi......ut	Sixte mineure	5	4 T	5.....8
Sol......mi	Sixte majeure	5	4½ T	3.....5
Re.♭......si	Sixte superflue	5	5 T	72...125
Re♯......ut	Septième diminuée	6	4½ T	75...128
Mi......re	Septième mineure	6	5 T	5.....9
Ut......si	Septième majeure	6	5½ T	8....15
Sol.♭......fa♯	Septième superflue	6	6 T	81...160
Ut......ut	Octave	7	6 T	1.....2

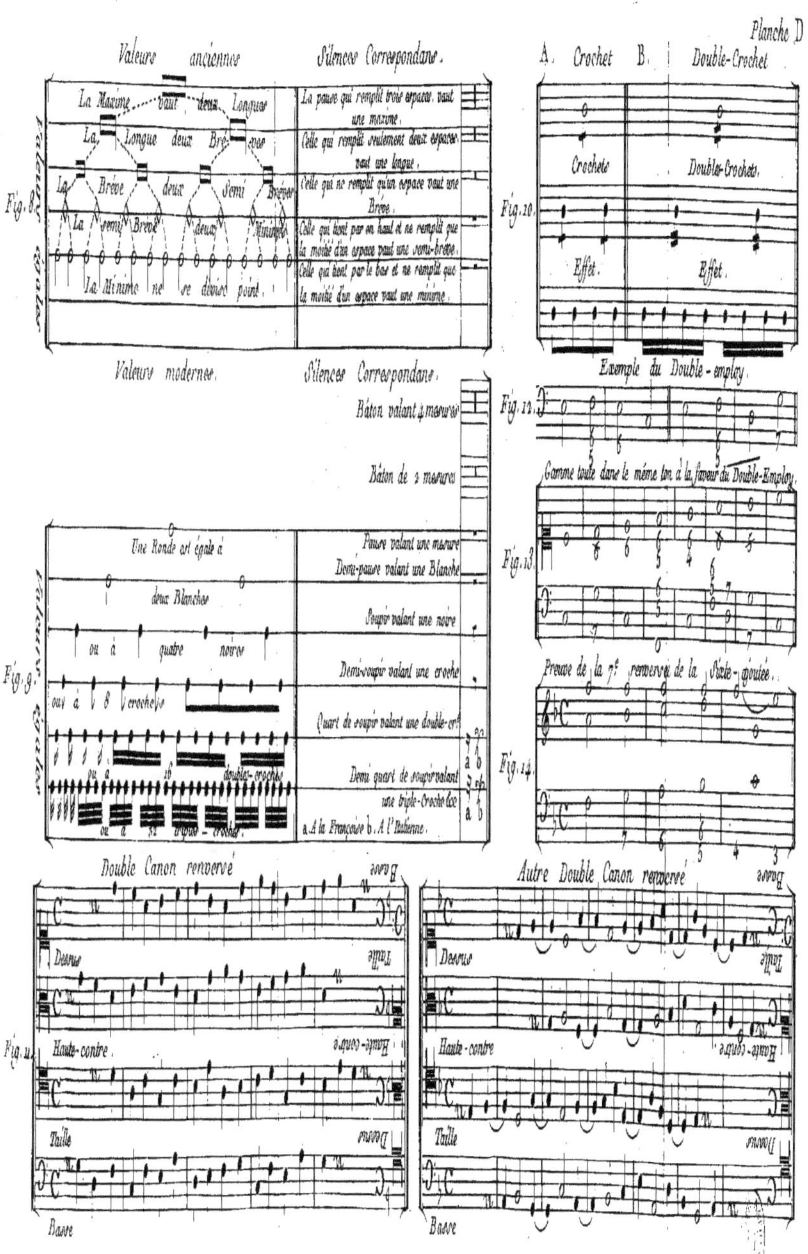
Planche D
Valeurs anciennes
Silences Correspondans.
A. Crochet B. Double-Crochet
Fig. 8.
La Maxime vaut deux Longues
La pause qui remplit trois espaces, vaut une maxime.
La Longue deux Breves
Celle qui remplit seulement deux espaces, vaut une longue.
La Breve deux Semi Breves
Celle qui ne remplit qu'un espace vaut une Breve.
La Semi Breve deux Minimes
Celle qui tient par en haut et ne remplit que la moitié d'un espace vaut une semi-breve.
Celle qui tient par le bas et ne remplit que la moitié d'un espace vaut une minime.
La Minime ne se divise point.
Crochets
Double-Crochets.
Fig. 20.
Effet.
Effet.
Valeurs modernes.
Silences Correspondans.
Baton valant 4 mesures
Baton de 2 mesures
Exemple du Double-employ.
Fig. 12.
Fig. 9.
Une Ronde est égale à
Pause valant une mesure
Demi-pause valant une Blanche
deux Blanches
Soupir valant une noire
ou à quatre noires
Demi-soupir valant une croche
ou à 8 croches
Quart de soupir valant une double-croche
ou à 16 doubles-crochets
Demi quart de soupir valant une triple-croche
ou à 32 triples-croches
a. A la Françoise b. A l'Italienne.
Gamme toute dans le même ton à la faveur du Double-Employ.
Fig. 13.
Preuve de la 7e renversée de la Sixte-ajoutée.
Fig. 14.
Double Canon renversé
Basse
Dessus
Taille
Haute-contre
Haute-contre
Taille
Dessus
Basse
Fig. 11.
Autre Double Canon renversé
Basse
Dessus
Taille
Haute-contre
Haute-contre
Taille
Dessus
Basse

TABLE GÉNÉRALE
De tous les Modes de la Musique Ancienne.

N.B. Comme les Auteurs ont donné divers noms à la pluspart de ces Modes,
les noms moins usités ont été mis en plus petits caractères.

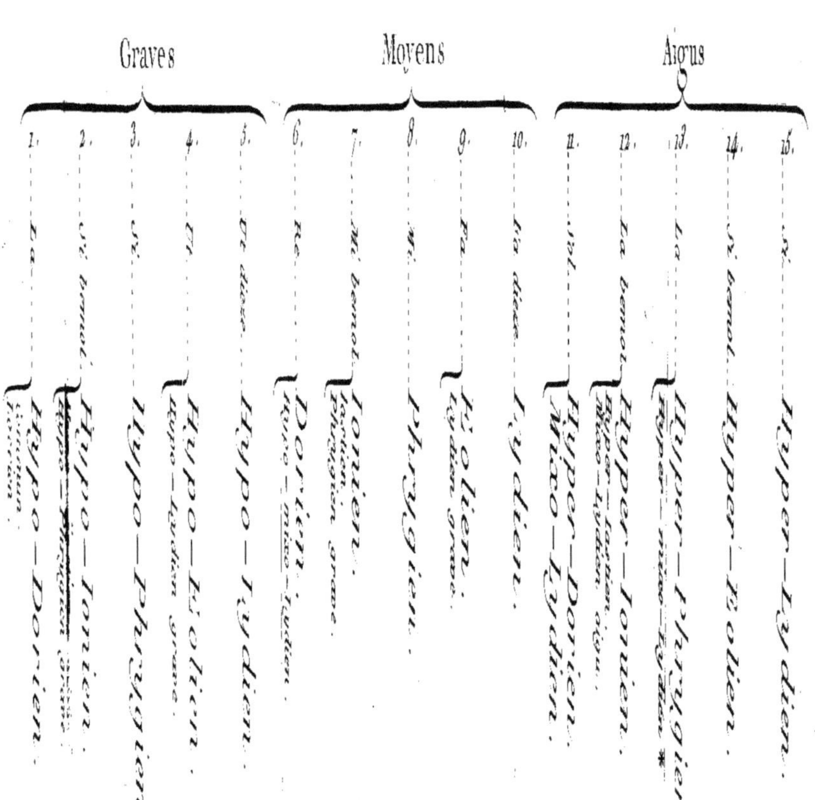

* Je place ici le Mode Hyper-mixo-Lydien, le trouvant ainsi noté dans mes cahiers sous la citation d'Euclide: Mais la véritable place de ce Mode doit être ce me semble, un semi-ton au dessus de l'Hyper-Lydien; ainsi je pense qu'Euclide s'est trompé, ou que je l'ai mal transcrit.

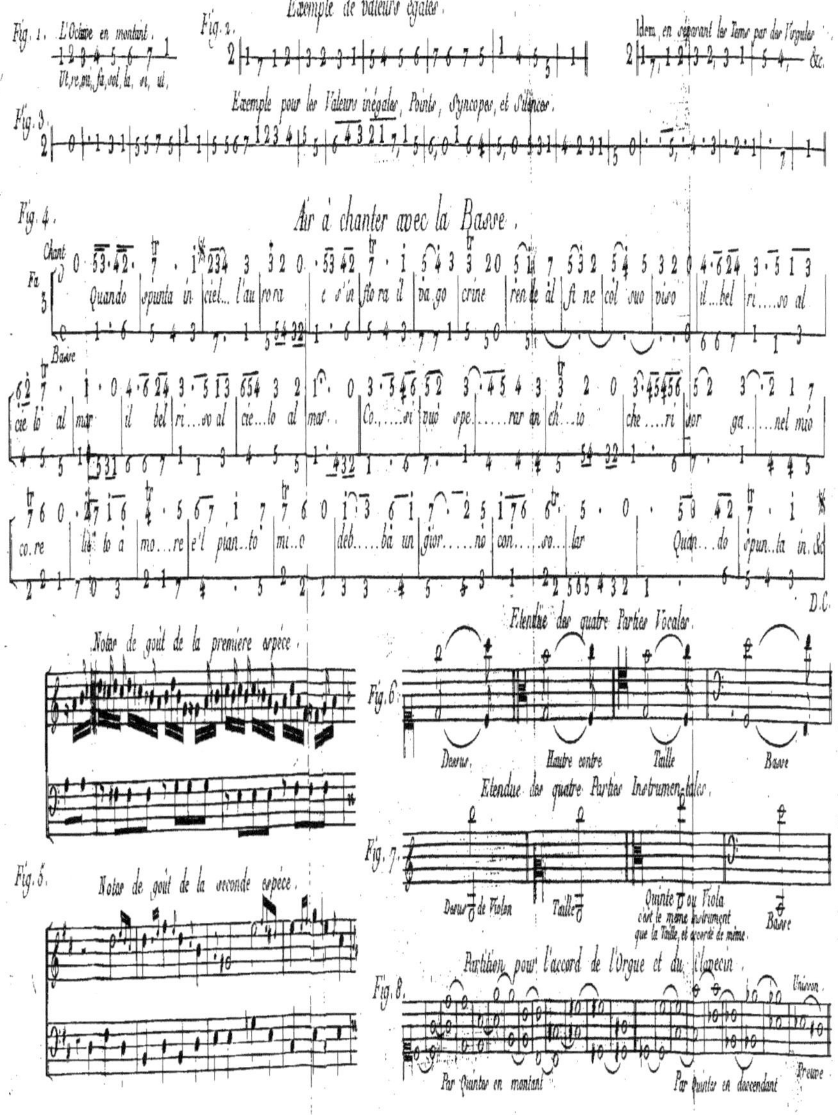
Exemple de valeurs égales.
Fig. 1. L'Octave en montant.
Ut, re, mi, fa, sol, la, si, ut.
Fig. 2.
Idem, en separant les Tems par des Virgules
Exemple pour les Valeurs inégales, Points, Syncopes, et Silences.
Fig. 3.
Fig. 4.   Air à chanter avec la Basse.
Chant
Quando spunta in ciel l'aurora e s'infiora il vago crine rende al fin col suo viso il bel ri...so al
Basse
cie...lo al mar il bel ri...so al cie...lo al mar. Co...si vuoi ope...rar un ch'io che...ri sor ga...nel mio
co...re lie...to a mo...re e'l pian...to mi...o deb...ba un gior...no con...so...lar Quan...do spun...ta in. &c
D.C.
Note de goût de la première espèce.
Etendue des quatre Parties Vocales.
Fig. 6.
Dessus.   Haute contre   Taille   Basse
Etendue des quatre Parties Instrumentales.
Fig. 7.
Dessus de Violon   Taille   Quinte ou Viola c'est le même Instrument que la Taille, et accordé de même   Basse
Fig. 5.   Note de goût de la seconde espèce.
Partition pour l'accord de l'Orgue et du Clavecin.
Fig. 8.   Unisson
Par Quintes en montant   Par Quintes en descendant   Preuve

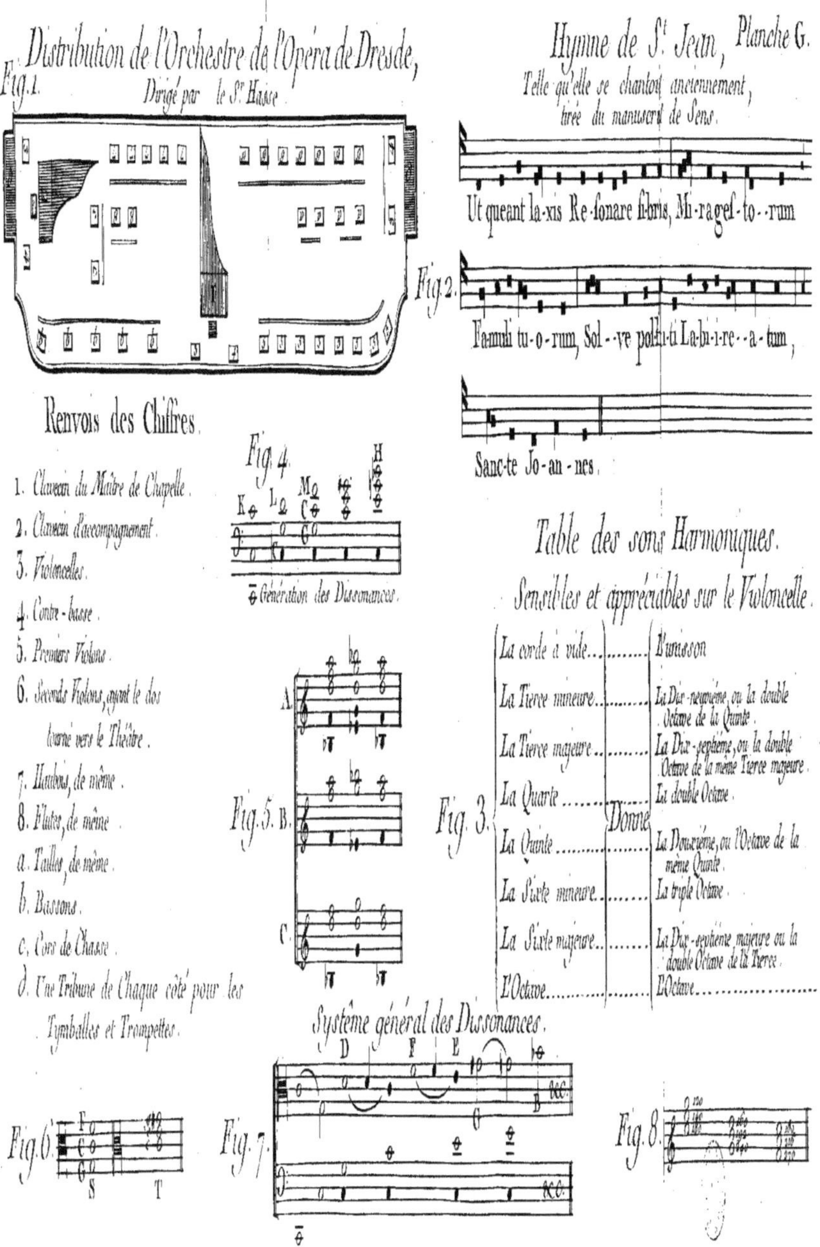

Distribution de l'Orchestre de l'Opéra de Dresde,
Fig. 1.
Dirigé par le Sr. Hasse.

Hymne de St. Jean, Planche G.
Telle qu'elle se chantoit anciennement,
tirée du manuscrit de Sens.

Ut queant la-xis Re-sonare fibris, Mi-ra gest-to-rum

Fig. 2.

Famuli tu-o-rum, Sol-ve polluti La-bi-i-re-a-tum,

Sanc-te Jo-an-nes.

Renvois des Chiffres.

1. Clavecin du Maître de Chapelle.
2. Clavecin d'accompagnement.
3. Violoncelles.
4. Contre-basse.
5. Premiers Violons.
6. Seconds Violons, ayant le dos tourné vers le Théâtre.
7. Hautbois, de même.
8. Flûtes, de même.
a. Tailles, de même.
b. Bassons.
c. Cors de Chasse.
d. Une Tribune de Chaque côté pour les Tymballes et Trompettes.

Fig. 4.
K L M
Génération des Dissonances.

Table des sons Harmoniques.
Sensibles et appréciables sur le Violoncelle.

Fig. 5.
A.
B.
C.

Fig. 3.

La corde à vide............ L'unisson
La Tierce mineure............ La Dix-neuvième, ou la double Octave de la Quinte.
La Tierce majeure............ La Dix-septième, ou la double Octave de la même Tierce majeure.
La Quarte............ La double Octave.
La Quinte............ La Douzième, ou l'Octave de la même Quinte.
La Sixte mineure............ La triple Octave.
La Sixte majeure............ La Dix-septième majeure ou la double Octave de la Tierce.
L'Octave............ L'Octave.
Donne

Système général des Dissonances.
D F E

Fig. 6.
F
S T

Fig. 7.

Fig. 8.

NOTES DE L'ANCIENNE MUSIQUE GRECQUE.

Fig. I. Genre Diatonique, Mode Lydien.

N.B. la première note est pour la Musique vocale, la seconde pour l'instrumentale.

Noms Modernes.	Noms anciens.	Notes.	Explication.
La	Proslambanomene	7 Ƭ	Zeta imparfait, et Tau couché.
Si	Hypate hypaton	ꓶ Γ	Gamma à rebours, et Gamma droit.
Ut	Parhypate hypaton	R L	Beta imparfait, et Gamma renversé.
Re	Hypaton Diatonos	Φ F	Phi, et Digamma.
Mi	Hypate meson	C C	Sigma, et Sigma.
Fa	Parhypate meson	P Ϲ	Rho, et Sigma couché.
Sol	Meson Diatonos	M Ⴔ	Mi, et Pi Prolongé.
La	Mese	I <	Iota, et Lambda couché.
Si♭	Trite Synnemenon	Θ V	Theta, et Lambda renversé.
Si♮	Paramese	Z ⊒	Zeta, et Pi couché.
*Ut	Synnemenon Diatonos	Γ N	Gamma, et Xu.
+Re	Nete Synnemenon	Ʊ Z	Omega renversé et Zeta.
*Ut	Trite Diezeugmenon	E ⨆	Eta, et Pi renversé et Prolongé.
+Re	Diezeugmenon Diatonos	comme la Nete Synnemenon, qui est la même corde.	
Mi	Nete Diezeugmenon	ꙅ ɲ	Phi couché, et Eta courant prolongé.
Fa	Trite hyperboleon	⅄ ⌐	Upsilon renversé, et Alpha tronqué à droite.
Sol	Hyperboleon Diatonos	M Ⴔ	Mu, et Pi prolongé surmonté d'un accent.
La	Nete hyperboleon	I <	Iota, et Lambda couché, surmonté d'un accent.

Remarques

Quoique la corde diatonos du Tétracorde Synnemenon et la Trité du Tétracorde Diezeugmenon ayent des notes différentes, elles ne sont que la même corde; ou deux cordes à l'unison. Il en est de même des deux cordes Neté Synnemenon et Diezeugmenon Diatonos; aussi ces deux-ci portent-elles les mêmes notes. Il faut remarquer aussi que la Mese et la Neté hyperboleon portent la même note pour le vocal, quoiqu'elles soient à l'octave l'une de l'autre; apparemment qu'on avoit dans la pratique quelque autre moyen de les distinguer.

Les curieux qui voudront connoître les notes de tous les genres et de tous les modes, pourront consulter dans Meibomius les Tables d'Alypius et de Bacchius.

Diagramme général du Système des Grecs pour le Genre diatonique.

Fig. 2.

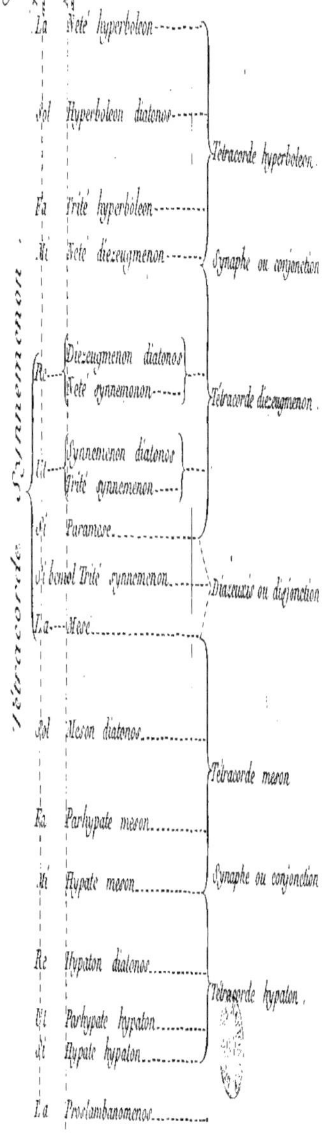

Noms modernes	Noms anciens	
La	Nete hyperboleon	
Sol	Hyperboleon diatonos	Tetracorde hyperboleon.
Fa	Trite hyperboleon	
Mi	Nete diezeugmenon	Synaphe ou conjonction
Re	{ Diezeugmenon diatonos / Nete synnemenon }	
Ut	{ Synnemenon diatonos / Trite synnemenon }	Tetracorde diezeugmenon.
Si	Paramese	
Si bemol	Trite synnemenon	Diazeuxis ou disjonction
La	Mese	
Sol	Meson diatonos	
Fa	Parhypate meson	Tetracorde meson
Mi	Hypate meson	Synaphe ou conjonction
Re	Hypaton diatonos	
Ut	Parhypate hypaton	Tetracorde hypaton.
Si	Hypate hypaton	
La	Proslambanomenos	

Tétracorde Synnemenon

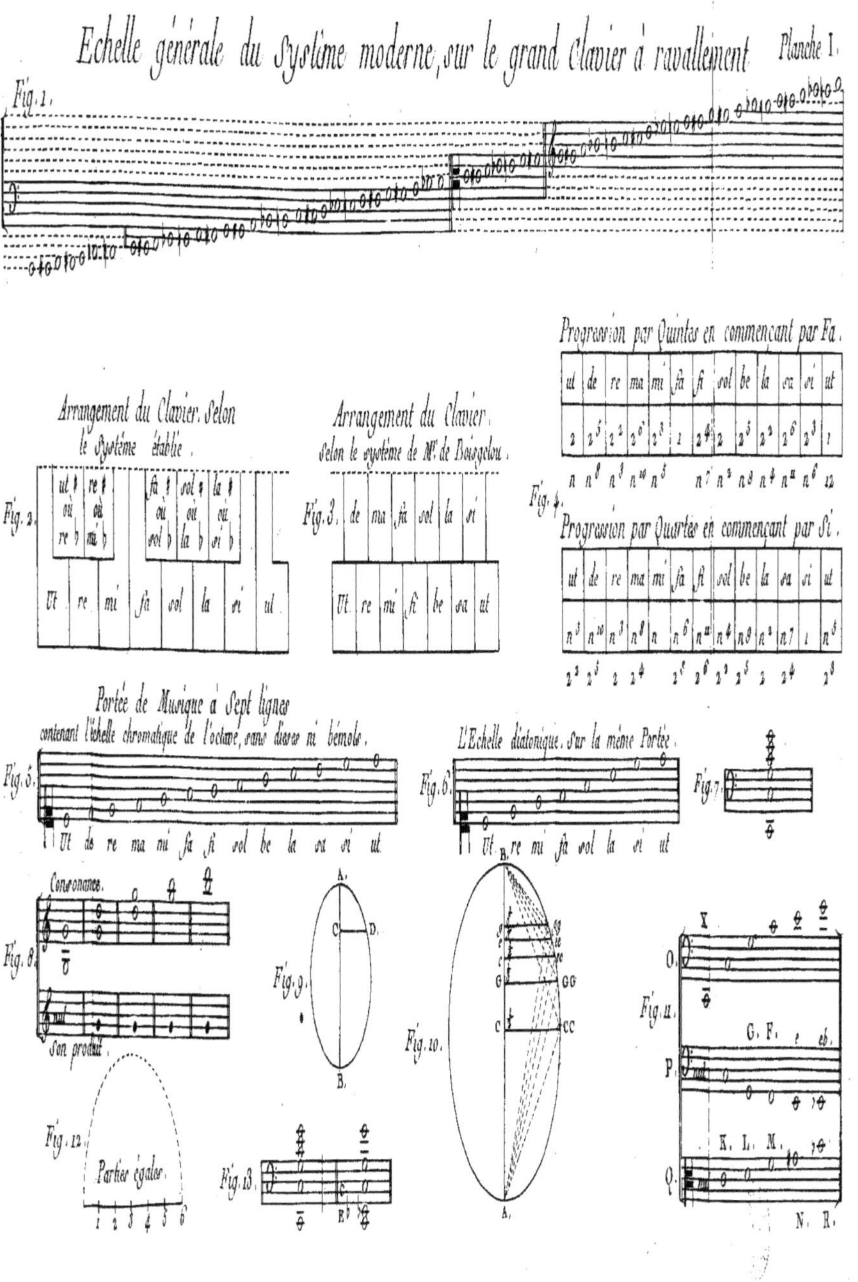

Echelle générale du Système moderne, sur le grand Clavier à ravallement
Planche I.
Fig. 1.
Arrangement du Clavier, selon le Systéme établie.
Fig. 2.
Arrangement du Clavier, selon le systeme de Mr. de Boisgelou.
Fig. 3.
Progression par Quintes en commençant par Fa.
Progression par Quartes en commençant par Si.
Fig. 4.
Portée de Musique à Sept lignes contenant l'échelle chromatique de l'octave, sans diese ni bemole.
Fig. 5.
L'Echelle diatonique, sur la même Portée.
Fig. 6.
Fig. 7.
Consonance.
Fig. 8.
Son produit.
Fig. 9.
Fig. 10.
Fig. 11.
Fig. 12.
Parties égales.
Fig. 13.

Emploi de la quinte superflue.
Planche X.
Echelle diatonique.
Echelle des aliquotes.
Fig. 1.
à la françoise
à l'italienne
Fig. 3.
Fig. 5.
Fig. 2.
Basse fondamentale et régulière de l'échelle diatonique ascendante par la succession naturelle des trois cadences.
Fig. 7.
Fig. 4.
Cadence harmonique.   Cad: arithmétique.   Cad: Mixte.
Basse fondamentale des harmonistes du 16.e Siècle corrigée.
Fig. 8.
Fig. 6.
Echelle diatonique mesurée.
Genre épaissi.
Fig. 9.
Fig. 12.
X
Basse fondamentale qui retourne exactement sur elle même au moyen de la septieme ajoutée à l'echelle diatonique.
Fig. 14.
Z
Tétracorde Chromatique.
Tétracorde Enharmonique.
Fig. 10.
Fig. 11.
Fig. 14.

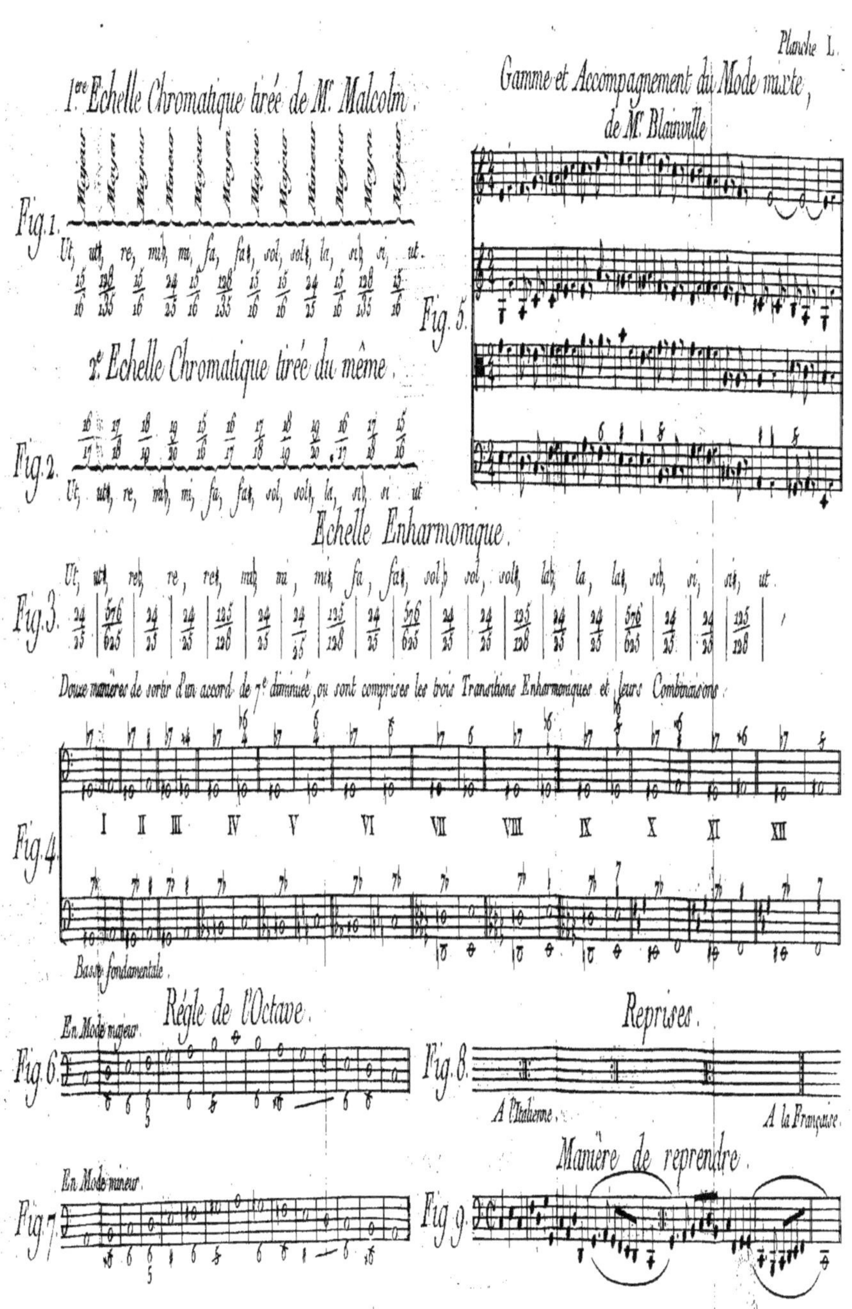

Planche I.
1re Echelle Chromatique tirée de Mr. Malcolm.
Fig. 1.
Ut, ut♯, re, mi♭, mi, fa, fa♯, sol, sol♯, la, si♭, si, ut.
2e Echelle Chromatique tirée du même.
Fig. 2.
Ut, ut♯, re, mi♭, mi, fa, fa♯, sol, sol♯, la, si♭, si ut
Echelle Enharmonique.
Ut, ut♯, re♭, re, re♯, mi♭, mi , mi♯, fa , fa♯, sol♭ sol, sol♯, la♭, la, la♯, si♭, si, si♯, ut.
Fig. 3.
Gamme et Accompagnement du Mode mixte,
de Mr. Blainville
Fig. 5.
Douze manières de sortir d'un accord de 7e diminuée, où sont comprises les trois Transitions Enharmoniques et leurs Combinaisons
I II III IV V VI VII VIII IX X XI XII
Fig. 4.
Basse fondamentale.
Régle de l'Octave.
En Mode majeur.
Fig. 6.
En Mode mineur.
Fig. 7.
Reprises.
Fig. 8.
A l'Italienne.   A la Française.
Manière de reprendre.
Fig. 9.

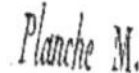

Planche M.

Chiffres équivoques, et modulations détournées.

I II III

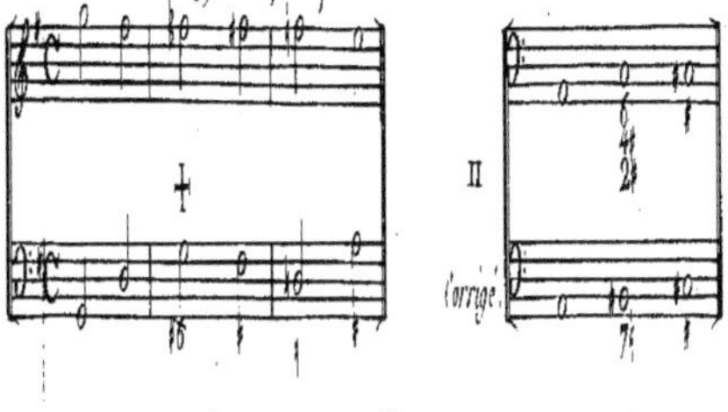
Corrigé.
Corrigé.

Fig. 8.

Trois divers Figures de la Clef de Fa.

dans la Musique Imprimée.

dans la Musique Ecrite ou Gravée.

dans le Plein Chant

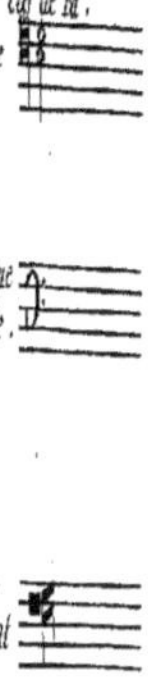

Premier Couplet des Folies d'Espagne noté en Tablature pour la Guitarre.

Fig. 4.

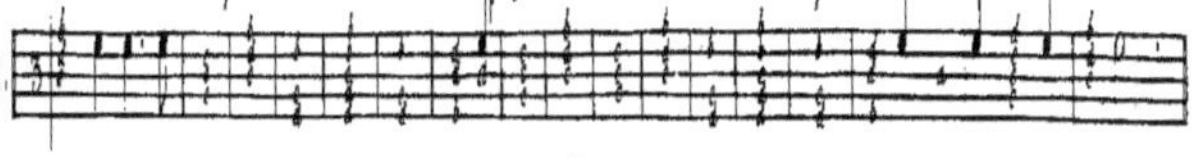

Genres de la Musique Ancienne.

Nº. A. Selon Aristoxène.

Le Tétracorde étant supposé divisé en 60. parties égales.

Diatonique.

Tendre ou mol … 12+ 18+ 30 = 60

Syntonique ou dur … 12+ 24+ 24 = 60

Chromatique.

Mol 8+ 8+ 44 = 60

Hemiolien 9+ 9+ 42 = 60

Tonique 12+ 12+ 36 = 60

Enharmonique.

6+ 6+ 48 = 60

Nº. B. Selon Ptolomée.

Le Tétracorde étant représenté par le raport de ses deux termes.

Diatonique.

Diatonique $\frac{256}{243} \times \frac{9}{8} \times \frac{9}{8} = \frac{4}{3}$

Chromatique.

Mol $\frac{28}{27} \times \frac{15}{14} \times \frac{6}{5} = \frac{4}{3}$

Intense ou Syntonique $\frac{22}{21} \times \frac{12}{11} \times \frac{7}{6} = \frac{4}{3}$

Enharmonique.

$\frac{46}{45} \times \frac{24}{23} \times \frac{5}{4} = \frac{4}{3}$

Chant tiré de l'Harmonie.

Fig. 7.

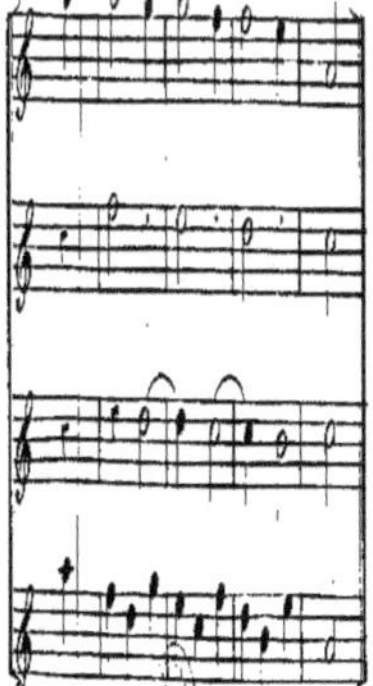
Effet.

Fig. 6.

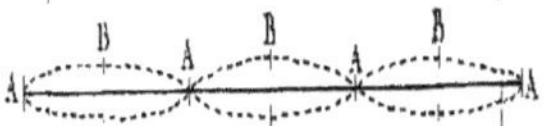
B
B
B
A
A
A
A

Corde Sonore en vibration par ses Aliquotes au son de l'une d'entre elles.

A. Noeuds où étoient les petits papiers d'une couleur.

B. Ventres où étoient les petits papiers d'une autre couleur.

A
A

Air Chinois.

Chanson Persane.

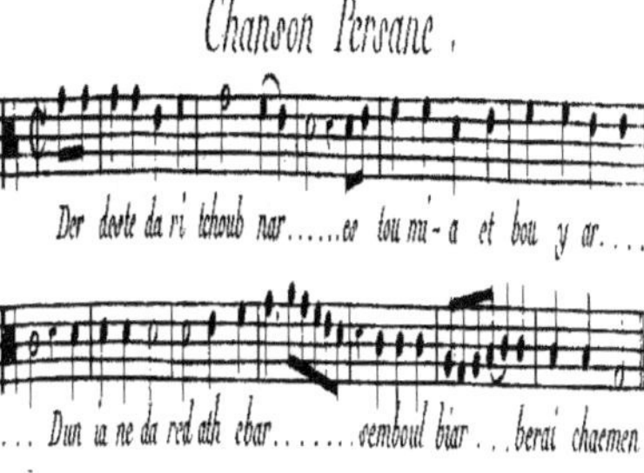

Traduction des paroles Persanes.

Vôtre tein est vermeil comme la fleur de Grenade.

Vôtre parler un parfum dont je suis l'inséparable ami.

Le monde n'a rien de stable, tout y passe.

Refrain. Apportez des fleurs de senteur pour ranimer le cœur

de mon Roi.

Table des Intervalles.

pour la formule des Clefs transposées.

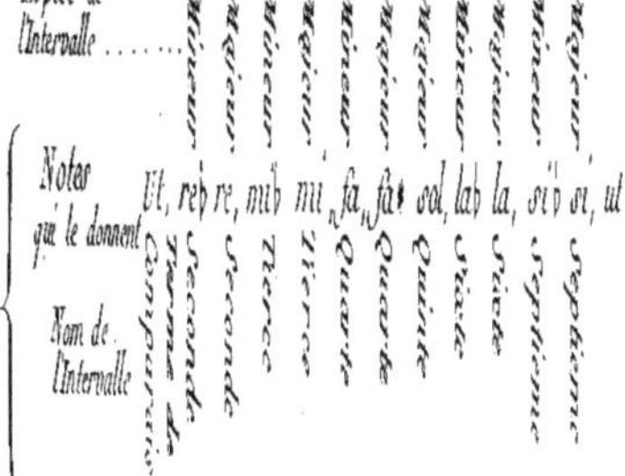